现代物流管理系列教材

物流学导论

(修订本)

汝宜红　主编

清华大学出版社
北京交通大学出版社
·北京·

内容简介

本书是现代物流管理专业的基础课教材。在借鉴和吸收国内外物流学的基本理论和最新研究成果基础上，本书密切结合我国物流事业发展与物流管理专业教学的实际，从基本理论入手，注重理论性与实用性相结合，全面论述了物流学的基本理论与基本内容。

本书共分8章，主要内容包括物流的概念与作用、物流的发展、物流学及其基本理论、物流功能要素、物流服务、物流标准化、物流产业及物流政策等。

本书可作为现代物流管理专业学生的教科书，亦可用做企业物流管理人员的参考和培训用书。

本书封面贴有清华大学出版社防伪标签，无标签者不得销售。
版权所有，侵权必究。侵权举报电话：010-62782989　13501256678　13801310933

图书在版编目（CIP）数据

物流学导论/汝宜红主编．—修订本．—北京：清华大学出版社；北京交通大学出版社，2004.9（2019.6修订）
（现代物流管理系列教材）
ISBN 978-7-81082-406-4

Ⅰ．物…　Ⅱ．汝…　Ⅲ．物流－高等学校－教材　Ⅳ．F252

中国版本图书馆CIP数据核字（2007）第011168号

责任编辑：	张利军
出版发行：	清华大学出版社　　邮编：100084　电话：010-62776969
	北京交通大学出版社　邮编：100044　电话：010-51686414
印　刷　者：	北京鑫海金澳胶印有限公司
经　　　销：	全国新华书店
开　　　本：	185 mm×230 mm　　印张：13.25　　字数：310千字
版　　　次：	2004年9月第1版　2019年6月第1次修订　2019年6月第17次印刷
书　　　号：	ISBN 978-7-81082-406-4/F·68
印　　　数：	53 001～54 000册　　定价：36.00元

本书如有质量问题，请向北京交通大学出版社质监组反映。对您的意见和批评，我们表示欢迎和感谢。
投诉电话：010-51686043，51686008；传真：010-62225406；E-mail：press@bjtu.edu.cn。

《现代物流管理系列教材》编委会

成员名单

主　任： 徐寿波（中国工程院院士、中国物流与采购联合会首届专家委员会委员）
副主任： 张文杰（中国物流学会副会长、博士生导师）
　　　　　詹荷生（中国物资流通学会物流技术经济委员会常务理事、博士生导师）
　　　　　鞠颂东（中国物流学会理事、博士生导师）
　　　　　汝宜红（中国物流学会常务理事、博士生导师）
　　　　　王耀球（中国物流与采购联合会常务理事、博士生导师）
编委会成员（以姓氏笔画为序）：
　　　　　王耀球　田　源　兰洪杰　汝宜红　林自葵　张文杰
　　　　　张可明　徐寿波　徐　杰　詹荷生　鞠颂东

总　序

随着经济全球化进程的加快及我国加入 WTO，我国企业面对的市场竞争环境更加严峻。在产品供应链运作的全过程中，现代物流管理能够通过对物流活动的有效整合与控制，实现整个供应链上的供应商、制造商、分销商及最终用户的价值最优化。因此，现代物流管理逐渐成为我国企业管理者和决策者所重视的课题，而现代物流管理方法和技术的普及与教育，就成为企业管理者、教育工作者的共同职责。

北京交通大学经济管理学院物流科学研究所，是我国最早从事物流管理理论研究和专业教育的教育与科研团体，目前已经具有国家教育部正式批准的博士、硕士及本科培养资质。近年来，除了为我国各级政府、企业提供了大量的物流管理课题研究与咨询外，还在现代物流教育领域辛勤耕耘，并取得了丰硕的教育成果，尤其在物流管理本科教育教学领域为国家教育部培训了大量的物流管理专业的师资，而且自行开发的"物流学系列课程"获得了"北京市高等教育精品课程"的称号。

秋天是收获的季节。奉献给读者的就是在北京交通大学经济管理学院物流科学研究所各位老师多年科研与教学工作成果的基础上，为适应我国物流管理与运作领域的需要而编写的适于高等教育和职业培训的系列教材。本系列教材将现代物流的管理理论与方法较为全面系统地介绍给读者，注重基本知识、操作方法和技术应用，是适用于高等学校、高等学校自学考试、企业培训的教材，也可供广大物流从业人员自学参考。

通过对效益与效率的追求获得企业未来价值的最大化，是企业管理的永恒主题。随着企业的管理方法与技术的不断创新，同现代物流已经走过的历程一样，物流管理必然还将发生更加深刻的变化。作为我国优秀的物流教育工作群体，我们将不断地将先进的物流管理方法与技术通过出版书籍的方式展现给所有的物流教育工作者及从事物流工作的人们。让我们共同努力为我国物流管理理论与方法的进步，为我国物流管理水平的进一步提升做出贡献。

本套教材的编写过程中，得到了清华大学出版社、北京交通大学出版社、北京交通大学远程与继续教育学院及北京交通大学经济管理学院相关专家与学者的鼎力支持，没有他们，这套教材不可能如此顺利地出版，本系列教材的编委会代表所有作者在此表示深深的感谢。

编委会
于北京交通大学红果园
2004 年初秋

前言

随着改革开放后的经济腾飞，物流业的发展程度已成为衡量我国现代化程度和经济发展效率的重要标志。尤其是经济全球化进程的加快及我国加入WTO之后，国内的物流业迫切需要与国际接轨。现阶段，我国物流人才的匮乏已成为制约我国物流业发展的瓶颈，因此培养大批不同层次的物流人才是我国物流高等教育的当务之急，而编写和出版理论与实践相结合的、高质量的高等教育物流专业教材是培养物流人才的必要条件。

物流人才的培养是多层次的，各个层次对人才的培养目标、培养规格是不同的，要求学生应具备的知识结构和能力结构也有较大差异，对所使用的教材也有不同的要求。随着经济的发展和科学技术的进步，对各层次物流专业人才的需求都十分迫切，其培养规模也在不断扩大，这也需要一套面向现代物流管理专业教育的专业教材。

本书是面向现代物流管理专业的基础课教材，在物流管理专业系列教材中处于先导地位。本书在借鉴和吸收国内外物流学基本理论和最新研究成果的基础上，密切结合我国物流事业发展与物流管理专业教学的实际，在创作思想、编写内容、知识结构等方面均有所创新。本书从物流基础理论入手，系统地论述了物流管理专业教育所需要的基本概念、基本理论和基本方法，以期为后续课程的学习打下坚实的理论基础。同时，本书还注重内容的实用性和时代性，如物流服务、物流标准化等章节的内容是在国家科技攻关计划专题项目《中科院电子商务与现代物流技术服务体系建设》（2001BA205A07-05）的研究成果基础上撰写而成的，均与物流学科的最新发展密切相关。

本书共分为8章，由北京交通大学汝宜红教授担任主编。其中第1、2、3章由汝宜红编写，第4、7章由田源编写，第5、6章由徐杰编写，第8章由李伊松编写。在本书编写过程中，郑凯、朱煜等同志在资料收集与文字整理方面给予了大力帮助，在此一并表示衷心的感谢。

物流学的理论与方法仍在发展之中，有待不断地充实与发展，再加上作者水平有限，不足之处在所难免，欢迎广大专家和读者批评指正。

编　者
2019 年 6 月

目录

第1章 物流的概念与作用 (1)
 1.1 物流的概念 (1)
  1.1.1 物流概念的产生 (1)
  1.1.2 物流的定义 (2)
  1.1.3 物流的分类 (3)
 1.2 物流管理概述 (4)
  1.2.1 物流管理的概念 (4)
  1.2.2 物流管理的内容 (5)
  1.2.3 物流管理应遵循的基本原则 (6)
  1.2.4 现代物流管理的特点 (7)
 1.3 物流的作用 (8)
  1.3.1 物流的效用 (8)
  1.3.2 物流对国民经济的作用 (9)
  1.3.3 物流对企业的作用 (10)
 习题 (11)

第2章 物流的发展 (12)
 2.1 物流的发展历程 (12)
 2.2 世界各国物流的发展现状 (13)
  2.2.1 北美洲物流的代表——美国物流发展现状 (13)
  2.2.2 欧洲物流的发展现状 (16)
  2.2.3 亚洲物流的代表——日本物流发展现状 (20)
  2.2.4 世界物流的发展趋势 (22)
  2.2.5 国外物流发展的启示 (23)
 2.3 我国物流发展现状 (24)
  2.3.1 国内物流业发展现状 (24)
  2.3.2 北京地区的物流发展现状 (28)
  2.3.3 上海地区的物流发展现状 (34)

  2.3.4　天津地区的物流发展现状 …………………………………… (35)
  2.3.5　深圳市的物流发展现状 ……………………………………… (36)
 习题 ………………………………………………………………………… (38)
第3章　物流学及其基本理论 ………………………………………………… (39)
 3.1　建立物流学科理论体系的意义 ……………………………………… (39)
 3.2　物流学学科体系 ……………………………………………………… (41)
  3.2.1　物流学的基本框架 …………………………………………… (41)
  3.2.2　物流学的学科性质 …………………………………………… (44)
  3.2.3　物流学的研究目的 …………………………………………… (45)
  3.2.4　物流学的研究方法 …………………………………………… (46)
 3.3　物流学的主要观点 …………………………………………………… (46)
  3.3.1　商物分离（商物分流）……………………………………… (46)
  3.3.2　黑大陆和物流冰山说 ………………………………………… (47)
  3.3.3　第三个利润源说 ……………………………………………… (48)
  3.3.4　效益背反说和物流的整体观念 ……………………………… (49)
 习题 ………………………………………………………………………… (50)
第4章　物流功能要素 ………………………………………………………… (51)
 4.1　包装 …………………………………………………………………… (51)
  4.1.1　包装的功能 …………………………………………………… (52)
  4.1.2　包装的种类 …………………………………………………… (53)
  4.1.3　包装器材 ……………………………………………………… (55)
  4.1.4　包装的标识 …………………………………………………… (56)
  4.1.5　包装的合理化和标准化 ……………………………………… (58)
 4.2　运输 …………………………………………………………………… (59)
  4.2.1　运输对物流的功能与作用 …………………………………… (60)
  4.2.2　运输方式 ……………………………………………………… (60)
  4.2.3　运输系统 ……………………………………………………… (63)
 4.3　储存 …………………………………………………………………… (65)
  4.3.1　储存的功能与作用 …………………………………………… (65)
  4.3.2　储存的过程 …………………………………………………… (66)
  4.3.3　储存合理化 …………………………………………………… (67)
  4.3.4　储存区域的合理布局 ………………………………………… (69)
 4.4　装卸搬运 ……………………………………………………………… (70)
  4.4.1　装卸搬运的功能 ……………………………………………… (70)
  4.4.2　装卸搬运的种类 ……………………………………………… (70)

  4.4.3 装卸搬运的合理化 …………………………………………………… (71)
4.5 流通加工 ………………………………………………………………………… (72)
  4.5.1 流通加工的概念 …………………………………………………… (72)
  4.5.2 流通加工的效果 …………………………………………………… (74)
  4.5.3 流通加工的类型 …………………………………………………… (74)
  4.5.4 流通加工的合理化 ………………………………………………… (75)
4.6 配送 ……………………………………………………………………………… (77)
  4.6.1 配送的概念 ………………………………………………………… (77)
  4.6.2 配送的意义和作用 ………………………………………………… (77)
  4.6.3 配送的种类 ………………………………………………………… (78)
  4.6.4 配送的流程 ………………………………………………………… (81)
  4.6.5 配送合理化 ………………………………………………………… (81)
4.7 物流信息 ………………………………………………………………………… (83)
  4.7.1 物流信息的概念 …………………………………………………… (83)
  4.7.2 物流信息的分类 …………………………………………………… (84)
  4.7.3 物流信息的特点 …………………………………………………… (84)
  4.7.4 物流信息的作用 …………………………………………………… (85)
  4.7.5 物流信息工作 ……………………………………………………… (85)
  4.7.6 物流信息系统 ……………………………………………………… (87)
习题 …………………………………………………………………………………………… (89)

第5章 物流服务 …………………………………………………………………… (90)

5.1 物流服务概述 …………………………………………………………………… (90)
  5.1.1 物流服务的含义 …………………………………………………… (90)
  5.1.2 影响物流服务的因素 ……………………………………………… (92)
  5.1.3 物流服务对赢得竞争优势的重要性 ……………………………… (92)
  5.1.4 物流服务中的问题及对策 ………………………………………… (93)
5.2 物流服务水平的确定 …………………………………………………………… (94)
  5.2.1 顾客对缺货的反应 ………………………………………………… (95)
  5.2.2 成本与收益的权衡 ………………………………………………… (96)
  5.2.3 ABC分析与帕累托定律 …………………………………………… (96)
  5.2.4 物流服务审计 ……………………………………………………… (98)
5.3 物流服务内容设计 ……………………………………………………………… (101)
  5.3.1 传统物流服务的内容 ……………………………………………… (101)
  5.3.2 增值性物流服务 …………………………………………………… (102)
  5.3.3 物流服务内容设计案例 …………………………………………… (103)

5.4 物流服务的实施 …………………………………………………………………… (106)
　　5.4.1 保证具有竞争优势的物流服务水平 ……………………………………… (106)
　　5.4.2 制定物流服务标准 …………………………………………………………… (107)
　　5.4.3 提高物流服务绩效 …………………………………………………………… (107)
　　5.4.4 物流服务战略的阻碍因素 …………………………………………………… (108)
习题 …………………………………………………………………………………………… (108)

第6章 物流标准化 …………………………………………………………………… (109)

6.1 物流标准化概述 …………………………………………………………………… (109)
　　6.1.1 物流标准化的概念 …………………………………………………………… (109)
　　6.1.2 物流标准的种类 ……………………………………………………………… (110)
　　6.1.3 物流标准化的意义及作用 …………………………………………………… (112)
　　6.1.4 国内外物流标准化发展现状 ………………………………………………… (113)
6.2 物流标准化的基本原则 …………………………………………………………… (116)
　　6.2.1 确定标准化的基点 …………………………………………………………… (116)
　　6.2.2 体系的配合性 ………………………………………………………………… (117)
　　6.2.3 传统、习惯及经济效果的统一性 ……………………………………………… (118)
　　6.2.4 与环境及社会的适应性 ……………………………………………………… (118)
　　6.2.5 贯彻安全与保险的原则 ……………………………………………………… (119)
6.3 物流标准化方法及国际物流标准 ……………………………………………… (119)
　　6.3.1 物流标准化方法 ……………………………………………………………… (119)
　　6.3.2 国际物流标准 ………………………………………………………………… (122)
　　6.3.3 几种标准化方法及标准技术概要 ………………………………………… (123)
6.4 我国物流标准体系组成的框架构想 …………………………………………… (124)
　　6.4.1 通用基础标准 ………………………………………………………………… (126)
　　6.4.2 物流系统建设标准 …………………………………………………………… (127)
　　6.4.3 物流管理标准 ………………………………………………………………… (128)
　　6.4.4 物流作业标准 ………………………………………………………………… (131)
　　6.4.5 物流信息技术标准 …………………………………………………………… (133)
　　6.4.6 物流服务标准 ………………………………………………………………… (135)
习题 …………………………………………………………………………………………… (137)

第7章 物流产业 ………………………………………………………………………… (138)

7.1 物流产业的发展与结构分析 …………………………………………………… (138)
　　7.1.1 关于物流产业的基本认识 …………………………………………………… (138)
　　7.1.2 物流产业的发展与现状 ……………………………………………………… (140)
　　7.1.3 物流产业的结构 ……………………………………………………………… (142)

  7.1.4 欧美物流产业结构分析 ……………………………………………… (143)
  7.1.5 日本物流产业结构分析 ……………………………………………… (145)
 7.2 我国物流产业的发展与现状 …………………………………………………… (147)
  7.2.1 我国物流产业的发展 ………………………………………………… (147)
  7.2.2 我国物流产业的现状及主要特征 …………………………………… (148)
  7.2.3 我国物流产业发展中存在的问题 …………………………………… (150)
  7.2.4 我国物流产业发展的前景 …………………………………………… (154)
  7.2.5 促进我国物流产业发展的建议 ……………………………………… (156)
 7.3 物流企业的现状与发展趋势 …………………………………………………… (159)
  7.3.1 物流企业的种类与行业划分 ………………………………………… (159)
  7.3.2 我国物流企业的现状 ………………………………………………… (160)
  7.3.3 发达国家物流企业的现状与发展趋势 ……………………………… (163)
 习题 ………………………………………………………………………………… (169)

第8章 物流政策 …………………………………………………………………… (170)
 8.1 发展物流的政策及其目的 ……………………………………………………… (170)
  8.1.1 公共政策 ……………………………………………………………… (170)
  8.1.2 政府制定物流政策的目的 …………………………………………… (172)
  8.1.3 发展物流的政策体系 ………………………………………………… (174)
 8.2 制定发展物流政策的方法 ……………………………………………………… (177)
  8.2.1 物流政策分析中涉及的要素 ………………………………………… (177)
  8.2.2 制定发展物流政策的原则 …………………………………………… (178)
  8.2.3 制定发展物流政策的方法 …………………………………………… (179)
 8.3 我国的物流政策 ………………………………………………………………… (182)
  8.3.1 我国发展物流的政策导向 …………………………………………… (182)
  8.3.2 我国的国家物流政策及相关政策法规 ……………………………… (184)
  8.3.3 我国地方政府发展物流的政策 ……………………………………… (187)
 8.4 国外的物流政策 ………………………………………………………………… (189)
  8.4.1 物流管理的体制 ……………………………………………………… (190)
  8.4.2 物流管理的法规 ……………………………………………………… (191)
  8.4.3 物流管理的政策 ……………………………………………………… (194)
 习题 ………………………………………………………………………………… (198)

参考文献 ………………………………………………………………………………… (199)

第1章

物流的概念与作用

1.1 物流的概念

1.1.1 物流概念的产生

社会分工是商品交换、商品流通和商品市场产生和进化的根本原因,同时产生了连接生产与消费的流通功能,而分工的升级和细化也促使流通中的主要职能——商流和物流进一步分离。

人们对物流的最早认识是从流通领域开始的。我们可以从经济运行的角度(生产、流通和消费的关系)来看物流的产生。经济运行由生产、流通和消费组成,在生产和消费之间存在着社会间隔(生产者和消费者不同)、空间间隔(生产地和消费地不同)、时间间隔(生产时间和消费时间不同),是流通将生产和消费之间的这些间隔联系起来。流通是以货币为媒介的商品交换行为。在具体的流通活动中,消费者用货币取得商品所有权的过程,即购销过程,称之为商流过程。而在买卖成交、商流完成之后,还需要把商品运送到消费者所在地,这个过程就是物流过程,即从包装开始,通过装卸、运输、储存等环节,将商品送达消费者的全过程。

现代物流的概念起源于美国。1915年阿奇·萧在《市场流通中的若干问题》一书中提到"物资经过时间和空间的转移,会产生附加价值"。这里物资的时间和空间的转移后来被称做实物流通,是指商品销售过程中的物流。第二次世界大战期间,美国根据军事上的需要,对军火的运输、补给、存储等进行全面管理,并将运筹学用于军需管理,率先采用了"Logistics Management"一词。战后"后勤管理"的概念被引入到流通领域,并赋予新的含义。在20世纪70年代以前,对物流的认识和研究主要是指与商品销售有关的物流。70年代之后，美国的经济学界和实业界认识到改进物流能够带来巨大的经济效益，物流的范围从流通过程扩大到从原材料购买开始一直到产品送达顾客手中的物品流动的全过程。20 世纪 60 年代，日本从美国正式引进了"物流"这一概念，将其解释为"物的流通"。20 世纪 70 年代中期，物流的概念从日本传入我国。

1.1.2　物流的定义

物流概念引入我国 20 多年后，中华人民共和国国家标准《物流术语》于 2001 年 8 月 1 日开始实施，《物流术语》对物流给出了如下定义：

物品从供应地向接收地的实体流动过程，根据实际需要，将运输、储存、装卸、搬运、包装、流通加工、配送、信息处理等基本功能实施有机结合。

这个定义既参考了美国、日本的物流和物流管理的定义，又充分考虑了中国物流发展的现实。从中可以看出，物流是一个物品的实体流动过程，在流通过程中创造价值，满足顾客及社会性需求，也就是说物流的本质是服务。

从物流的产生过程来看，运输、储存、包装、装卸、配送、流通加工功能等由彼此独立到相互统一成物流概念，其间经历了漫长的社会和经济发展过程。在简单的商品生产阶段，物流同商流是同时进行的，即一手交钱一手交货，物流的各个功能几乎由商品生产者完全承担。随着商品生产和商品经济的发展，以及生产、交通运输、仓储保管技术的进步，物流逐步从商流中分离出来。因此，物流的产生是社会分工进一步细化和更加专业化的结果，物流是商品经济高度发达以致发展到市场经济的产物。到了现代市场经济阶段，市场高度发展，商品流通速度大大加快，尤其是在消费需求引导生产的新时代，为了更好地满足消费者的需求，能够以最小的费用和最快的时间将物质资料从供应者手中送达需求者手中，原来看起来关系并不紧密的各个实物流通环节出现了一体化的趋势，从而统一为物流。

物流的产生是社会经济进步的结果，物流的发展同样随着社会经济的发展而不断深化。它的内涵非常丰富，外延也极其广阔。物流所涉及的范围涵盖社会经济的方方面面，可以说物流是无所不在、无所不有的。不同行业、不同企业、不同学者对物流的解释不一样，从不同的角度、处于不同的历史时期对物流的认识也很难一致，这使物流的概念很难用准确的文字和语言表述清楚。特别是人类社会跨入 21 世纪和面临知识经济挑战之时，此时流行的物流概念将来可能会得到全面更新，那么对物流的认识同样会更新。比如随着电子商务和网络经济的兴起，出现了定制物流、虚拟物流等新的物流概念。其中，定制物流是根据用户的特定要求而为其专门设计的物流服务方式，而虚拟物流是以计算机网络技术进行物流运作与管理，实现企业间物流资源共享和优化配置的物流方式。随着环境保护的呼声越来越高，又出现了绿色物流的概念，即在物流过程中抑制物流对环境造成危害的同时，实现对物流环境的净化，使物流资源得到最充分的利用。

但是无论高新技术和知识经济给物流技术和物流管理带来多么巨大的变化，物流为用户提供服务的本质特征是不会改变的。也就是说，物流与为用户提供服务的旅游、金融等性质相同，能满足社会经济、生活中不同消费者的需求，因而具有使用价值，同时物流本身又具有服务所创造的价值，物流所创造的服务产品在任何社会经济条件下都是不可或缺的。这样，未来的物流或许变为其他完全不同的概念和解释，但是目前物流所具有的本质特征——服务将永久保存下去。

1.1.3 物流的分类

从物流的需求、在社会再生产过程中的地位与作用等不同角度，可以将物流活动划分为不同的类型。在物流研究与实践过程中，针对不同类型的物流活动，需要采取不同的运作方式、管理方法等；针对相同类型的物流活动，可以进行类比分析、规模整合等。

（1）从物流活动在企业中的地位角度分，可以分为供应物流、生产物流、销售物流、回收物流和废弃物物流。

供应物流：为生产企业提供原材料、零部件或其他物品时，物品在提供者与需求者之间的实体流动。

生产物流：生产过程中，原材料、在制品、半成品、产成品等在企业内部的实体流动。

销售物流：生产企业、流通企业出售商品时，物品在供方和需方之间的实体流动。

回收物流：不合格物品的返修、退货及周转使用的包装容器从需方返回到供方所形成的物品实体流动。

废弃物物流：将经济活动中失去原有使用价值的物品，根据实际需要进行收集、分类、加工、包装、搬运、储存等，并分送到专门处理场所时所形成的物品实体流动。

（2）从物流作业执行者的角度分，可以分为企业自营物流和第三方物流。

第三方物流：由供方与需方以外的物流企业提供物流服务的业务模式。

随着社会经济的发展和社会分工的不断深化，第三方物流得到了巨大发展，日益成为重要的物流模式。

（3）从物流活动地域范围的角度分，可以分为国际物流和国内物流。

国际物流：不同国家（地区）之间的物流。

国内物流：又可以分为区域物流和城乡物流，前者又可以细分为行政区域物流和经济区域物流；后者又可以细分为城镇物流和乡村物流。

（4）从物流活动发生主体的角度分，可以分为工业企业物流、商业企业物流（包括批发企业物流、零售企业物流等）、非盈利组织物流（包括医院、社会团体、学校、军队等单位物流）及废品回收企业物流等。

（5）从物流活动所属产业的角度分，可以分为第一产业物流（农业物流）、第二产业物流（工业物流和建筑业物流）、第三产业物流（商业物流、服务业物流及军事物流等）等，也可以根据各产业中的具体业态对物流活动做进一步的划分，如钢铁业物流、建材业物流、连锁业物流、餐饮业物流等。

隶属于不同产业的物流活动，在物品、载体、流量、流向与流程上有各自的特点，相互之间差异很大，对物流服务的需求也各不相同。

1.2 物流管理概述

1.2.1 物流管理的概念

1. 物流管理的定义

物流管理：为了以最低的物流成本达到用户所满意的服务水平，对物流活动进行的计划、组织、协调与控制。

物流管理的本质目标是以最少的物流成本向用户提供满意的服务水平，达到最佳的经济效益。物流管理的方法很多，最常用的、带普遍性的方法有经济方法、行政方法、法律方法和教育方法。在物流管理中，上述四种方法是相辅相成、相互制约的。有效地进行物流管理应当是上述方法的有机结合和正确运用。

经济方法是运用经济手段，特别是经济杠杆调节、引导物流活动，执行管理职能的一种方法。运用经济方法进行物流管理是由物流活动主体（指物流企业）的经济组织的性质所决定的。

行政方法是依靠领导机构的权威，运用行政命令、指示等手段，采取令行禁止的方式执行管理职能的一种方法。行政方法是物流管理的必要方法，它能够保证物流在紧急情况下，迅速排除阻力，畅通无阻。

法律方法是指运用经济立法和经济司法的手段，执行物流管理职能的一种方法。法律方法可以保护物流企业的合法权益，禁止违法行为，维护物流活动的秩序。

教育方法是指运用系统学习和普及宣传的手段，执行物流管理职能的一种方法。教育方法可以通过提高物流专业职工队伍素质，从根本上提高物流效率。

2. 物流管理的重要性

积极而有效的物流管理是降低物流成本、提高物流经济效益的关键。搞好物流管理，可以实现合理运输，使中间装卸搬运、储存费用降低，损失减少；可以使物流企业进一步开放、搞活；可以协调好物流活动的各个部门、各个环节及劳动者之间的关系，从而提高物流活动的经济效益。

提高物流管理水平是提高物流安全性的可靠保证。如果物流管理不善，就会造成物流事故的增加，各种损失加大；如果物流不畅，就会使处于流动中的商品受到破坏和损失。由于服务质量差，我国的物流损失全国每年不下百亿元。提高物流管理水平将会有效地促进物流活动的安全性的提高。

加强物流管理是提高物流效率的捷径。加强物流管理，合理地组织物流，可以减少库存、加速货物周转；节约运力、缩短运输距离，从而提高物流效率。

做好物流管理是改善物流质量的重要手段之一。对用户来说，物流质量体现为物流活动的及时性、经济性和满意性，即物流质量好就意味着以较少的消耗，实现最优的服务。只有搞好物流管理，才能做到按时、按质、按量地供应用户，为社会提供方便、价廉、优质的服务。

1.2.2 物流管理的内容

对于物流管理的内容可从不同的角度加以划分，如对物流活动诸要素的管理，包括运输、储存等环节的管理；对物流系统诸要素的管理，即对其中人、财、物、设备、方法和信息六大要素的管理；对物流活动中具体职能的管理，主要包括物流计划、质量、技术、经济等职能的管理。

1. 对物流活动诸要素的管理

物流活动诸要素的管理内容包括以下各个方面。

① 运输管理。主要内容包括运输方式及服务的选择、运输路线的选择、车辆调度与组织等。

② 储存管理。主要内容包括原料、半成品和成品的储存策略；储存统计、养护等。

③ 装卸搬运管理。主要内容包括装卸搬运系统的设计、设备规划与配置和作业组织等。

④ 包装管理。主要内容包括包装容器和包装材料的选择与研究；包装技术与方法的改进；包装系列化、标准化、自动化等。

⑤ 流通加工管理。主要内容包括加工场所的选定、加工机械的配置、加工技术与方法的研究和改进、加工作业流程的制定与优化。

⑥ 配送管理。主要内容包括配送中心选址及优化布局、配送机械的合理配置与调度、配送作业流程的制定与优化。

⑦ 物流信息管理。主要指对反映物流活动内容的信息、反映物流要求的信息、反映物流作用的信息和反映物流特点的信息所进行的收集、处理、存储和传输等，信息管理在物

管理中作用越来越重要。

⑧ 顾客服务管理。主要指对与物流活动相关服务的组织和监督，例如调查和分析顾客对物流活动的反映，决定顾客所需要的服务水平、服务项目等。

2. 对物流系统诸要素的管理

从物流系统的角度看，物流管理的内容有以下几个方面。

① 人的管理。人是物流系统和物流活动中最活跃的因素。对人的管理包括物流从业人员的选拔与录用、物流专业人才的培训与提高、物流教育和物流人才培养规划与措施的制定等。

② 物的管理。"物"指的是物流活动的劳动对象，即物质资料的商品实体，它是物流活动的客体。物的管理贯穿于物流活动的始终。它包括物流活动诸要素的内容，即物的运输、储存、包装、流通加工等。

③ 财的管理。主要指物流管理中有关降低物流成本、提高经济效益等方面的内容，它是物流管理的出发点，也是物流管理的归宿。主要内容有物流成本的计算与控制、物流经济效益指标体系的建立、资金的筹措与运用、提高物流经济效益等方面。

④ 设备管理。指物流管理中与设备管理有关的各项内容，主要有各种物流设备的选型与优化配置；各种设备的合理使用和更新改造；各种设备的研制、开发与引进等。

⑤ 方法管理。主要内容包括各种物流技术的研究、推广普及；物流科学研究工作的组织与开展；新技术的推广普及；现代管理方法的应用等。

⑥ 信息管理。信息是物流系统的神经中枢，只有做到有效地处理并及时传输物流信息，才能对系统内部的人、财、物、设备和方法五个要素进行有效的管理。

3. 物流活动中具体职能管理

物流活动中具体职能管理就是指物流管理的各种职能。从职能上划分，物流管理的内容主要包括物流计划管理、物流质量管理、物流技术管理和物流经济管理等。

1.2.3 物流管理应遵循的基本原则

物流管理的原则是由物流活动的性质及其规律所决定的。物流管理必须遵循以下原则。

（1）注重社会经济效益的原则。提高物流经济效益既是物流管理的重要目的之一，也是物流管理的一个重要原则。这个原则要求整个物流系统的各环节、各部门都要充分考虑降低物流成本，以获取整个物流过程的最佳经济效益。在寻求最佳经济效益时，要正确处理好与宏观经济效益的关系，微观的经济效益应当服从于宏观的经济效益和社会效益。物流管理必须着眼于整个物流活动，全面分析影响经济效益的因素、条件及相互间关系，从中找出获得最佳社会经济效益的途径。

（2）坚持用户至上、质量第一的原则。作为联结生产和消费的纽带，物流活动的目的在于使物品流动与生产和消费过程相适应，做到物畅其流。只有这样，才能有利于生产的发展，并在生产发展的基础上满足人民不断增长的物质和文化生活的需要。物流管理应该把为用户服务、达到用户满意作为一条重要原则和目标。这条原则要求物流管理突出服务，扩大服务范围，提高服务质量，赢得信誉，增强竞争能力，增强物流企业的生命力。

（3）坚持社会化、现代化与合理化的原则。物流社会化要求物流活动应该打破地区、部门限制，面向社会服务，加强横向经济联合。物流现代化要求随着科学技术的不断发展，更新和引进先进物流设备、物流设施等；不断改进物流技术，学习先进的技术和管理经验；对从业人员定期培训，更新知识。通过物流的社会化和现代化，谋求全社会整体的物流合理化，提高综合经济效益，更好地为社会主义现代化建设服务。

（4）贯彻经济、行政、法律和教育方法相结合的原则。物流管理是一项极其复杂的系统工程，既涉及生产力范畴，又涉及生产关系范畴，同时与上层建筑有着密切的联系。这就要求物流管理要综合运用经济方法、行政方法、法律方法和教育方法。

1.2.4 现代物流管理的特点

现代物流管理具有4个方面的特点。

（1）以实现客户满意为第一目标。现代物流是基于企业经营战略，从客户服务目标的设定开始，进而追求客户服务的差别化。它通过物流中心、信息系统、作业系统和组织构成等综合运作，提供客户所期望的服务。在追求客户满意最大化的同时，求得自身的不断发展。

（2）以企业整体最优为目的。物流企业既不能单纯追求单个物流功能的最优，也不能片面追求各"局部物流"最优，而应实现企业整体最优。

（3）以信息为中心。信息技术的发展带来了物流管理的变革，无论是条码、EDI、EOS、POS等物流信息技术的运用，还是QR、ECR等供应链物流管理方法的实践，都建立在信息基础上，信息已经成为现代物流管理的中心。

（4）重效率，更重效果。原来的物流以提高效率降低成本为重点，而现代物流不仅重视效率方面的因素，更强调整个物流过程的效果，即若从成果角度看，有的活动虽然使成本上升，但它有利于整个企业战略目标的实现，则这种活动仍然可取。

1.3 物流的作用

1.3.1 物流的效用

物流作为一种社会经济活动，对社会生产和生活的效用主要表现为创造时间效用和创造空间效用两个方面。

1. 物流创造时间效用

物品从供给者到需求者之间本来就存在有一段时间差距，由于改变这一时间差创造的价值，称做时间效用。物流获得的时间效用形式有以下几种。

（1）缩短时间。缩短物流时间可获得多方面的好处，如减少物流损失、降低物流消耗、加速物品的周转、节约资金等。物流周期的结束是资本周转的前提条件。这个时间越短，资本周转越快，表现出资本的较高增殖速度。从全社会物流的总体来看，加快物流速度，缩短物流时间，是物流必须遵循的一条经济规律。

（2）弥补时间差。在经济社会中，需求和供给之间普遍存在着时间差。例如，粮食集中产出，但是人们的消费是一年365天，天天有需求，因而供给和需求之间出现时间差。类似情况不胜枚举。

供给与需求之间存在时间差，可以说这是一种普通的客观存在，正是有了这个时间差，商品才能取得自身的最高价值，才能获得十分理想的效益，才能起到"平丰歉"的作用。但是商品本身是不会自动弥合这个时间差的，如果没有有效的方法，集中生产出的粮食除了当时的少量消耗外，就会损坏掉、腐烂掉，而在非产出时间，人们就会找不到粮食吃。物流便是以科学的、系统的方法来弥补，有时甚至是改变这种时间差，以实现其时间效用。

（3）延长时间差。在某些具体物流活动中也存在人为地能动地延长物流时间来创造价值的。例如，秋季集中产出的粮食、棉花等农作物，通过物流的储存、储备活动，有意识延长物流的时间，以均衡人们的需求。再如，配合待机销售的囤积性营销活动的物流便是一种有意识地延长物流时间、增加时间差来创造价值的活动。

2. 物流创造空间效用

物品从供给者到需求者之间有一段空间差距，供给者和需求者之间往往处于不同的空间，由于改变物品的不同空间存在位置而创造的价值称做空间效用。

物流创造空间效用是由现代社会产业结构、社会分工所决定的。空间效用有以下几种具体形式。

（1）从集中生产地流入分散需求地。现代化大生产的特点之一，往往是通过集中的、大规模的生产以提高生产效率，降低成本。在一个小范围内集中生产的产品可以覆盖大面积的需求地区，有时甚至可覆盖一个国家乃至若干个国家。通过物流将产品从集中生产的低价位区转移到分散于各处的高价值区，有时可以获得很高的利益。物流的空间效用也依此决定。

（2）从分散生产地流入集中需求地。和上面一种情况相反的情况在现代社会中也不少见，例如粮食是在一亩亩地上分散生产出来的，而一个大城市的需求却相对大规模集中；一个大汽车厂的零配件生产也分布得非常广，但却集中在一个大厂中装配。这样也就形成了分散生产和集中需求，物流便依此取得了空间效用。

（3）在低价值生产地流入高价值需求地。现代社会中供应与需求的空间差比比皆是，十分普遍，除了大生产所决定之外，有不少是自然地理和社会发展因素决定的，例如农村生产粮食、蔬菜而异地于城市消费，南方生产荔枝而异地于各地消费，北方生产高粱而异地于各地消费，等等。现代人每日消费的物品几乎都是相距一定距离甚至十分遥远的地方生产的。这么复杂交错的供给与需求的空间差都是靠物流来弥合的，物流也从中取得了利益。

在经济全球化的浪潮中，国际分工和全球供应链的构筑，一个基本选择是在成本最低的地区进行生产，通过有效的物流系统和全球供应链，在价值最高的地区销售，信息技术和现代物流技术为此创造了条件，使物流得以创造价值，得以增值。

1.3.2 物流对国民经济的作用

（1）物流是国民经济的基础之一。物流是国民经济的基础，是从物流对国民经济的动脉作用这一点而言的。物流通过不断输送各种物质产品，使生产者不断获得原材料、燃料以保证生产过程的正常，又不断将产品运送给不同需求者，以使这些需求者的生产、生活得以正常进行。这些互相依赖的存在，是靠物流来维系的，国民经济因此才得以成为一个有内在联系的整体。

物流是国民经济的基础，也是从物流对某种经济体制和实现这一经济体制的资源配置的作用这一点而言的。经济体制的核心问题是资源配置，资源配置不仅要解决生产关系问题，而且必须解决资源的实际运达问题。有时候，并不是某种体制不成功，而是物流不能保证资源配置的最终实现，这在我国尤为突出。物流还以本身的宏观效益支持国民经济的运行，改善国民经济的运行方式和结构，促使其优化。

（2）特定条件下，物流是国民经济的支柱。物流对国民经济起支柱作用，或者物流与其他生产活动一起起支柱作用的国家，已有一定数量。这些国家处于特定的地理位置或特定的产业结构条件下，物流在国民经济和地区经济中能够发挥带动和支持整个国民经济的作用，能够成为国家或地区财政收入的主要来源，能造成主要就业领域，能成为科技进步的主要发源地和现代科技的应用领域。例如欧洲的荷兰、亚洲的新加坡和中国香港地区、美洲的巴拿马等，特别是日本以流通立国，物流的支柱作用显而易见。

（3）物流现代化可以改善我国的经济运行，实现质量的提升。我国经济虽然取得了持续、快速、健康的发展，但是经济运行质量不高，"粗放式"的问题还很严重，尤其作为支撑国民经济运行的"物流平台"问题更为突出。各种物流方式分立，物流基础设施不足，物流技术落后等问题如果能够得到全面的、系统的改善，就可以使我国国民经济的运行水平得到一个很大的提高。

（4）一个新的物流产业可以有效改善我国产业结构。由于我国国土面积大，经济发展和物流关系就显得更为密切。物流产业对我国而言，相对重要得多。物流产业过去没有受到我国经济界应有的重视，发展迟缓，这个问题如果仍然得不到解决，对于我国未来的经济发展是极为不利的，尤其是现代通信技术和计算机技术支持的电子商务普遍运行之后，一个落后的物流产业的制约会有强烈的表现。因此，重视建立新的物流产业，才可以使我国国民经济出现合理、协调的发展局面。

1.3.3 物流对企业的作用

1. 企业生产的前提保证

从企业这一微观角度来看，物流对企业的作用有两点。①物流为企业创造经营的外部环境。一个企业的正常运转，必须有这样一个外部条件：一方面要保证按企业生产计划和生产节奏提供和运达原材料、燃料、零部件；另一方面，要将产品和制成品不断运离企业。这个最基本的外部环境正是要依靠物流及有关的其他活动创造和提供保证的。②物流是企业生产运行的保证。企业生产过程的连续性和衔接性，靠生产工艺中不断的物流活动，有时候生产过程本身便和物流活动结合在一起，物流的支持保证作用是不可缺少的。③物流是发展企业的重要支撑力量。企业的发展，靠质量、产品和效益，物流作为全面质量的一环，是接近用户阶段的质量保证手段。更重要的是，物流通过降低成本，间接增加企业利润，通过改进物流直接取得效益，这些都会有效地促进企业的发展。

2. 物流的降低成本价值

物流合理化有大幅度降低企业经营成本的作用，对改善我国经济运行的环境，降低和解决企业的困难有重要作用。我国当前许多企业经营困难的重要原因之一是成本过高。发展物流产业，能够有效降低社会流通成本，从而降低企业供应及销售的成本，起到改善企业外部环境的作用；企业生产过程的物流合理化，又能够降低生产成本，这对于解决我国企业当前的困难无疑是非常有利的。

3. 物流的利润价值

物流活动的合理化可以通过降低生产的经营成本间接提高利润，这只是物流利润价值的一个表现。对于专门从事物流经营活动的企业而言，通过有效的经营，可以为生产企业直接创造利润。

许多物流企业，在为用户服务的同时，还可以起到自己"利润中心"的作用，可以成为企业和国民经济新的利润增长点。国民经济中过去把许多物流活动当做公益活动来办，投入没有回报、组织不合理、服务水平低、技术落后，这些领域采用现代物流的组织、管理和技术之后，可以成为国民经济新的利润源；企业中许多物流活动，例如连锁配送、流通加工等，都可以直接成为企业利润新的来源。

4. 物流的服务价值

物流可以提供良好的服务，这种服务有利于参与市场竞争，有利于树立企业和品牌的形象，有利于和服务对象结成长期的、稳定的、战略性的合作伙伴，这对企业长远的、战略性的发展有非常重要的意义。物流的服务价值实际上就是促进企业战略发展的价值。

习题

1. 查阅其他国家的"物流"定义并进行比较。
2. 研究物流分类有何意义？
3. 物流管理对于企业管理有何意义？
4. 物流对于国民经济有哪些作用？

第 2 章

物流的发展

2.1 物流的发展历程

广义上讲,物流作为一种社会经济活动,早在"物流"这一名词出现之前就已经存在了。其发展过程可以概括为:"物流随人类社会产生而产生,随商品经济的发展而发展。"

由于大多数有关物流学及物流管理的著作都对物流的发展历程进行了大量的论述,因此,有关物流发展历程的内容,读者可以参考《现代物流学》、《物流系统论》等著作,在此不再赘述。本书是从狭义的角度讨论物流的发展历程,即讨论"物流"这个名词产生之后的物流的发展历程。按照时间顺序,在对社会发展、经济发展、物流发展及物流学科发展的特点进行比较分析的基础上,可以将物流的发展大体分为三个阶段:第一阶段,20 世纪初至 50 年代;第二阶段,20 世纪 60 年代至 90 年代;第三阶段,20 世纪 90 年代至今。各阶段的主要特点如表 2-1 所示。

表 2-1 物流的发展过程

	社会发展特点	经济发展特点	物流发展特点	物流学科发展特点
第一阶段 (20 世纪初—50 年代)	工业化时期,大多数欧美国家陆续进入工业化社会	制造业发展迅速,社会分工不断细化	物流发展规模小,渠道不畅,成本高,其作用未受到应用的重视	从经济学角度建立了物流学科(PD);"二战"时期,从技术角度确立了物流学科的地位
第二阶段 (20 世纪 60—90 年代)	世界各国大都采用了"大量生产—大量销售—大量消费—大量废弃"的社会发展模式	制造业的大规模化与零售业的大规模化并举	物流产业逐步形成和壮大,多品种、少批量的配送成为这一阶段主要的物流形式	各国对物流的认识开始由 PD 转向 Logistics,第三方物流理论的出现确立了物流产业

续表

	社会发展特点	经济发展特点	物流发展特点	物流学科发展特点
第三阶段（20世纪90年代至今）	网络化时代到来	经济全球化、一体化，知识经济初露端倪	发展到供应链管理阶段	支撑物流学科发展的物流经济学科、物流管理学科、物流技术学科初步形成理论体系，综合性的物流学科正在发展

从表2-1可以看出，物流及物流学科的产生是社会经济发展到一定时期的产物。各个阶段物流的发展特点是与同期社会经济发展的特点相适应的。因此，政府或者企业在进行物流规划、管理及制定物流政策时，决不能脱离当时社会经济发展的实际；在物流科学研究中，也应该注意分析社会经济发展对物流发展的影响及物流在社会经济发展中的作用。

2.2 世界各国物流的发展现状

20世纪90年代以来，随着经济和技术的迅猛发展，国际市场竞争不断加剧，企业面临的生存和发展问题更为复杂。为了获得更多的市场份额，在市场上获得一定的竞争优势，各工业发达国家的政府、企业纷纷将注意力转向"物流管理"，认为只生产出高质量的产品并不能完全满足客户的需求，只有通过有效的物流管理，使客户在他们所需要的时间、地点，以他们所希望的方式和数量获得产品，才能更为合理地配置社会资源。因此，人们更加清晰地认识到物流在经济发展中的重要性，将建立社会化、专业化和网络化的物流体系作为追寻的目标。据统计，2000年全球物流费用总支出为3.75万亿美元，其中第三方物流市场份额为2070亿美元，占全球物流总支出的5.5%。2002年全球物流支出达到4万亿美元，第三方物流达到2810亿美元，占全球物流总支出的7%。从1996年至2002年，全球第三方物流市场年均增长率为13%。

下面将分别举例介绍北美洲、欧洲、亚洲物流发展的典型案例，力图使读者通过了解各国物流发展特点，借鉴其经验或教训，做好实际管理工作与研究工作。

2.2.1 北美洲物流的代表——美国物流发展现状

谈起北美洲的物流发展，人们最先想到的是美国，即美国的物流定义、美国的各类物流企业提供的仓储、配送、运输、维修、货物跟踪和其他有附加值的服务。

1. 第三方物流企业典例——美国联合包裹服务公司

美国联合包裹服务公司（United Parcel Service），亦称 UPS，是一家百年老字号企业，也是美国物流的支柱企业。自 20 世纪初 UPS 在西雅图百货商店之间穿梭运送福特 T 型车和摩托车以来，这家以深棕色为代表色的公司，一直严格遵循自己成功的营业模式，并受到广泛的称赞。虽然 UPS 日趋成熟的"棕色经营"已实现了每个工作日投递 1 300 万件邮包的创举，但他们认为这还不足以在全球化、知识化的物流业市场中参与竞争，因此必须摆脱企业传统的经营模式，向信息化的第三方物流企业发展。

早在 20 世纪 80 年代，UPS 就决定创立一个强有力的信息技术系统。之后的 10 年间，UPS 在信息技术方面投入 110 亿美元，配置了主机、PC 机、手提电脑、无线调制解调器、蜂窝通信系统等设施和设备，并网罗了 4 000 名程序工程师及技术人员。这种投入使 UPS 实现了与 99% 的美国企业和 96% 的美国居民之间的信息往来。目前，UPS 可向顾客和供应商提供瞬间电子接入服务，以便查阅有关包裹运输和送达过程的信息。例如，1998 年圣诞节前夕，有 100 万顾客访问 UPS 网站查看其托运货物的在途状况。UPS 还能对每日运送的 1 300 万个邮包进行货物跟踪。例如，一个出差在外的销售员在某地等待某些样品的送达时，可以通过 UPS 的 3COM 网络系统输入运单跟踪号码，即可知道货物在途的位置；当需要将货物送达另一个目的地时，还可通过网络及附近的蜂窝式塔台，通知货运司机将货物送到客户最新指定的投递点。

UPS 的货运司机是公司货物跟踪系统中的关键人物。他们携带了一块电子操作板，称做 DLAD，即运送信息获取装置，它可同时捕捉和发送运货信息。一旦用户在 DLAD 上签收了包裹，信息将会在网络中传播。寄件人可以登录 UPS 网站了解货物情况。同时，司机行驶路线的塞车情况，或用户即时提货等信息也可发送给 DLAD。除利用网络对货件运送与监控外，利用其网络，公司还可以开拓新的综合商务渠道，既做中间商，又当担保人。UPS 通过送货件、做担保及运货后向收件人收款，成为商务社会中一个重要节点。

1999 年，UPS 采用 16 种语言提供服务的网站所取得的业绩受到全球的广泛认可。UPS 又提出一系列服务强化软件，并与惠普、Oracle 和 Worldtalk 等著名电子商务公司建立了联盟。目前 UPS 已连续数年被《财富》杂志评选为邮政、包裹运送及货运领域内"全球最受推崇"的物流服务企业。

2. 零售商物流典例——沃尔玛公司

美国企业为适应经济发展和商品流通需要，除建设仓储、运输、批发等单功能物流企业外，还建设了功能齐全、诸如商品配送中心的物流企业。这些物流企业或提供社会化的物流配送服务；或作为企业集团的重要组成部分，以保障集团内部生产和流通业务的需求为服务重点。

美国沃尔玛公司是世界上最大的商业零售企业，1999年全球销售总额达到1 650亿美元，在世界500强中排名第二，仅次于美国通用汽车公司。2000年，沃尔玛公司销售总额达到1 913亿美元，超过了通用汽车公司。在《财富》杂志公布的2001年美国500家最大公司排名中，零售业巨头沃尔玛以2 189.12亿美元的销售收入赫然位居榜首。

沃尔玛在其经营生涯中一直遵循着一个非常简单的既定原则：顾客第一和保证顾客满意。沃尔玛中国有限公司商品采购及市场营销副总裁麦罗伦在访问北京期间，曾进行京城百货店和连锁超市的调查，了解市场需求和顾客消费行为。目前，在美国有1 800家沃尔玛商场，都是比较常规、以较低价格提供日常用品的商场。沃尔玛还开发了721个超级市场，是由规模较大的商场及附近一些小型的副食店加在一起而形成的。超级市场既售日常用品，也售食品。这样，沃尔玛可以为顾客提供一站式的消费服务（即顾客来到沃尔玛的任一商场或超级市场，所有东西均可以买到）。这种连锁服务方式是沃尔玛业务增长的重要模式。

沃尔玛经营者认为，随着全球经济一体化的发展，企业竞争已不单是商品性能、价格和质量的竞争，还包括物流能力的竞争。国际零售企业的竞争力之强，很大程度依赖于拥有先进的物流系统。2000年沃尔玛在物流方面的投资是1 600亿美元，2002年增长到1 900亿美元。为商场、超级市场提供物流服务的沃尔玛配送中心属于典型的零售商配送中心。例如，为分布于纽约州、宾夕法尼亚州等6个州的100家连锁店按时提供商品的配送中心就是沃尔玛独资建设的。该中心设在100家连锁店的中央位置，配送区域为320公里，服务对象店的平均规模为1.2万平方米。配送中心经营商品达4万种，主要是食品和日用品，经常库存为4 000万美元，旺季为7 000万美元，年周转24次。在库存商品中，畅销商品和滞销商品各占50%，库存商品期限超过180天为滞销商品，各连锁店的库存量为销售量的10%左右。该中心建筑面积为12万平方米，总投资7 000万美元，有职工1 200多人，24小时运营。该中心内的配送设备包括200辆牵引车、400辆拖车、13条配送传送带，配送场内设有170个接货口。1995年，该中心的销售额为20亿美元。

此外，在沃尔玛全球4 000个店铺内，拥有包括客户管理、配送中心管理、财务管理、商品管理、补货系统和员工管理的信息网络系统，市场应变能力极强，不仅提高了企业的管理水平，而且适应激烈竞争的快节奏，加快资金和库存周转。美国经济学家斯通博士，曾对美国三大零售企业商品物流成本占销售额的比例进行比较研究，沃尔玛为1.3%，凯玛特为3.5%，西尔斯为5.0%。如果按年销售额250亿美元计算的话，沃尔玛的年物流成本为3.25亿美元，凯玛特为8.75亿美元，西尔斯则为12.50亿美元，数额相差惊人。

3. 提供延伸服务的典例——三角网络公司

由于不断缩减供应链成本的需要，制造商和零售商们要求物流企业提供相对低价格、高水平的物流服务。位于美国加利福尼亚州的三角网络公司（Triangle Network）首席营业主任克雷格·卡普兰这样标榜自己的企业："我们希望客户能将钱花在刀刃上。"

三角网络公司在洛杉矶和长滩港附近拥有8座11万平方米的仓库和大量集散、分送、交叉装箱平台设施。依靠这些设施，该公司向众多的零售商和服装公司提供拆拼箱和配送服务，以帮助客户减少修建仓库、配备人员及购置设施等巨额费用。

三角网络公司的仓储中心提供多项具有附加值的服务，如包装、条形码粘贴、质量控制检查，甚至还有缝补和压熨衣服。过去，这些工作常由客户自己来做。但是，让制造商和零售商放心地放弃一些工作，尤其是把质量控制工作交给第三方物流企业，这并非易事。卡普兰说："由于制造商和零售商认为我们做质量控制工作不如他们做得好，因此他们不放心把这项工作交给我们的仓储部门。"在为Esprit公司提供仓储服务时，三角网络公司就根据客户确定的产品检验、维修和报废质量标准来具体工作，并采用客户的仓储管理系统，尽管三角网络公司也有类似的软件。对于那些准备将服装直接运送到零售商店柜台上的制造商，三角网络公司的仓储中心提供包括将衣服挂在衣架上、为每一套服装套上塑料包装、将零售商的标签贴在商品或纸箱上、粘贴条形码、开电子发票等项服务，使产品从原产地运到目的地的时间减少一半甚至更多。三角网络公司设在康普顿的交叉装箱平台仓库，有52个出口。50家供货商提供的服装及其附件饰品被装在一辆卡车上，运送到零售商手里。这种共同配送模式减少了货车空载率。

2.2.2 欧洲物流的发展现状

1. 欧洲第三方物流市场

在欧洲，第三方物流已有近百年的历史。早期主要提供组配、仓储、运输等服务，飞跃式发展约在20世纪80年代末。此前欧洲的许多配送中心都是美国公司运作的。90年代，第三方物流企业数量急剧增加，在欧洲物流市场中占有重要的位置。

现阶段，欧洲市场的第三方物流服务收入占物流总收入的24.42%。第三方物流公司分为不同的层次，面向不同的目标市场，提供不同层次的服务，基本可分为下述四类。

第一类，服务范围广泛的大型物流企业。这类物流企业为制造商提供包括制作不同语言的标签和包装，帮助制造商在欧洲不同市场进行销售。在这类企业中，有经营良好的欧洲物流公司，也有总部设在美国的物流公司，例如，UPS环球物流。

第二类，从事传统物流的欧洲公司。一些物流企业拥有少量资产，经营公路货运、仓储、报关等业务。还有些公司的业务主要是处理欧洲各国海关之间复杂的业务。

第三类，新兴的第三方物流公司。除大型跨国物流公司和地区性小型物流企业外，一种完全新兴的欧洲第三方物流企业发展较快。例如，欧罗凯集团——德国汉堡主要的集装箱经营者，除在欧洲拥有仓储和配送能力以外，还为零售商和制造商提供物流服务。对这类企业来说，最普遍的一种增值服务是紧急订货的快速接运与配送，以便减低库存，为零售商节约了大约10%的存货投资。

第四类，大型国有第三方物流企业。欧洲另一类快速增长的第三方物流企业是大型国有机构，如国家铁路公司和港务局。

从欧洲的物流发展现状可以了解到，欧洲的第三方物流之所以快速发展，一方面来源于企业对于物流服务的需要，另一方面源于欧洲物流企业较高的管理水平与低成本优势。内外因的综合作用推动了欧洲第三方物流的发展。

2. 德国物流

1999年6月，上海市浦东新区现代物流考察团赴位于欧洲中部的德国考察，对德国的物流业发展、主要物流设施建设、物流企业经营等方面做了较为全面的了解。

1）德国的物流业

德国物流业是随着高速公路的快速发展和经济全球化的加快而发展起来的。公路货运在德国物流业一直占有统治地位。同铁路、内河和航空运输相比，德国的公路货运具有最高的运输速度、最大的网络能力与最快的适应能力和机动灵活性等优点。在运输贵重、易损和对运输成本敏感的货物时，公路货运的优势更加明显。

70%以上德国企业认为物流包括仓储、分拣、包装、配送、运输、调度和信息处理。一般来说，物流费用平均占德国工业企业总成本的11%及商业企业的21%。通过有效的物流管理可以降低企业成本的6%～7%。尽管物流服务水平不断提高，但物流成本可以通过优化管理达到逐步降低的目的。因此，物流运作方案的成功因素在于：物流方案必须针对顾客需求，不仅要为客户提供高速度和低成本的物流服务，而且对于各种变化既保持高度灵活性、适应性，又保持稳定性和可靠性。

在德国，衡量物流服务水平的指标有供货能力、供货时间、供货质量、供货期的可靠性等。例如，供货时间短就意味着物流成本低和市场反应快，缩短供货时间的潜力主要来自减少处理合同的时间。此外，向客户提供需要的信息也成为重要的标准之一。

2）德国的物流设施建设

货运中心，又称货物配载中心，是近期德国大力倡导和扶持发展的集约化运输组织形式。它依托一定的经济区域，以可供选择的多种运输方式、快捷的运输网络、周到的运输服务，把分散经营的众多运输企业及运输服务企业吸引到一起，各方货物经过中心进行配载，选择适宜的运输工具迅速地输送到目的地。

在德国，货运中心是现代经济发展、贸易的国际化与自由化的必然要求，培育和建设货运中心是德国加强现代物流设施建设的一项重要举措。德国建立和发展货运中心由联邦政府统一规划，由州政府负责按规划进行建设，并采取相关政策扶持其发展。德国规划到2010年建设30到40个货运中心，目前已建成16个。

在德国，货运中心建设的着眼点首先是其社会效益。因为从社会效益来看，货运中心能发挥其减少空驶、缓解道路拥挤压力的作用，从而减少交通噪声和大气污染，有利于环境保护。同时,货运中心建设也能为区域经济繁荣和发展注入新的活力,创造较多的就业机会,并且增加税收。从经济效益来看,货运中心通过提供必要的服务设施和服务条件,合理组织物资集散,也能达到资源充分利用的目的。

3) 德国的物流企业经营

(1) 不来梅市货运中心是德国兴建最早的货运中心,已有10年的营运历史。该中心位于不来梅市水路与陆路的运输交汇点,依托威悉河港可进行公路、铁路和水路等多式联运,24小时之内可将货物送达全国任何一个经济中心。该中心占地200公顷,是市政府从一个农场主手中买下后开发建设的,留有100公顷的发展余地。

不来梅市货运中心由50家运输企业和运输服务企业组成,从业人员2 500多人。如宠物饲料运输公司、零担货运公司、综合运输公司、冷冻食品运输公司、邮政包裹运输公司及公铁联运站等。其中,综合运输公司原来在德国各地有16个经营机构,现在全部集中到不来梅市货运中心经营。邮政包裹运输公司的经营业务可覆盖100公里的范围。设在该中心的公路铁路集装箱公司有40余人,年装卸集装箱23万标准箱,每天可处理11列火车的集装箱装卸业务,拥有280家固定客户。

除政府设立海关负责进出口货物验关外,政府在不来梅市货运中心不再设其他管理机构,实行企业自主经营。不来梅市货运中心采取股份制形式,即市政府出资25%,50户企业出资75%。由出资企业选举产生咨询管理委员会,主要是为成员企业提供信息、咨询、维修等服务,代表50家企业与政府打交道,与其他货运中心加紧联系。中心还建有综合服务中心、维修保养厂、加油站、清洗站、餐厅等,提供尽可能全面的服务,不仅取得显著的社会效益,而且取得巨大的经济效益。不来梅市货运中心的投入产出比为1:6,即投资2.03亿德国马克,而实现的效益却高达12.15亿德国马克。

(2) 纽伦堡货运中心占地337公顷,是纽伦堡老城的1.5倍,至今已有20多年的经营史。纽伦堡货运中心有公路、铁路、水运等各种运输方式,主要经营品种:煤炭、矿石、肥料、泥土、废物等。其中公路占总运量的78%,1998年达650万吨;铁路占12%;水运占10%左右。周边100~150公里范围内,一般运输组织方式是,船舶到港后,马上由汽车转运。

3. 比利时物流

比利时地处西北欧中心,是一个人口密集和高度工业化的地区。从比利时港口出发到欧洲各主要经济中心,均具有距离短、时间快、费用低等优势,被誉为是既快捷又高效的理想运输枢纽。

在欧洲及欧洲联盟中,比利时的港口是最大的仓储中心和物流中心,每年挂靠的国际船舶达3万多艘次。比利时港口具有优越的地理位置及其腹地运输的高质量服务。目前德国西部的莱茵-鲁尔地区、德国南部和中部、东欧、法国东北部、瑞士和意大利北部的大量货物集散都是通过比利时港口完成的。为发挥港口的物流门户功能,他们为客户提供了一整套完善的物流服务，远远超过港口装卸和仓储的范围。

1) 安特卫普港

作为比利时最大的港口，安特卫普港距离比利时首都布鲁塞尔45公里，在物流、配送和供应链管理等方面都领先于欧洲其他港口。安特卫普港大力加强海运、铁路和公路运输的建设，积极拓展物流服务，使港口的影响力和市场占有率大大提高，并产生了"一条龙"的集聚效应。近年，该港年货物吞吐能力排名欧洲第二、世界第四，创利逾亿美元，相当于比利时国内生产总值的3.2%。

安特卫普港拥有480万平方米的封闭式仓库与30万立方米的筒式仓库，可进行危险品、易腐烂商品及调温品的仓储和配送，具有高度专业化的物流服务水准，可满足特殊的物流服务要求。安特卫普港口当局鼓励和支持出口商自建仓库经营配送业务或委托专业港务公司经营；鼓励出口商租赁仓库或与港务公司组建合资公司，利用现有设施或扩充新的设施开展配送业务。这种投资少、效率高的经营方式受到了出口商的普遍欢迎，不仅使出口商拥有仓库自营权，而且可以共同展开腹地运输、报关、报验、包装、质量控制、库存管理、订货处理和开具发票等全方位服务功能。

由于安特卫普港因地制宜发展物流，开发不同运输方式实现最佳的运输服务。该港还有12条国际铁路线，港口海运量中20%依靠铁路接运，每年铁路运输量达2 500万吨，是欧洲第一大铁路港，集装箱班列分别往返于德国、荷兰、法国、西班牙、奥地利和瑞士之间。此外，贯穿比利时的欧洲高速公路把安特卫普港与欧洲大陆主要的生产和消费中心连接起来，吸引了众多欧洲国家把大量货物从陆路上移到安特卫普港装船外运。安特卫普港现拥有300条公路班车线路，辐射至西欧、东欧、斯堪的纳维亚和海湾等地区，越来越多的货物通过这个多式内陆运输枢纽运抵最终目的地。

2) 齐布鲁日港

齐布鲁日港是比利时的又一大港口，与鹿特丹港和安特卫普港一起构成比、荷、卢三角洲港口群。齐布鲁日港地处世界最繁忙的海域与多条航线交汇处，主要经营汽车、食品和工程项目等货物的配送业务。其中有3/4的业务涉及集装箱运输，每天有28条班轮开往英国东海岸的10多个港口，有10个以上的航班行驶在泰晤士河上。

一些大商家的交易活动、厂内配送、仓储等业务都可在齐布鲁日港内完成，包括诸如除蜡、安装选购件及小型维修等业务。通过港口的物流服务，直接受益的商家有福特、通用、克莱斯勒、宝马、罗佛、标致、雪铁龙、沃尔沃和菲亚特等汽车制造商。他们通过区间的公路、铁路和海运将车辆配送到各地，齐布鲁日港便成为货物运抵最终消费市场的物流平台。

目前，我国中远集团每年有近200艘次的各类船舶挂靠比利时的港口，其中集装箱班轮近150艘次，年装卸集装箱达10万TEU以上，各类散货的装卸量达160多万吨。中海集团虽然进入比利时航运市场较晚，月处理集装箱量却已超过了3 500 TEU。

综上所述，比利时港口在欧洲与世界物流网络中均起到重要作用。比利时通过对港口的不断扩建、航道疏浚及推行民营化等措施，可以使比利时港区成为欧洲的物流、生产和消费中心。

2.2.3 亚洲物流的代表——日本物流发展现状

亚洲国家的民族、国情各不相同，现代物流发展最具代表性的国家是日本。

20世纪80年代以来，随着日本国内商业经营环境的变化，物流合理化的观念面临着进一步变革的要求。尤其是日本泡沫经济的崩溃，使以前那种大量生产、大量销售的生产经营体系出现了很多问题。这使日本许多公司开始注意到，物流发展战略在企业经营管理上的重要性。一些公司在物流问题暴露前，就着手进行物流系统的革新。

为此，日本政府也制定了一个具有重要影响力的《综合物流施策大纲》。这个大纲是日本物流现代化发展的指针，对于日本物流管理的发展具有重要的历史意义。大纲中提出了日本物流发展的基本目标和具体保障措施，其中特别强调了物流系统的信息化、标准化及无纸化。于是，日本的许多公司引进信息系统以改善其物流管理，并在物流管理信息系统的使用上取得了令人瞩目的进展。零售业是日本率先建立物流管理信息系统的行业之一。便利店作为一种新的零售业态迅速成长并遍及日本，它正影响着其他零售商业形式。这种新的零售商业业态迫切需要利用新的物流信息技术，以保证各种商品供应和销售的顺畅。

1. 日本7-11

7-11原是美国的一家众所周知的便利店集团，后被日本的主要零售商伊藤洋华堂引入，日本7-11作为其下属公司成立于1973年。7-11连锁店作为新兴零售商业形式，一开始就受到年轻一代的特别欢迎，从而急速扩张到现在的4 000多家门店。

日本7-11是具有全日本最先进的物流信息管理系统的连锁便利店集团。日本7-11把各单体商店按7-11的统一模式管理。自营的小型零售业，例如小杂货店或小酒店，在经日本7-11许可后，可按日本7-11的指导原则改建为7-11门店。日本7-11随之提供独特的标准化销售技术给各门店，并决定每个门店的销售品类。日本7-11的物流管理特点如下所述。

（1）频繁、小批量的进货。典型的7-11便利店平均面积仅100平方米左右，但提供的日常生活用品高达3 000多种。通常，便利店没有商品储存场地，为提高商品销量，在售卖场地上应尽量扩大。于是，只有利用先进的物流信息管理系统，才有可能使连锁便利店得到发展。因为只有这样，小批量的频繁进货需求才可能通过7-11的配送中心得以及时补充。在7-11，Just In Time（JIT）体系不完全拘泥于缩短交货时间的问题，也包含着以快捷方式通过信息网络从各门店收到订货信息的技术，以及按照每张订单最有效地收集商品的技术。

（2）供应商管理的改进。通常，日本7-11需要从批发商或直接从制造商购进大量商品，然后按需求配送到每个门店。这里，向各门店有效地供应商品是配送中心的重要职责，配送管理意义重大。

为了保证有效率地供应商品，日本7-11对原有供应商及其供应渠道进行了合理化改造。过去，许多供应商常常把自己定性为某特定制造商的专门代理商，只经营一家制造商的产品。如果日本7-11经营多样化商品，就不得不和许多供应商打交道。每个批发商都需要用卡车向便利店送货，这样不但送货效率极低，而且送货时间不确定。于是，日本7-11在整合及重组供应渠道上下了大功夫。在新的系统下，一个受委托的批发商被指定负责若干销售活动区域，授权经营来自不同制造商的产品。同时，批发商自筹资金建设配送中心，然后在日本7-11的指导下进行管理，为便利店的门店送货。通过这种协议，日本7-11无需承受沉重的投资负担，就能为其门店建立一个行之有效的物流系统。物流系统的先进性从为便利店送货的卡车数量从原来的70辆下降到现在12辆可以充分体现出来。

2. 大和运输

大和运输株式会社（以下简称大和运输）是日本第三方物流的著名企业之一。大和运输成立于1919年，1973年日本遭遇石油危机，企业委托货物非常少，对于主营大宗货物运送的大和运输来说，无疑是一大打击。于是大和运输的社长小仓提出了"小宗化"的经营方向，认为这是提高收益的关键点。

1976年2月大和运输开办了"宅急便"业务，当年共受理170万件货物。同年，日本国铁受理包裹为6 740万件，邮局受理小包达17 880万件。1988年，宅急便已达34 877万件，超过邮局的23 500万件，市场占有率为40%。到了1995年，宅急便的受理件数多达57 000万，营业额为6 000亿日元，员工人数由原先的300人增加到57 797人，拥有车辆由2 000辆增加到25 000辆。

宅急便在运送货物时，讲究三个"S"，即速度（Speed）、安全（Safety）和服务（Service）。大和运输优先考虑的是"速度"。因为有了速度才能在激烈的竞争中取胜。而在"速度"中，宅急便又特别重视"发货"的速度。宅急便的受理店多达20多万家（包括自营分店2 000家），主要选择米店、杂货店等分布面广的零售店设立。1989年在与7-11、罗森等大型连锁店合作后，改为24小时全天候受理货物。宅急便基本是每日配送2～3次。例如，运送时间在15小时以内的货物保证在翌日送达。

在受理店接受货物之后，大和运输定时派出小型货车到区内各处将货集中运往称为"集货中心"的营业所，并迅速转送到基地进行货物分拣。经过分拣的货物，以到达地和货物种类为单元装入统一规格的货箱内。这样可以大大提高运送效率，降低物流成本。大和运输利用夜间进行货物运输，以便在速度上取得优势。即当日下午集货，夜间异地运输，翌日上午送货上门，保证在15～18小时内完成物流服务过程。大和运输还采取了车辆分离的办法，采用拖车运输。牵引车把拖车甲运到B地以后，把车摘下来放在B地，再挂上B地的拖车乙开向A地。

大和运输一直致力于物流信息化，成为最初采用条形码的企业。后来美国的UPS公司仿效使用，现条形码已成为世界标准码。大和运输的第一代信息系统始于1974年，以运输路线及货运为中心。第二代信息系统始于 1980 年，运用 POS 终端机简化资料输入动作，使信息处理速度加快。第三代信息系统始于 1985 年，重点开发了携带型 POS 机，使所有司机都拥有一台。大和运输将附随货物的信息，包括发货店密码、日期、集货司机密码、到店密码、货物规格、顾客密码、集货方式、运费、传票号码等输入电脑进行管理。大和运输在全国的 1 300 家分店、营业所、基地等均设置终端机，网络终端机约 2 000 台，携带型 POS 突破 20 000 台。通过货物追踪系统，能完全掌握发生的各种信息。顾客如果询问，能在 40 秒内做出答复，从而进一步提高了顾客对宅急便的信赖程度。

2.2.4 世界物流的发展趋势

随着经济全球化步伐的加快，科学技术尤其是信息技术、通信技术将更快地应用于物流领域，企业的跨国经营必将导致社会经济向"本土化生产、全球采购、全球消费"趋势的发展。由此可以推断，未来世界物流的发展可能出现如下新的发展趋势。

1. 电子物流的发展

据统计，通过互联网进行企业间的电子商务交易额，1998 年全球已达到 430 亿美元。基于网络的电子商务的迅速发展必将促进电子物流（E-Logistics）的发展。物流企业通过互联网加强企业内部、企业与供应商、企业与消费者、企业与政府部门的联系与沟通。消费者可以直接在网上获取有关商品或服务信息，实现网上购物。电子物流可使企业能迅速、准确、全面地了解需求信息，实现基于顾客订货的生产模式（Build To Order，BTO）和物流服务。此外，电子物流还可以帮助企业实现在线追踪货物、在线规划投递路线、在线实现物流调度、在线实现货运检查等功能。可以说，电子物流将是 21 世纪物流发展的新趋势。

2. 物流企业的集约化与协同化发展

21 世纪是物流全球化的时代，企业之间的竞争将十分激烈。要满足全球化或区域化的物流服务，企业规模必须扩大以形成规模效益，主要表现在下述两个方面。

（1）物流园区的建设。物流园区是多种物流设施和不同类型的物流企业在空间上集中布局的场所，是具有一定规模和综合服务功能的物流集结点。物流园区的建设，将有利于实现物流企业的专业化和规模化，发挥企业的整体优势和互补优势。日本是最早建立物流园区的国家，至今已建立 120 个大规模的物流园区，荷兰也建立了 14 个物流园区。

（2）物流企业的兼并与合作。随着国际贸易的发展，美国和欧洲的一些大型物流企业跨越国境，展开联横合纵式的并购，大力拓展国际物流市场，以争取更大的市场份额。德国国营邮政公司出资 11.4 亿美元收购了美国大型的陆上运输企业 AEI，美国的 UPS 则并购了总部设在迈阿密的航空货运公司——挑战航空公司。据不完全统计，1999年美国物流运输企业间的并购数已达23件，并购总金额达6.25亿美元。德国国营邮政公司在最近两年间并购欧洲地区物流企业达11家，现在已发展成为年销售额达290亿美元的欧洲巨型物流企业。并购的另一个新特点是国有企业并购民营企业，例如美国国营邮政公司并购了德国大型民营物流企业PARCE，法国邮政收购了德国民营敦克豪斯公司。德国、英国和法国的邮政公司为争夺欧洲物流市场，竞相收购民营大型物流运输企业。新组成的物流联合企业、跨国公司将充分发挥互联网的优势及时准确地掌握全球的物流动态信息，调动自己在世界各地的物流网点，构筑起本公司全球一体化的物流网络，节省时间和费用，将空载率压缩到最低限度，战胜竞争对手，为货主提供优质服务。

3. 绿色物流是物流发展的又一趋势

绿色物流： 在物流过程中，抑制物流对环境造成危害的同时，实现对物流环境的净化，使物流资源得到充分利用。

物流虽然促进了经济的发展，但是物流的发展同时也会给环境带来不利的影响，如运输工具的噪声、污染排放、对交通的阻塞等。为此，将对世界物流发展提出了新的要求，即绿色物流。绿色物流包括两方面：一是对物流的环境污染进行控制，即在物流系统和物流活动的规划与决策中尽量采用对环境污染小的方案；二是建立工业和生活废弃物处理的物流系统。

2.2.5 国外物流发展的启示

国外物流的发展经验表明，集约化、信息化、网络化是现代物流的发展趋势。我国物流的发展应从物流企业的内外部环境和市场物流需求出发，通过集约化、规范化经营，吸收并引进国外先进的物流技术与管理方法，着重改组改造传统的运输企业与物资企业，重建物流网络体系。

此外，上述各国在发展物流的过程中，都采用了适合本国国情的发展模式，以物流业的规模结构优化调整作为本国物流发展的战略。我国在吸收国外经验的同时，要重点学习其观念、原则，融合国外现成的物流管理经验，同时又能结合我国仓储、运输等领域的企业实际情况，根据自身的需求特点，实现与促进物流本土化。

2.3 我国物流发展现状

2.3.1 国内物流业发展现状

国内物流业主要是指由第三方物流企业所形成的产业,含经营铁路、公路、水路、航空等基础设施企业,以及为制造业、流通业、个体消费者等服务的物流企业。在最近的 10 年中,随着经济体制改革与生产力的飞速发展,国内物流业发生了巨大的变化,总体现状可以从物流业的能力与经营规模、国民经济各行业对物流业的需求与评价、现阶段物流企业的类型等方面进行考察。

1. 从物流需求量看国内物流业的发展

国内的物流需求量是与整个国民经济发展总量呈正比的。这一点即使在表 2-2 的不完全统计中,也可以清楚地看到。在 1995—1999 年间,国内交通运输仓储业、批发零售业的活动规模一直随着国内生产总值的增长而增长。无论国内生产总值的增长幅度有多大,交通运输仓储业产值始终占 5%,批发零售业占 8%。

表 2-2 国内生产总值与物流业的发展　　　　　　　　　　　单位:亿元

年份	GDP	第一产业	第二产业	第三产业	#交通运输仓储业	%	# 批发和零售业	%
1995	58 478	11 993	28 538	17 947	3 055	5	4 932	8
1996	67 885	13 844	33 613	20 428	3 494	5	5 560	8
1997	74 463	14 211	37 223	23 029	3 797	5	6 160	8
1998	78 345	14 552	38 619	25 174	4 121	5	6 579	8
1999	81 911	14 457	40 418	27 036	4 460	5	6 842	8

资料来源:中国统计年鉴,2001

此外,目前来华投资的国际跨国公司中,有超过一半的制造商将原料来源地和产品流向地选择为我国,遥遥领先于选择其他国家与地区,这是因为跨国公司的物流成本是其选择制造基地时考虑的重要因素。绝大部分来华投资的跨国公司,每年物流费用占销售额的 10%,其中货物运输成本在物流成本中所占比例最高。因此,这些企业表示:减少货物运输支出对物流总成本降低的贡献度最大,愿意在社会上选择第三方物流企业以降低成本。

2. 从能力规模看国内物流业的发展

由于铁路、公路、水路、航空、管道运输的加入，国内物流业的经营能力与活动规模迅速扩大（参见表2-3）。从表2-3中可以看出，近年国内民用航空设施建设增长最快，例如1999年全国航空货运线路长度为1996年的1.30倍。基础设施建设带来了航空货运能力的提高及物流活动规模的发展，如1999年全国航空货运量及货运周转量分别达到了1996年的1.48和1.70倍。公路基础设施建设发展也很迅速，1999年全国公路货运线路长度为1996年的1.13倍，货运量已达到国内各种运输能力的最大；货运周转量是1996年的1.14倍。1999年国内水路的货运周转量最大；而且运量增长幅度超过运力的增长幅度。

表2-3 全国货物运输能力与实际货物运输数量

指标	1996年	1997年	1998年	1999年
运输线路长度（万公里）				
国家铁路营业里程	5.67	5.76	5.76	5.79
公路	118.58	122.64	127.85	135.17
水路	11.08	10.98	11.03	11.65
航空	116.65	142.50	150.58	152.22
管道	1.93	2.04	2.31	2.49
货运量总计（万吨）	1 296 200	1 278 087	1 267 200	1 292 650
铁路	168 803	172 019	164 082	167 196
公路	983 860	976 536	976 004	990 444
水路	127 430	113 406	109 555	114 608
航空	115.0	124.7	140.1	170.0
管道	15 992	16 002	17 419	20 232
货物周转量总计（亿吨公里）	36 454.0	38 368.0	38 045.8	40 495.6
铁路	12 971	13 253	12 517	12 838
公路	5 011	5 272	5 483	5 724
水路	17 863	19 235	19 406	21 263
航空	24.9	29.1	33.5	42.3
管道	585	579	606	628
沿海主要港口货物吞吐量（万吨）	85 152	90 822	92 237	105 162

资料来源：中国统计年鉴，2001

现阶段，国内物流能力的扩展为今后一段时期内全国经济发展必将带来的物流活动规模扩大做好了充分的物质准备，使过去困扰企业与政府的"运输难"问题得到有效缓解。同时，各种运输能力的扩大也为运输市场竞争准备了条件，可以使企业获得较低的物流费用支出。

近年，国内的各级政府与民间投资力量对物流业的投资规模也在迅速扩大（见表2-4），长期以来国内物流基础设施投入不足，货物运输及仓储企业的现代化水平不高问题可望得到尽快解决。从表2-4中可以看出，1999年国内的公路、铁路、港口等设施基本建设投资力度最大；更新改造项目以铁路、港口、公路的发展最为迅速。最为可喜的是，国内的各级政府与民间投资力量已开始加大对仓储业的基本建设投资力度，尤其是更新改造投产率高居各种运输方式之上。这些均为国内物流业提高物流服务质量、参与国际市场竞争奠定了良好的基础。因此，可以预计，通过履行中国加入WTO的承诺，在5年过渡期的历练以后，国内将形成现代物流业的基本格局，若再经过20～30年的努力，国内物流业将实现跨越式发展，以强壮的姿态真正立于世界之林。

表2-4 1999年全国运输、仓储业的投资概况

行 业	基本建设投资	更新改造	
		施工项目	投产率
	（亿元）	（个）	（%）
铁路运输业	680.24	2 430	61.8
公路运输业	1 128.44	507	67.1
管道运输业	7.91	109	97.2
水上运输业	45.73	139	75.5
航空运输业	207.09	77	74.0
交通运输辅助业（含港口）	737.06	949	76.4
仓储业	124.43	350	76.0

资料来源：中国统计年鉴，2001

3. 从市场调查结果看国内物流业的发展

为了解国内大中型生产制造企业、分销企业及第三方物流企业的物流运作现状，中国仓储协会于2001年组织了全国范围内的物流供求状况调查，通过分析各类企业的物流作业指标，揭示了国内物流业的发展空间。

调查结果表明，不同企业物流量和物流费用的差异较大。其中，生产企业的物流运营概况如表2-5所示。从表2-5中可以看出，生产企业原料平均运量为9.7万吨，平均运费为574.8万元，比1999年分别增长3.75%和6.69%，原料仓储面积为3.7万平方米，仓储费

用为293万元，比1999年分别上升6.22%和1.7%。同时，该类企业的成品物流中，运量为83.8万吨，增长率19.74%，运费为5 502.8万元，增长率17.9%，仓储面积为14.38万平方米，仓储费用为2 150万元，包装费用为1 802万元。

表2-5 制造企业物流运营概况

	原料	比1999年	成品	比1999年
库存期	20日		50日	
仓储面积	3.7万平方米	+6.22%	14.38万平方米	
仓储费用	293万元	+1.7%	2 150万元	
平均运量	9.7万吨	+3.75%	83.8万吨	+19.74%
平均运费	574.8万元	+6.69%	5 502.8万元	+17.9%
包装费用			1 802万元	

分销企业的物流运营概况如表2-6所示。从表2-6中可以看出，分销企业的物流中，平均年周转量为11.7万吨，平均年运费为49.1万元，仓储面积为1.15万平方米，仓储费用为57万元。

表2-6 分销企业物流运营概况

项 目	
库存期	34日
仓储面积	1.15万平方米
仓储费用	57.0万元
平均周转量	11.7万吨
平均运费	49.1万元

第三方物流业的市场占有率如表2-7所示。从表2-7中可以看出，生产企业原材料物流的执行主体主要是供货方，占71%，第三方物流企业占21%；成品物流中，43%的执行主体是企业自己，21%是第三方物流企业，36%是两种形式相结合；分销企业物流执行主体74%为供货方，13%为第三方物流企业，公司自营比例为13%。表2-7说明，以批量小、品种多、频次高、紧急性强为特色的分销企业物流，缺乏社会化物流企业的有效支持。

表2-7 第三方物流业的市场占有率

	供货方	第三方物流	两种形式兼有	企业自主
制造企业				
原材料	71%	21%		
成品	43%	21%	36%	
分销企业	74%	13%		13%

综上所述，国内制造企业、分销企业的物流成本相当可观，尤其是制造企业的成品物流迫切需要降低运营成本。国内第三方物流企业的运作现状与发达国家相比存在相当大的差距，需要通过提高物流管理的层次，加快运作效率，从而达到扩大市场份额的目的。

2.3.2 北京地区的物流发展现状

物流业是北京地区经济发展的重要基础，物流业的现代化是北京地区提高经济发展整体水平、改善投资环境和建设国际化都市的重要保障。

1. 北京地区的物流基础

1) 技术基础

（1）交通网络。北京地区的公路交通以贯穿东西方向的长安大街为主动脉向外辐射，通过百余座立交桥与环城路相连接，并通过12条放射状国道和京张、京津塘、京沈、京石等多条高速公路与全国各地相连接。货物的干线运输主要由城区外的公路（占92.1%）担负，城市物流配送则由城区道路担负。2002年北京地区公路总长度达到14 359公里，高速公路达到463公里，铁路长度1 870公里，基本形成了以铁路货运站和空港为枢纽、高速公路为龙头、干线路为骨干、路网为联络线、县乡路为支脉的放射状交通网络，具有良好的货物运输基础。

（2）物流设施。2002年北京地区的物流总量为38 742.2万吨，物流设施的数量和分布情况如表2-8所示。

表2-8 北京地区的物流设施数量和分布情况

	仓库个数（个）	仓库面积（平方米）	仓库容量（立方米）	装卸设备（台）	铁路专用线（条）
总　　计	13 418	13 550 667	43 401 795	8 401	375
二环路以内	799	784 608	2 906 706	643	29
二环路至三环路	1 237	2 167 661	11 187 016	1 724	20
三环路至四环路	1 068	938 009	3 598 209	976	55
四环路以外	10 314	9 660 389	25 709 864	5 058	271

资料来源：北京统计年鉴2003. 北京：中国统计出版社，2003

从表2-8可以看出，北京地区有多达13 418个仓库设施，主要分布在四环路以外。据测算，每个仓库平均面积约为1 000平方米，每平方米仓库面积平均物流量仅为28.6吨/年。

（3）信息基础。"九五"期间北京地区的信息化取得了长足发展，信息产业在经济结构调整中发挥了巨大作用，成为新的经济增长点。城市宽带骨干网络和接入网络基本覆盖全区，首都之窗、首都电子商城、科教网、银行卡工程、城八区社区服务网络及呼叫中心等一批重大信息应用工程实施并完成，城市公用信息平台基本建成。北京地区政务资源的开发利用也取得了较大进展，中央在京及市属的各类数据库相继建成。除此以外，信息化软环境支撑体系开始形成，《首都信息化标准化工作指南》、《首都信息化标准体系》已公布实施，《北京市政务与公共服务信息化工程管理办法》以政府令的形式颁布，北京信息安全测评中心已经成立并开展工作。2002年，北京地区平均每百户PC机拥有数达到55.5台，移动电话拥有数达到94部，为北京地区物流信息现代化打下了坚实的基础。

2）管理基础

（1）管理战略。北京市政府十分重视现代物流业的发展，在《北京市"十五"时期服务业发展规划》中，作为第三方物流的交通运输和邮政业被列为发展重点。"十五"时期，北京市要以建设现代化国际城市为目标，使交通运输和邮电通信业的发展适度超前于国民经济和社会的发展。同时，还要建设一批大型多功能物流配送中心，加快商品配送、快速货运等业务的发展；促进集装箱运输，为外贸运输提供高质量、高效率服务；促进运输代理、仓储、装卸搬运的发展，提高现有设施设备的利用水平和技术水平。

2002年北京市公布了两个物流专项规划：一个是北京市商业委员会制定的《北京市商业物流发展规划》，另一个是北京市交通局等单位制定的《北京城市物流系统规划》。

《北京市商业物流发展规划》的目标是：2005年，初步建立以大型物流基地为核心、以综合性及专业性物流配送区为节点的商业物流体系框架；2010年，形成结构合理、设施配套、技术先进、运转高效的商业物流体系，物流成本下降到12%，达到国际先进水平，使北京成为亚太地区重要的物流枢纽城市。具体目标是：计划建成房山闫村—丰台王佐、通州马驹桥和顺义天竺3个大型物流基地，朝阳十八里店（北京物流港）等4个综合性物流配送区，丰台玉泉营等13个专业物流配送区。《北京城市物流系统规划》的目标是：以城市交通三大体系及其枢纽为依托，以物流信息平台为支撑，以相关的法规政策为保障，建立高效、快捷、经济、环保的城市物流系统，物流成本下降到17%，服务于北京、辐射华北、与国际物流相衔接，为北京率先在全国实现社会主义现代化提供基础保证；到2010年，计划初步建成10个左右以货运枢纽为核心的物流园区，并实现物流信息共享。

《北京市商业物流发展规划》侧重于商业物流发展，《北京城市物流系统规划》侧重于物流园区及信息平台建设。两个规划在物流设施的布局上大体一致，物流成本下降幅度基本相同，但是在具体的规划方案上略有不同。

（2）规章制度。除了执行国家、行业有关物流的法律法规、标准外，北京市政府还积极制定了各项物流活动管理的规章制度，例如《北京市道路运输管理条例》、《北京市铁路专用线共用管理办法》、《北京市货物托运业管理暂行办法》、《北京市生活消费品、生产资料市场管理条例》、《北京市人民政府关于禁止车辆运输泄漏遗撒的规定》等，为北京地区物流业的发展起到了政策保障的作用。

(3) 管理体制。北京地区的物流管理体制基本属于计划经济体制遗留下来的中央、部队、市、区等不同隶属关系的行业分割形式,彼此缺乏统一与协调。各行业(单位)往往是独立规划、独立投资、独立经营,造成物流设施的重复建设和物流运作效率的低下。

3) 物流服务能力

(1) 物流量。2002 年北京地区的物流量及其构成如表 2-9 所示,2002 年北京地区的物流总量达到 38 742.2 万吨,其中由铁路货运业、公路货运业等从事社会化物流服务的行业(主营物流业)完成的物流量超过 10 000 万吨,而由制造业、批发贸易业等与物流业相关联的行业自营完成的物流量为 28 680.1 万吨。由表 2-9 可以看出,2002 年北京地区的物流量较上年度呈增长趋势,主营物流业的物流量除了铁路货运外,均有不同程度的增长。尤其是从专业物流业的物流量上升趋势和作为自营物流的批发贸易业物流量下降趋势可以看出,北京地区的物流社会化程度在不断提高。但总体上,北京地区物流社会化程度还很低,只占北京地区物流总量的 26%,由制造业、批发贸易业等企业自营的物流量(占 74%)仍然是主要部分。

表 2-9 2002 年北京地区的物流量及其构成

年 份	物流量(万吨)	
	2002	2001
合 计	38 766.4	37 001.3
主营物流业	10 086.1	9 836.7
铁路货运业	2 744.0	2 859.7
公路货运业	3 164.6	2 970.6
航空货运业	42.6	36.0
运输辅助业	610.2	432.4
仓储业	2 587.5	2 499.4
装卸搬运业	525.6	656.0
专业物流业	303.0	191.0
连锁配送业	108.8	86.5
相关物流业	28 680.1	27 164.6
制造业	26 405.6	24 810.0
批发贸易业	2 274.5	2 354.6

资料来源:北京统计年鉴 2003. 北京:中国统计出版社,2003

(2) 机构和人员。2002 年北京地区的物流企业数量与规模如表 2-10 所示。

表 2-10　2002 年北京地区的物流企业数量与规模

行　　业	单位数（个）	从业人员（人）	企业规模（人/个）
铁路运输业	59	55 212	936
公路运输业	797	23 447	29
航空运输业	26	10 175	391
交通运输辅助业	906	26 443	29
仓储业	369	9 649	26

资料来源：北京统计年鉴 2003. 北京：中国统计出版社，2003

由表 2-10 可以看出，除科技含量较高的航空与铁路运输业外，其他物流业的企业规模过小，平均每家企业的从业人员数不到 30 人，难以承担大规模的物流服务。

2. 北京地区的物流服务优势

1）人才优势

北京地区高等学校众多，知识密集，在全国具有明显的人才优势。自 1999 年以来，北京地区一直开展物流管理专业的专科、本科、硕士、博士系列正规教育和各种职业培训，为本地区现代物流的发展提供了大量的专业人才，使北京地区物流人才相比其他地区的知识结构、人才水平、教育培训类型均比较全面。其中有代表性的院校有北京交通大学、北京物资学院、北京科技大学、解放军后勤指挥学院等。

北京交通大学于 1996 年获得物资流通管理工程博士授予权以来，物流学科不断发展并形成集学士、硕士、博士学位为一体的科研和人才培养体系。目前物流学科的主要研究方向涉及物流产业政策分析、货物运输规划与管理、区域物流发展与物流创新战略研究、物流系统信息管理与企业物流信息化研究等。学校建有综合物流工程实验室，并与 UPS、FedEx 等国际知名物流企业建立了合作关系。

北京物资学院已经建立起较完善的物流管理专业教学体系，集理论教学、实践研究、对外交流与合作于一体，下设北京市重点实验室——物流系统与技术实验室，研究领域包括物流企业管理、物流网络建设等方面。

北京科技大学已形成物流设施、机械设计与制造方面的强大研究队伍，取得了比较丰富的研究成果。

解放军后勤指挥学院在军事物流理论、军地物流一体化等研究方面具有很强实力，在军事系统内最先获得物流管理博士学位授予权。

2）科技优势

北京地区的科技发展在全国处于领先地位，如表 2-11 所示。

表 2-11 2001年北京市科技发展规模与比例

	全国	北京	占全国比例
科技活动人员（万人）	42.7	5.16	12.1%
研究与实验发展经费（亿元）	288	20	6.9%
基础研究（亿元）	35	4.5	12.9%
应用研究（亿元）	79	12.5	15.8%
科技市场交易额（亿元）	782.7	191	24.4%

资料来源：中国统计年鉴2002.北京：中国统计出版社，2002

从表 2-11 可以看出，北京地区的科技活动人员 5.16 万人，占全国的 12.1%，具有明显的人力资源优势。北京地区 2001 年的研究与实验发展经费达到 20 亿元，仅占全国的 6.9%，其中基础研究却占到全国的 12.9%，应用研究占 15.8%。北京地区的科技市场交易额高达 191 亿元，是科技经费投入的 9.5 倍，约占全国的 1/4。北京地区的科技优势对现代物流的发展可以起到重要的支撑作用。

3. 北京地区的物流服务特色

1）产业特色

2002 年北京地区国内生产总值为 3 212.7 亿元，如果按照 15% 的物流成本计算，北京地区的物流成本总规模为 480 亿元/年。2002 年北京地区三大产业的国内生产总值比重分别为 3.1%、35.6% 和 61.3%，可见第三产业在北京地区国民经济发展中占主导地位。如表 2-12 所示，第三产业中，作为第三方物流提供者的交通运输、仓储及邮电业国内生产总值为 235.56 亿元，约占第三产业国内生产总值的 12%；作为物流服务对象的社会服务业、批发和零售贸易餐饮业、教育文艺广播电影电视事业、科学研究和综合技术服务业等行业，约占第三产业国内生产总值的 50%。因此，北京地区物流业的发展主要应满足第三产业的服务需求。

表 2-12 北京地区第三产业国内生产总值构成

	国内生产总值	比例
交通运输、仓储及邮电业	2 355 600	11.79%
金融保险业	4 694 400	23.49%
批发和零售贸易、餐饮业	2 563 200	12.83%
社会服务业	3 226 000	16.15%
教育、文艺、广播电影电视事业	2 121 600	10.62%
科学研究和综合技术服务业	1 710 000	8.56%
其他	3 310 500	16.57%

资料来源：中国统计年鉴2003.北京：中国统计出版社，2003

2) 物流服务类型特色

北京地区产业结构的特点决定了物流服务类型。由于第三产业在北京地区国民经济发展中占主导地位，因此北京地区物流业主要应满足第三产业的物流需求。在第三产业中，除了交通运输、仓储及邮电业、金融保险业外，作为物流服务对象的社会服务业、批发和零售贸易餐饮业、教育文艺广播电影电视事业、科学研究和综合技术服务业等行业的物流需求主要是社会商品的分销物流，包括批发物流、零售物流与商品配送。这种物流需求呈现少批量、多品种、多批次的特征。物流服务需求的不确定性较高，对物流时间、货物安全、信息化程度要求都较高，需要频繁使用城市道路系统，是造成城市交通堵塞和环境污染的重要原因之一。针对北京地区的物流服务类型特色，应该进行城市物流系统合理化，以消除物流过程中的重复作业，缩短物流时间，实行共同配送，提高货物配载率，从而提高物流的经济效益与社会效益。

3) 奥运物流服务特色

北京已成功申办 2008 年夏季奥运会。据北京奥组委预测，2008 年奥运会将有 200 多个国家和地区参加，仅运动员、各国代表团成员、媒体记者就达 20 万人。这将创造奥运规模的新纪录。根据前期研究成果，奥运物流需求包括物流主体多样性——奥运选手和观众的国家、民族、习俗等呈多样化；物流客体安全性——例如奥运会的许多运动器材来自国外，一旦损坏很难找到替代品，势必影响比赛；物流时间阶段性——奥运物流可分为三个阶段，各阶段的物流需求不同，例如赛前阶段场馆建设的物流量较大，赛中阶段主要是比赛组织、旅游观光的物流服务；物流空间集中性——例如奥运会比赛场馆和运动员居住的奥运村分布在北京北部和西部，与比赛相关的物流服务有可能集中在这个地区；物流需求不确定性——奥运会期间可能发生许多事前未能预料的物流服务需求。

据测算，奥运物流的总规模可达到 432 亿元，物流的各项组织管理工作将成为极其复杂的系统工程。为奥运会服务是北京地区物流业的近期服务特色，它为未来的发展与国际化带来了巨大机遇。

4. 北京地区的物流劣势

目前北京地区物流业主要还是以粗放式经营为主要增长方式，物流业发展尚存在若干问题，主要表现如下所述。

(1) 分散的物流管理模式制约着物流的发展。在不同隶属关系的、多行业分散的物流管理体制下，一方面，行业之间的权力、责任、投资、收益存在交叉和重复，难以有效合作和协调；另一方面，各行业将物流活动分割开来，实行分段式的管理，不仅无法适应和满足北京地区的物流服务需求，而且制约着物流业的发展。例如，各种运输方式长期以来呈分立发展的局面，不同运输方式在运输组织、服务规范、技术及装备标准等方面存在较大差距，使得企业很难根据市场需要选择合理的物流服务，而且许多物流企业只能利用单一的运输方式来开展物流服务，以多式联运为基础的许多现代化物流服务方式还难以开展。

在分散的物流管理模式下，各种物流基础设施的规划和建设缺乏必要的协调，导致大量的重复建设和过度竞争，各种运输方式之间、国家运输系统与地区运输系统之间相互衔接的枢纽设施和有关服务设施建设缺乏投入，对北京地区物流业发展有重要影响的综合性货运枢纽、物流基地、物流园区建设缓慢。

由于某些行政部门制定政策法规多从本行业和地方利益出发，致使许多从事物流服务的企业想方设法寻求地方保护，出现一些不正常的、不公平的竞争现象，不利于形成社会化、规模化的物流系统和跨区域、跨行业的物流网络。铁路、公路、商业等行业物流具有明显的行业特点，相应制定了若干政策法规，但对北京地区未来的物流发展缺乏整体意识。

（2）物流设施的数量过多，规模过小。北京地区的各种公路货站、货场、装卸点处于散、小、乱的局面，绝大部分规模过小，因而技术水平低，管理水平很难提升。总体上，北京地区除了首都机场的航空货运枢纽、丰台的铁路路网编组枢纽之外，很少有成规模的现代化物流设施。例如北京地区有仓库13 418个，每个仓库的面积平均为1 000平方米；仓库平均净高4米，设施低矮陈旧；每平方米仓库面积平均物流量仅为28.6吨/年，效率极低。北京地区物流企业规模过小，还表现为公路运输业、交通运输辅助业、仓储业的平均从业人员数不到30人。这种物流设施状况不能满足北京地区经济发展对物流服务的需求。

（3）物流信息化水平偏低。目前北京地区物流信息技术应用水平偏低，物流信息系统建设滞后。一是工商企业内部物流信息管理水平较低，技术手段比较落后，如条形码技术、全球卫星定位系统（GPS）、物资采购管理（MRP）和物流管理软件尚未普及；二是缺乏必要的城市公共物流信息交流平台，以EDI、互联网等为基础的城市物流信息系统在北京地区还没有得到广泛应用。

（4）物流从业人员素质较低。虽然北京地区具有较全面的物流人才培养系列，但是由于物流企业规模小，设施落后，管理水平低，工作条件差，没有实现持证上岗，导致高级物流人才普遍流失。目前北京地区物流从业人员素质普遍偏低的问题制约了物流业的发展。

2.3.3 上海地区的物流发展现状

全球最热门的新兴产业——现代物流业正在上海崛起。由上海市商委、上海城市规划设计研究院等单位完成的研究报告披露：1990年到1999年上海物流业增加值从10.65亿元上升到670.48亿元，占全市GDP的比重达到16.62%；2000年这一行业的吞吐量又上升7.8%。现代物流业已成为上海经济新的增长点。现代物流业已成为上海四大新兴产业之一。信息技术也越来越成为现代物流的生命线。今后5年内，上海将成为国内外物流、商流、信息流、资金流、人才流的集聚中心，并具备强大的辐射能力。上海已着手培育现代物流业市场主体，重点扶持第三方物流企业的发展，从而使上海成为全球物流的重要枢纽之一。

上海市政府制定了《上海现代物流产业发展规划》，确定了"政府引导、企业运作、完善法规、规范市场、配套环境"的发展原则,将依托现有的航空航运、商贸流通条件,充分发挥海、陆、空运输和口岸等综合优势,努力构筑"三大平台",即以现代综合交通体系为主的物流运输平台、以邮电通信及网络技术为主的物流信息平台和以引导、协调、规范、扶持为主的物流政策平台。

上海市政府有关部门已着手培育现代物流业市场主体,开始投资建设一批现代物流基地,重点扶持第三方物流企业发展,从而使上海形成了包括交通运输、配送服务、加工代理、仓储管理、信息网络、营销策略等多环节组成的物流大循环系统,成为全球现代物流中的重要枢纽之一。

(1) 自20世纪90年代以来,政府投入巨额资金,加快城市基础设施建设,初步建成和完善了海港、空港等海、陆、空重要集散枢纽及公路、铁路、内河等综合运输网络系统,其中海上国际集装箱运输量在近几年中平均以两位数的速度快速增长,上海港口集装箱吞吐量去年已达到561万TEU,排名世界第六。

(2) 上海信息港已建成高速、宽带、大容量的信息网络平台和EDI等骨干网络。上海电信作为中国电信三大国际出口商之一,拥有通达全球的高速通信网络,因特网带宽超过1 000 Mbps,从而使现代物流业发展具备了信息支撑和保障。

(3) 一批规模较大的物流公司抢先占领市场。2001年新成立的中海物流公司,将中国海运集团内的货代、仓储、码头、集卡、运输等相关资产和人员进行优化组合,形成以航运为依托的全程物流供应链。这些新兴物流企业的涌现,使市场竞争充满了活力。

(4) 传统的经营模式早已突破,迄今上海以批发为主的各类生产资料市场达到160余个,商品交易市场近千家。连锁商业网点、仓储式超市、大型综合超市等新的经营方式已为市民接受,全市连锁网点达3 500多家;邮购、电话订购、电视导购、网上购物等新型商业业态的崛起,对配送等物流的需求日渐紧迫。

此外,拥有强大实力的第三方物流企业初现。从传统的计划经济逐步走向市场经济,上海物资集团经过50年建设,创造和积累了生产资料流通的成功经验,也具备了发展现代物流的基础条件:集团下属有近20家全资、控股子公司;有覆盖全市和国内各省市的营销网络;有与贸易相配套的200多个各类仓库、14条铁路专用线、10座专用码头等大批物流设施;新建成的电子商务网络和大批从事现代物流的专业人才更显示出上海物流业发展成果。

2.3.4 天津地区的物流发展现状

作为我国北方重要的港口城市,发展现代物流是实现天津市跨越式发展及进一步确立环渤海地区的经济中心、现代化港口城市和我国北方重要的经济中心的重要地位的有效途径,是天津市产业结构调整的一场革命,是发展第三产业的重要切入点。

天津早在20世纪80年代开始就进行了物流基础设施的建设和物流技术的引进工作,经过近20年的发展，天津市在物流基础设施建设和物流信息基础设施建设等方面取得显著成就，建立了国际物流与国内物流服务体系。

（1）重点部位物流信息化。天津港作为天津市的重要物流枢纽，于1997年开发了EDI中心，面向国内外港口航运运输业，支持并服务于船公司、代理、港口、码头、理货、货代、集输运场站及相关的海关、检验检疫、银行、保险等单位，通过EDI系统进行物流数据交换，实施物流作业活动和相关增值业务。它可以使用多种报文标准和自定义格式，灵活选用入网方式，进行跨部门、跨行业、跨地区、跨国家的电子信息传输，实现信息共享。自2000年10月，天津海关为了更好地对进出口货物进行监管，采用了双信息放行的办法，对转关和关内放行以纸面和电子数据放行的形式，通过天津港EDI中心传输给相关公司，大大提高了物流效率。

（2）信息技术的应用。近几年，对物流信息技术应用较好的当属生活日用商品条形码的广泛应用，绝大多数的日用商品都使用了条形码，为今后连锁配送的信息管理打下了基础。卫星定位系统车辆跟踪技术的开发和应用刚刚起步，一些物流仓库、货运中心应用电视监控、扫描器、条形码、屏幕显示等信息技术。

（3）物流信息管理系统的开发和应用。由于一些三资企业应用了信息管理系统并带动了相关物流企业的信息化管理，同时随着"物流热"的升温，一些企业从国内外高薪聘用有经验的物流管理人才，开发物流软件，一些较大的物流企业还设立了软件开发部门或与知名软件企业联合。天津市对物流信息管理系统的开发、应用开始得到重视。

（4）物流园区建设。以天津保税区物流区、天津港散货物流区和天津空港国际物流区等为代表的天津物流园区标志着天津物流园区建设已初具规模。

2.3.5 深圳市的物流发展现状

2000年5月，在深圳市委三次党代会上，深圳市委、市政府提出要把现代物流业作为深圳经济发展的三大支柱产业之一，这是提升深圳经济实力和竞争力的战略举措。

1）综合交通运输网络初具规模

深圳优越的地理位置、优良潜质的港口、密集的高速公路网络、大型国际航空基地、发达的海路和铁路运输，再加上产品占全国生产总值约10%、进出口总额占全国1/7强、进出口贸易总额连续第8年居于全国之冠等条件，是发展物流业的首选之地。深圳目前已具备信息化程度高、海陆空交通发达的基础条件，并有较强的经济实力和日趋完善的金融、保险、商贸流通服务业，初步建成并正逐步完善EDI系统、行政管理系统、无线集群通信系统等，网络技术正逐步应用于物流业，电子商务发展迅速。深圳率先与国际接轨，实行大交通管理体制，不仅形成了多种运输方式分工布局合理、能力强大、便捷通畅的运输平台，而且在管理体制上予以保证。到2001年为止，深圳已建成海港、空港、公路、铁路四位一体的物流交通运输网络，港口集疏运方式比较完备，多式联运系统逐步形成，进一步增强了深圳作为华南地区连接国内外重要交通枢纽的功能。特别是，由于深圳港和香港港处于同一水域，随着中国加入WTO，外贸集装箱运输量快速增加，深圳对香港的补充和支持作用会越来越明显，有条件与香港共同构成国际航运中心和亚太营运中心。深圳建成了盐田国际、蛇口SCT、赤湾凯丰三大集装箱专用码头，集装箱专用泊位9个，可以满足第四代、第五代集装箱船全天候靠泊。到2000年底，共有29家世界著名的班轮公司（如马士基等）挂靠深圳港口，相继在深圳开通远、近洋国际集装箱班轮航线53条，平均每月靠泊国际班轮超过227艘次，国际集装箱班轮远洋航线数量和航班密度均居我国内地沿海港口之首。

2）物流总量持续稳定递增，综合经济效益不断提高

据测算，近年深圳市物流业增长率与GDP增长率之比已经达到1:1.04，这表明物流业对深圳经济增长的贡献十分显著。1999年深圳港口货物吞吐量获得历史性突破，达到4 600万吨，其中集装箱吞吐量298万TEU，已在世界集装箱大港中排名第11位；2000年深圳港口集装箱吞吐量达到399.4万TEU，比1999年增长33.8%，截至2001年12月29日零时，深圳港集装箱吞吐量突破500万箱，跃居世界十大集装箱枢纽港行列，港口货物吞吐量达到4 217万吨。

在公路方面，深圳的公路通车里程超过1 500多公里，公路完成货运量近4 000万吨，周转量达30多亿吨公里，已成为集疏港口的主要运输方式。在铁路方面，深圳1999年铁路货物发送量为258万吨。在机场方面，深圳机场已被国家民航总局明确为全国四大航空货运枢纽机场之一，货源充足，地理位置独特，航空货运发展潜力巨大。韩国韩亚、马来西亚金鹏、加拿大科罗拉、美国联邦快递等纷纷开通直飞深圳的定期国际货运航班。2001年4月，南方航空集团公司正式将该公司的航空货运基地设在深圳，开通了深圳至芝加哥的国际货运航线。2001年上半年，深圳机场的国际货运量达到7 000吨。

3）物流园区的建设

深圳市政府政策研究室会同深圳市交通局、运输局及国土规划局等多个政府部门经过详细的调研论证，规划了6大物流园区以作为深圳未来城市发展的战略。

深圳市平湖生产资料物流中心是深圳市重点建设项目之一，已正式列入《深圳市九五重大项目计划》、《深圳市城市总体规划》和《深圳市商业发展规划》。该中心位于深圳市政府规划并由原国家国内贸易总局确认的4平方公里的平湖物流实验基地内。经过特区近20年的建设，平湖已成为深圳市陆海空立体交通网络的枢纽：京九、广九、平盐、平南4条铁路在这里交汇，全国第二大铁路编组站就在平湖南端；东西走向的机荷高速公路、龙岗第二通道和南北走向的八号快速干道穿镇而过，与广深高速、莞深高速、深惠高速、深汕高速公路相连接，形成一个快速公路网络，并通过铁路、公路把盐田港、蛇口港、赤湾港、妈湾港、黄田机场连接在一起，成为海路、公路、铁路立体交通运输的交汇点。

4）深圳物流信息平台启动EDI

深圳是全国EDI网络中心的第二批建设城市。物流信息平台EDI通关项目启动后，将

开展与海上集装箱运输、陆路运输、航空运输、商贸、进出口等企业及海关、海事、商检、金融、工商、税务、保险等部门的互联。EDI通关项目启动后,深圳市近期将重点配合海关在全市大型出口企业中推广"联网监管"模式。该模式使海关通过电脑网络即可对企业进行有效监管。

2000年9月,中国工程院在深圳召开了"中国工程院深圳现代物流论坛"。与会院士普遍认为,深圳市委、市政府提出把现代物流业作为深圳市未来经济发展的三大支柱产业之一的发展战略是十分正确的,具有前瞻性与可行性。

体制改革和政策创新为物流业营造了良好的空间。改革开放以来,深圳率先建立起社会主义市场体制的基本框架,形成以市场为导向、以企业为主体的开放型物流市场格局,大胆引进外资参与物流市场建设,积极探索政府在物流业发展中的引导与规范作用,为深圳物流业提供了良好的发展空间。

习题

1. 物流发展的一般过程是什么?
2. 国外物流发展的趋势是什么?
3. 我国的物流发展现状如何?
4. 北京市的物流发展有哪些优势和劣势?
5. 考察居住地区的物流发展情况。

第 3 章

物流学及其基本理论

物流活动从人类社会产生就已存在，具有久远的历史。随着商品经济的发展，物流活动的形式由简单到复杂，范围由小到大，技术水平由低到高。在物流活动实践不断发展的基础上，必然发展出研究物流的学问。物流的学问不断增添和积累到一定程度，就形成了相对完整和独立的物流学。所谓物流学，就是以物流活动的全过程为对象，研究物品实体流动的概念、理论、规律、技术和方法的学科。

3.1 建立物流学科理论体系的意义

随着经济全球化和信息技术的发展，现代物流的理论研究和实践活动正在世界范围内蓬勃兴起。现代经济的发展水平很大程度上取决于物流的水平。物流实践的发展，需要对物流学理论进行更深入、更规范的研究，需要更多的适应现代社会发展需要的新型物流人才，这就迫切需要建立和不断完善物流学学科体系，以适应经济发展的要求、适应物流发展的要求、适应物流学理论研究和物流人才培养的要求。

物流学作为一门学科，直至目前，还是一个没有被充分研究的新学科，建立和不断完善这样一个学科是否有必要？是否可能？这个学科下面又应该包含哪些子学科？其学科体系究竟如何？这些都是长期致力于物流实践、理论研究、教育和培训的专家们共同关心的问题。目前，在人们讨论物流概念、物流分类等问题时，尽快建立和完善物流学学科体系是物流理论和实践发展的当务之急，是物流教育和培训的当务之急。

1. 物流实践发展亟须明确物流学学科体系

目前，物流学学科体系的不明确和物流学理论研究上的滞后已严重影响了我国物流实践的发展。物流实践活动对商品生产、流通和消费的影响日益明显。然而,指导理论和实践研究的物流学学科体系至今没有完全建立起来,物流这个概念的内涵和外延还没有真正研究清楚,物流学学科的本质还没被全面揭示出来,进而直接导致了对物流认识的偏差。

2. 新兴物流学呼唤建立自己的学科体系

物流学理论的发展,出现了许多新的概念、技术和模式,产生了许多传统学科无法解释的问题,带来了传统学科之间的交叉与融合,这就必然要求建立新的物流学学科。通过理论研究,我们越来越认识到,物流学是一门新兴的交叉学科,是由管理学、经济学、工学和理学等相互交叉而形成的新兴学科;作为一门学科,物流学有着自己的学科体系。从物流学理论研究出发产生的建立物流学学科体系的需求,是学科发展的必然。

3. 物流教育的发展迫切需要学科体系支撑

随着社会和经济发展对各层次物流人才需求的急速增长,我国物流教育正在快速发展(见表3-1)。

表3-1 近3年我国设立物流专业的高等学校数

专业	2001年	2002年	2003年
物流管理	1	7	37
物流工程	0	2	10

2001年仅有一所高校招收物流专业学生,到2003年9月已有40多所高校开设物流专业。但是,对有关物流的学科专业的内涵仍进行着讨论。例如,对于物流工程,有的定义为"从系统工程角度研究物流,称为物流系统工程,简称为物流工程";有的定义为"物流工程是从工程角度研究物流系统的设计与实现";有的定义为"物流工程是指在物流管理中,从物流系统整体出发,把物流和信息融为一体,看做一个系统,把生产、流通和消费全过程看做是一个整体,运用系统工程的理论和方法进行物流系统规划、管理和控制,选择最低的物流费用、高的物流效率、好的顾客服务,达到提高社会经济效益和企业经济效益的综合组织管理活动过程"。这样,就从方法论、工学、管理学三个角度对同一概念产生了三种定义。物流教育的发展迫切需要学科体系的支撑。试想,在这种内涵混乱的情况下,必然产生专业培养目标不明确的问题,而这个问题正是由于物流学学科体系的不明确而产生的。

4. 物流学学科体系的梳理对今后学科的调整和完善会起到重要的指导作用

目前我国的物流学学科体系正在建立过程中。由于受传统教育模式的影响,物流教育条块分割的状况未得到彻底的改变。因此,各学科专业的研究领域、研究目标、研究的重点不明确。新设的物流工程和物流管理等专业,在很大程度上是原来某一物流相关学科的转型,使物流学学科的发展受到了很大的限制。因此,目前迫切需要对物流学学科体系进行梳理,以期对今后物流学学科体系的调整和不断完善起到指导作用。

3.2 物流学学科体系

学科是指学术的分类，是指一定的科学领域或一门科学的分支。学科的发展历史表明，一个学科的成熟将要引发这个学科与相关学科的集成。对于在一定层次和高度已经认识清楚的事物，人们将会在更高的层次上来认识。物流学学科的发展也是这样的。以前人们所认识的重点是物流各要素所组成的这些学科。目前我们认识到，这些学科必须进行集成才能达到更大规模的优化，而这个更大规模的范围就是物流学学科的研究范围。

3.2.1 物流学的基本框架

研究物流的目的是要有效地管理和控制物流的全过程，在保证服务质量的前提下，使其消耗的总费用最小，因此经济指标是衡量物流系统的基本尺度。研究物流学必然涉及经济学的有关内容，特别是近代兴起的数量经济学和物流研究有密切关系。在对作为物流要素的对象物的研究中，以及对对象物产生时间维和空间维物理性变化的方法、手段的研究中，又涉及工程技术科学的许多领域；在运输技术、仓储技术、搬运和包装技术中融合了机械、电气自动化等学科的成果；对物流系统进行定性和定量的分析，必须以数学特别是应用数学、运筹学等为基础，也要以电子计算机作为手段来实现分析和控制的目的。这些都是物流学的研究范畴。综上所述，物流学可以说是社会科学和自然科学之间的交叉学科，或是管理科学和工程技术科学之间的交叉学科。鉴于此，我们将物流学学科进一步划分为物流管理、物流工程、物流经济三个子学科，物流学学科体系如图3-1所示。

需要说明的是，若把物流学当做一级学科，则物流管理、物流工程、物流经济都是二级学科，既是学科，也是专业；若把物流学当做一个二级学科（也可相当于在管理科学与工程一级学科下的一个研究领域），则物流管理、物流工程、物流经济就是三级学科，即研究生学科专业中二级学科下的研究方

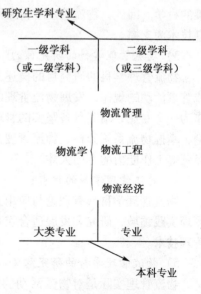

图3-1 物流学学科体系示意图

向。对于本科教育来说,可将物流管理、物流工程、物流经济视为专业。

下面对物流管理、物流工程、物流经济三个子学科进行分述如下。

1. 物流管理学科

美国物流管理协会对物流的定义为:"高效、低成本地将原材料、在制品、产成品等由始发地向消费地进行储存和流动,并对与之相关的信息流进行规划、实施和控制,以满足用户需求的过程。"西方物流理论强调物流学研究的重点就是对物流系统的管理。在我国,物流管理学科应该作为目前国内的重点子学科进行研究。物流活动是由组织来完成的,而"管理是一切组织的根本"。企业的物流系统规划与设计、物流业务的具体运作、物流过程的控制等都是管理,需要管理理论的指导。物流与许多管理学专业有关,如工程管理、工商管理、信息管理、财务管理等,但物流管理学科有着自己的研究范围。

1)物流管理学科的研究对象

物流管理学科的研究对象可以概括为:同现代生产经营、科技、经济、社会等发展相适应的物流管理理论、管理方法和工具。

2)物流管理学科的研究内容

物流管理研究的对象是物流系统,它是由生产、流通和消费过程中物质资料的运动构成。物流管理研究的核心是社会经济活动中物品实体运动的客观规律,它包括物品运动的时间及时性、路径合理性、速度经济性等。物流管理学科是研究以经济效益为目标,运用现代管理的理论、方法和手段来分析处理物流活动,设计建立物流系统,以及对物流问题进行决策的科学。因此,物流管理学科必须以经济学、管理学、运筹学为基础,以网络化的电子信息技术为支撑。

3)物流管理学科的研究目的

物流管理学科的研究目的概述为:运用现代管理科学的方法与科技成就,阐明和揭示物流管理活动的规律,发展物流管理的理论、方法和工具,提高物流过程的运作效率。该学科作为一个专业,培养具备坚实的管理科学与工程理论方法、管理数学及计算机应用等基础理论,掌握物流系统分析、物流管理方法等专业知识,具有独立从事物流计划、预测、决策、经营等工作能力的专门人才。

4)物流管理学科的特点

物流管理学科具有理论与应用并重的特点,将管理科学的理论、方法和技术应用于物流管理实践领域,研究和发展适合宏观管理和企业管理特点的新的物流管理理论、管理方法和管理技术。

5)物流管理学科的研究意义

物流管理实际是对物流活动的管理,通过这一管理使物品得以合理配置和运动,但是"物流"或"物流系统"作为概念所反映的实体是"物"而不是"人"。物品是企业构成的三个基本要素之一,它的运动不仅存在于企业生产经营的全过程,而且还由于它的运动,使社会经济主体之间形成供应链。科学地进行物流管理，不仅可以降低物流成本，提高经济效益和社会效益，而且还可消除或缓解经济主体之间联结点上的矛盾。

2. 物流工程学科

"物流工程"是一个技术含量很高的学科。大型的物流中心和配送中心一般都具有高度自动化的物流设施，建设前需要大量的工程技术人员进行分析和工程设计，建成后需要工程技术人员进行维护和管理。物流的载体——运输车辆、自动立体仓库、装卸搬运设施的建设等，也需要进行科学的规划和设计。"物流工程"涉及工学的许多学科方向，如机械、建筑、电子、信息、交通运输，等等。在众多的理论研究中，"物流工程"有多种含义。我们认为，物流工程可以定义为："物流工程是由物流六要素或物流六力组成的综合体，将物流科学技术最有效地应用于国民经济，造福人类。"这就说明物流工程的本质是从技术和技术应用的角度研究物流系统的设计与实现。

1）物流工程学科的研究对象

物流工程学科的研究对象是多目标决策的、复杂的动态物流系统，主要从工程角度研究上述系统的设计和实现。

2）物流工程学科的研究内容

物流工程学科主要是对物流系统的规划、设计、实施与管理的全过程进行研究。设施设计是工程的灵魂，规划设计是物流系统优劣的先决条件。物流工程为物流系统提供了软件和硬件平台。一个良好的物流系统不能仅留在规划阶段，需要通过具体的工程建设来实现，物流工程的实施过程就是完成整个系统的硬件设计、制造、安装、调试等过程，同时也需要规划软件的功能。在进行物流系统分析、设计和实现的过程中，既要考虑技术上的先进性、科学性，又要考虑经济性指标。因此，物流工程学科主要是以工学学科作为其理论基础的，它既是技术学科，也有经济学科和管理学科的渗透。

3）物流工程学科的研究目的

物流工程学科的研究目的概述为：运用工学的理论、方法和工具，根据物流系统的基本要求，对复杂物流系统进行分析、设计和实施，以提高物流技术水平，更好地服务于人类社会。

4）物流工程学科的特点

物流工程学科具备自然科学与社会科学相互交叉的边缘学科的特征。物流工程学科的研究方法，不仅要运用自然科学中常用的科学逻辑推理和逻辑计算，同时也常采用对系统进行模型化、仿真与技术经济分析等方法。

5）物流工程学科的研究意义

物流系统分析、设计、实施都涉及大量的工程和技术，因此从工程的角度去研究物流问题，科学地对复杂物流系统进行分析、设计和实施，可以极大地提高物流技术水平和运作效率，从而降低物流成本。物流工程学科的研究必将促使我国的物流工程技术水平向更高的方向发展。

3. 物流经济学科

物流学科研究大量的物流资源优化配置、物流市场的供给与需求、宏观物流产业的发展与增长等问题,解决这些问题靠的是经济学理论,包括宏观经济学和微观经济学理论。日本行政管理厅统计审议会对物流的定义是:"物的流通是与商品的物理性流动相关联的经济活动,包括物资流通和情报流通。物资流通由运输、保管、装卸搬运、包装、流通加工及运输基础设施活动组成。"日本的物流定义中强调了物流是一种经济活动,物流在日本的经济发展中发挥了重要作用。可以说,从经济学的角度来讲,研究物流经济问题具有重要的实际意义。

1) 物流经济学科的研究对象

物流经济的主要研究对象是物流产业的经济运行和资源配置问题。

2) 物流经济学科的研究内容

物流经济学科应以宏观经济学、产业经济学为基础,以研究宏观物流发展趋势及宏观物流产业发展政策为特色,致力于探索和建立国民经济发展中的宏观物流经济理论体系;同时应关注微观物流经济的研究,研究重点集中在与企业问题有关的物流企业制度、物流项目评估、物流市场需求预测等理论问题上。

3) 物流经济学科的研究目的

物流经济学科的研究目的为:研究物流产业发展政策及其同国家宏观经济政策的关系,对物流业发展提出决策建议;加强物流经济理论体系建设并与国际物流经济学科接轨。

4) 物流经济学科的特点

物流经济学科同样具备多学科相互交叉的边缘学科的特征。相关学科有运输经济、物流管理、物流工程、技术经济、信息经济等。该学科的特点就是要紧密结合物流业改革和发展的要求,从经济学的角度对宏观和微观的物流发展问题进行理论探讨。

5) 物流经济学科的研究意义

物流是国民经济的基础,物流不仅是国民经济的动脉系统,同时对实现资源配置具有重要的作用。物流还以本身的宏观效益支持国民经济的运行,改善国民经济的运行方式和结构,促使其优化。在特定条件下,物流会成为国民经济的支柱产业。一个新的物流产业可以有效地改善产业结构,因此物流经济学科的研究必将促使国民经济向更加合理的、协调的方向发展。

3.2.2 物流学的学科性质

根据物流学的研究内容,可以看出物流学属于经济学、管理学、工学和理学等互相交叉的新兴学科。

(1) 经济学属性。物流学科研究大量的物流资源配置优化、物流市场的供给与需求、政府对物流的管理、物流的发展与增长等问题,而解决这些问题靠的是经济学理论在物流中的具体应用。物流涉及许多经济学类专业，比如经济学、国际经济与贸易等。

（2）管理学属性。物流活动是由物流组织来完成的，而"管理是一切组织的根本"，企业的物流系统规划与设计、物流业务的具体运作、物流过程的控制、物流效益的考核与评估等都是管理，需要管理学理论的指导。物流与许多管理学类专业有关，如工程管理、工业工程、信息管理、工商管理、市场营销、会计学、财务管理等。

（3）工学属性。现代物流是一个技术含量很高的产业。国外大型配送中心一般都是高度自动化的物流设施，建设前需要大量的工程技术人员进行分析和设计，建成后需要工程技术人员进行维护和管理。物流系统分析、设计和管理都涉及大量的工程和技术，因此物流学涉及工学类的许多专业，如机械、建筑、电子、信息、材料、交通运输等。

（4）理学属性。物流的流体是商品，各种商品的物理、化学、生物特征不完全相同。照顾好顾客就要照顾好将要配送给顾客的商品，商品的检验、养护、鉴定、流通、加工等作业环节都需要诸如数学、物理、化学等学科的指导。

物流学科还与其他许多学科有关，比如哲学、法学等，但就物流学科整体而言，它是具有以上4种属性的新型交叉型学科，而且不能轻率地说物流学科主要是属于哪一种属性。因为既然是交叉性学科，必然具有多学科属性，而不同的学科属性是从不同的侧面来分析的，当我们说以哪个属性为主的时候，我们一定是确定了一个讨论问题的侧重点。例如，从宏观管理的角度来讲，物流学科的主要属性应该是经济学属性；从企业管理层面上来讲，物流学科的主要属性应该是管理学属性；从运作层面来讲，物理学科的主要属性应该是工学属性。显然，侧重点一变，物流学科的属性就变了，不能在没有前提条件的情况下说物流学科主要属于哪个学科，应该将物流学科的属性与研究的着重点联系起来讨论，这样才是比较科学的，才能体现物流学科的多学科、交叉性、边缘性、综合性的特点。

3.2.3 物流学的研究目的

物流学的研究要达到以下目的。

（1）促进物流学科的发展。同其他学科的发展一样，物流学科从提出到基本建立学科体系，再到学科的完善，要经过很长的历程。目前物流学的研究才刚刚起步，大量的问题还没有研究清楚，因此需要更多的人进行更多的研究，物流学科需要大力发展，尤其在学科发展的初期，物流研究是最为重要的。

（2）促进物流学科的人才培养，提高物流从业人员的综合素质。研究成果传播的最佳办法就是培养人才，从古至今都是如此。物流学科的发展必然要以人才培养作为手段。物流学科的人才培养在我国已经开始，但是规模很小，我国的高级物流管理人才在21世纪的上半叶将会十分稀缺。因此，建立物流学科，大力培养物流专业人才，使物流研究与物流人才培养互相促进，是我国经济发展的客观需要。

(3) 促进物流产业的发展和竞争力的提高。具体而言，物流学科研究对物流产业可以起到以下作用：提高物流系统的服务水平；降低物流系统的服务成本；充分利用物流系统的资源；实现企业、社会的长远发展目标；促进物流产业宏观管理水平的提高，进而促进物流产业的竞争力的提高，为我国在加入 WTO 后国民经济的快速发展提供良好的物流支持。

3.2.4 物流学的研究方法

物流学的研究方法集经济学、管理学、工学、理学的研究方法之大成，研究方法依研究的内容而定。与物流学科相关的学科采用的方法可能各有侧重，比如，经济学和管理学的研究方法偏重于实证分析、规范分析、案例分析（也可归为实证分析）、图表分析、经济计量、系统分析等，工学、理学的研究方法偏重于采用模拟、试验、观察与观测、公式、定理等。但正如亚里士多德指出的那样，分析学或逻辑学是一切科学的工具。唯物辩证法、分析与综合、归纳与演绎、数据采集与分析、优化方法及学术争论等是各个学科都要采用的研究方法，物流学科研究要采用以上所有的方法。另外，物流学科将以系统科学的基本原理作为贯穿始终的方法论之一。

3.3 物流学的主要观点

3.3.1 商物分离（商物分流）

商物分离是物流科学赖以存在的先决条件。所谓商物分离，是指流通中两个组成部分商业流通和实物流通各自按照自己的规律和渠道独立运动。

社会进步使流通从生产中分化出来之后，并没有结束分化及分工的深入和继续。现代大生产的分工和专业化是向一切经济领域中延伸。列宁在谈到这个问题时，提出"分工"、"不仅把每一种产品的生产，甚至把产品的每一部分的生产都变成专门的工业部门——不仅把产品的生产，甚至把产品制成消费品的各个工序都变成专门的工业部门。"这种分化、分工的深入也表现在流通领域，比专业化流通这种分工形式更重要的分工是流通职能的细分。流通统一体中实际上有不同的运动形式，这一点，马克思早已有所论述，并将之区分为"实际流通"和"所有权转让"。他说："要使商品实际进行流通，就要有运动工具，而这是货币无能为力的。商品的实际流通，在空间和时间上，都不是由货币来实现的。货币只是实现商品的价格，从而把商品所有权转让给买主，转让给提供交换手段的人。货币使之流通的不是商品，而是商品所有权证书。"

本来，商流、物流是紧密地结合在一起的，进行一次交易，商品便易手一次，商品实体便发生一次运动，物流和商流是相伴而生并形影相随的，两者共同运动，取同样的过程，只是运动形式不同而已。在现代社会诞生之前，流通大多采取这种形式，甚至在今日，这种情况仍不少见。

商物分离形式如图3-2所示，如果物流以本身的特殊性与商流过程分离，与和商流过程完全一致比较，显然要合理得多。

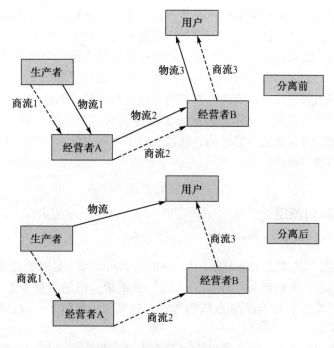

图3-2 商物分离示意图

所以，商物分离实际是流通总体中的专业分工和职能分工，是通过这种分工实现大生产式的社会再生产的产物。这是物流科学中重要的新观念。物流科学正是在商物分离的基础上才得以对物流进行独立的考察，进而形成的科学。

3.3.2 黑大陆和物流冰山说

著名的管理学权威P·F·德鲁克曾经讲过："流通是经济领域里的黑暗大陆"。德鲁克泛指的是流通，但是由于流通领域中物流活动的模糊性尤其突出，是流通领域中人们更认识不清的领域，所以"黑大陆"说法现在转向主要针对物流而言。

"黑大陆"说法主要是指尚未认识、尚未了解。在黑大陆中，如果理论研究和实践探索照亮了这块黑大陆，那么摆在人们面前的可能是一片不毛之地，也可能是一片宝藏之地。"黑大陆"说是对20世纪中在经济界存在的愚昧的一种反对和批判，指出在当时资本主义繁荣和发达的状况下，科学技术也好，经济发展也好，都远未有止境；黑大陆说也是对物流本身的正确评价；这个领域未知的东西还很多，理论和实践皆不成熟。

从某种意义上来看，"黑大陆"说是一种未来学的研究结论，是战略分析的结论，带有很强的哲学的抽象性，这一学说对于研究这一领域起到了启迪和动员作用。

物流冰山说是日本早稻田大学西泽修教授提出来的。他在专门研究物流成本时发现，现行的财务会计制度和会计核算方法都不可能掌握物流费用的实际情况，因而人们对物流费用的了解是一片空白，甚至有很大的虚假性，他把这种情况比做"物流冰山"。冰山的特点是大部分沉在水面之下，而露出水面的仅是冰山的一角。物流便是一座冰山，其中沉在水面以下的是我们看不到的黑色区域，而我们看到的不过是物流的一部分。

西泽修先生用物流成本的具体分析论证了德鲁克的"黑大陆"说。事实证明，物流领域的方方面面对我们而言还是不清楚的，在黑大陆中和冰山的水下部分正是物流尚待开发的领域，正是物流的潜力所在。

3.3.3　第三个利润源说

"第三个利润源"的说法主要出自日本。"第三个利润源"是对物流潜力及效益的描述。经过半个世纪的探索，人们已肯定这"黑大陆"虽不清，但绝不是不毛之地，而是一片富饶之源。尤其是经受了1973年石油危机的考验，物流已牢牢树立了自己的地位，今后的问题是进一步开发了。

从历史发展来看，人类历史上曾经有过两个大量提供利润的领域。第一个是资源领域，第二个是人力领域。资源领域起初是廉价原材料、燃料的掠夺或获得，其后则是依靠科技进步，节约消耗、节约代用、综合利用、回收利用乃至大量人工合成资源而获取高额利润，习惯称之为"第一个利润源"。人力领域最初是廉价劳动，其后则是依靠科技进步提高劳动生产率，降低人力消耗或采用机械化、自动化来降低劳动耗用，从而降低成本，增加利润，这个领域习惯称做"第二个利润源"。

在前两个利润源潜力越来越小，利润开拓越来越困难情况下，物流领域的潜力被人所重视，按时间序列排为"第三个利润源"。

这三个利润源立足于生产力的不同要素：第一个利润源的挖掘对象是生产力中劳动对象，第二个利润的挖掘对象是生产力中的劳动者，第三个利润源则主要挖掘生产力要素中劳动工具的潜力，与此同时又挖掘劳动对象和劳动者的潜力，因而更具有全面性。

第三个利润源的理论最初认识是基于以下两个前提条件。

第一,物流是可以完全从流通中分化出来,自成一个独立运行的系统,有自身特定的管理目标,因而能对其进行独立的总体的判断。

第二,物流和其他独立的经营活动一样,它不是总体的成本构成因素,而是单独盈利因素,物流可以成为"利润中心"型的独立系统。

第三个利润源的理论反映了日本人对物流的理论认识和实践活动,反映了他们与欧洲人、美国人的差异。一般而言,美国人对物流的主体认识可以概括为"服务中心"型,而欧洲人的认识可以概括为"成本中心"型。显然,"服务中心"和"成本中心"的认识与"利润中心"的差异很大。"服务中心"和"成本中心"主张的是总体效益或间接效益,而"第三个利润源"的"利润中心"主张的是直接效益。除此之外,还可以从战略意义的角度思考"第三利润源",不仅将物流看成直接的谋利手段,而且特别强调其战略意义,特别强调它是在经济领域中潜力将尽的情况下的新发现,是经济发展的新思路,这是"第三利润源"学说的真正价值。

3.3.4 效益背反说和物流的整体观念

"效益背反"是物流领域中很经常、很普遍的现象,是这一领域中内部矛盾的反映和表现。

效益背反指的是物流的若干功能要素之间存在着损益的矛盾,也即某一个功能要素的优化和利益发生的同时,必然会存在另一个或另几个功能要素的利益损失,反之也如此。这是一种此涨彼消、此盈彼亏的现象,虽然在许多领域中这种现象都是存在着的,但物流领域中,这个问题似乎尤其严重。

效益背反说有许多有力的实证予以支持,例如包装问题,在产品销售市场和销售价格皆不变的前提下,假定其他成本因素也不变,那么包装方面每少花一分钱,这一分钱就必然转到收益上来,包装越省,利润则越高。但是,一旦商品进入流通之后,如果节省的包装降低了产品的防护效果,造成了大量损失,就会造成储存、装卸、运输功能要素的工作劣化和效益大减。显然,包装活动的效益是以其他的损失为代价的。我国流通领域每年因包装不善出现的上百亿元的商品损失,就是这种效益背反的实证。单纯认识物流可以具有与商流不同特性而独立运动这一点,是物流科学走出的第一步,在认识效益背反的规律之后,物流科学也就迈出了认识物流功能要素这一步,进而寻求解决和克服各功能要素的效益背反现象。当然,或许人们也曾有过追求各个功能要素全面优化的企图,但在系统科学已在其他领域形成和普及的时代,科学的思维必将导致人们寻求物流的总体最优化。不但将物流细分成若干功能要素来认识物流,而且将包装、运输、保管等功能要素的有机联系寻找出来,使之成为一个整体来认识物流,进而有效解决"效益背反",追求总体的效果(见图3-3),这是物流科学的一大发展。这种思想在不同国家、不同学者中的表述方法是不同的,例如美国学者用

"物流森林"的结构概念来表述物流的整体观点,指出物流是一种"结构",对物流的认识不能只见功能要素而不见结构,不能只见树木不见森林,物流的总体效果是森林的效果,即使是和森林一样多的树木,如果各个孤立存在,那也不是物流的总体效果,这可以归纳成一句话:"物流是一片森林而非一棵棵树木。"

对这种总体观念的描述还有许许多多的提法,诸如物流系统观念、多维结构观念、物流一体化观念、综合物流观念、后勤学和物流的供应链管理等,都是这种思想的另一种提法或是同一思想的延伸和发展。

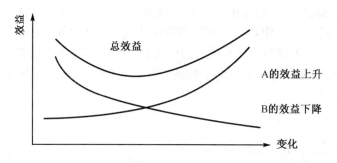

图3-3 效益背反和总体效益

习题

1. 为什么要建立物流学学科体系?
2. 物流学学科体系的框架是如何构建的?
3. 物流学有哪些学科属性?
4. 物流学的基本理论观点有哪些?各有何意义?

第 4 章 物流功能要素

物流具有运输、储存、装卸搬运、包装、流通加工、配送和信息处理 7 项功能要素。其中，运输与储存分别解决了供给者和需求者之间在场所和时间上的分离，分别创造了物流的时间效用和空间效用。信息功能起到支持物流运作的支撑平台作用，是促使物流合理化的功能要素。配送最能体现物流系统最终的总体服务功能，可以说是完善服务功能的要素。流通加工是物流过程中形成物流增值效应的主要功能要素。包装、装卸搬运在物流过程中更多的是增加成本的功能要素，它们的存在对于完善物流系统、完善物流活动必不可少，但是也增加成本支出，是影响物流成本的功能要素。

4.1 包装

包装是为在流通过程中保护产品、方便储运、促进销售，按一定技术方法而采用的容器、材料及辅助物等的总体名称。也指为了达到上述目的而在采用容器、材料和辅助物的过程中施加一定技术方法等的操作活动。

在社会的再生产过程中，包装处于生产过程的末尾和物流过程的开端。它既是生产的终点，又是物流的起点。在传统的生产观念中，一般都认为包装是生产过程的最后一个环节，所以在实际的生产过程中，包装的设计都是从生产的角度来考虑的，但是这样却不能满足物流的需要。在现代物流观念形成之后，包装与物流之间的关系比包装与生产之间的关系要密切得多，而且包装在物流过程中所起的作用随着消费者个性化需求的出现而显得更为重要。因此，一般都把包装看做是物流过程的起点。

4.1.1 包装的功能

包装有以下几种功能：保护商品、方便物流、促进销售及方便消费。

（1）保护商品。包装的一个重要功能就是要保护包装内的商品不受损伤。在运输途中，由于运输工具或运输道路的原因，商品难免会受到一定的冲击或者压力，这样就会使商品受到损害。在商品的储存过程中，因为商品要层叠堆积码放，所以商品会受到放在它上面的其他商品的压力，这样可能也会损害商品。另外，在商品的储存过程中，商品可能还会受到外部自然因素的侵袭，比如可能会被雨水淋湿、被虫子、老鼠咬坏等。因此，要求商品有一个好的包装，能够抵挡这些侵袭因素。

在设计商品的包装时，要做到有的放矢。首先要仔细分析商品可能会受到哪些方面的侵扰，然后针对这些方面来设计商品的包装。比如说：如果商品在运输途中可能会受到外力的侵袭，容易受到碰撞，那么就需要对商品进行防震包装或缓冲包装，可以在商品的内包装和外包装之间塞满防震材料，以减缓外界的冲击力；如果商品比较容易生锈，可以采用特制的防锈包装方法，比如防锈油方法或真空方法；如果商品比较容易受到害虫的侵蚀，那么可以在商品中加入一定的防虫剂，以防止商品受到损害。

（2）方便物流过程。包装的另一个重要作用是提供商品自身的信息，比如商品的名称、生产厂家和商品规格等，以帮助工作人员区分不同的商品。在商品的储存过程中，仓库工作人员也是通过包装上的商品标志来区分商品，进行存放和搬运的。在传统的物流系统中，包装的这些功能可以通过在包装上印刷商品信息的方式来实现，然而随着信息技术的发展，更多使用的是条码技术。条码技术是在计算机的应用实践中产生和发展起来的一种自动识别技术，它是为实现对信息的自动扫描而设计的，是一种快速、准确而可靠地采集数据的有效手段。仓库管理人员在使用扫描仪对条形码进行扫描的同时，商品的详细信息就可以输入到物流信息系统中，进而物流信息系统可以发出一定的指示，指导工作人员对该商品进行一定的操作。这样，可以极大地提高物流过程的整体效率。

此外，适当的包装也能够提高搬运商品的效率。商品从生产到销售可能会经历很多次的搬运过程。如果产品包装设计过大，那么可能非常不利于搬运；相反，如果包装设计过小，又可能就会使搬运的效率大大降低。所以，在设计包装时，应该根据搬运工具的不同来设计合理的包装，而且在设计包装的时候，还要注意考虑如何使各种搬运工具能够更好地对商品进行操作。

（3）促进商品销售。一般来说，商品的外包装必须要适应运输的种种要求，因此在设计外包装的时候可能会更加注重包装的实用性。而对于商品的内包装而言，因为它要直接面对消费者，所以必须要注意其外表的美观大方，要有一定的吸引力，以便促进商品的销售。

杜邦定律（美国杜邦化学公司提出）认为：63%的消费者是根据商品的包装来进行购

买的，而国际市场和消费者是通过商品来认识企业的，因此商品的包装就是企业的面孔，优秀的、精美的包装能够在一定程度上促进商品的销售，提高企业的市场形象。

（4）方便顾客消费，提高客户服务水平。企业对包装的设计工作应该适合顾客的应用，要与顾客使用时的搬运、存储设施相适应。这样成本可能会高一些。但是，拥有了长久的顾客关系，企业的生存和发展才有可能性。这也是包装的一大功能。

4.1.2 包装的种类

现代商品的品种繁多，性能和用途也是多种多样。为了充分发挥包装的功能，必须对包装进行科学的分类。包装的分类就是把包装作为一定范围的集合总体，按照一定地分类标准或者特征，将其划分为不同的类别。

1. 按包装在物流中发挥的不同作用划分

按包装在物流中发挥的不同作用，可以将包装分为销售包装和运输包装。

1）销售包装

销售包装又称内包装，是直接接触商品并随商品进入零售网点和消费者或用户直接见面的包装。销售包装的主要目的就是为了吸引消费者，促进销售。一般来说，在物流过程中，商品越接近顾客，越要求包装起到促进销售的效果。因此，这种包装的特点是造型美观大方，拥有必要的修饰，包装上有对于商品地详细的说明，包装的单位适合于顾客的购买及商家柜台摆设的要求。在 B-to-C 这种电子商务模式中，商业包装应该是最重要的，因为顾客在购买商品之前，在网上最先能够看到的就是这种商品的包装，只有当包装吸引人的时候，才能够引发顾客的购买欲望。而且，随着顾客个性化需求的出现，顾客在购买商品的时候，可能会要求商家按照自己的需要为商品进行包装，以满足自己特定的需要。这也是企业必须注重商业包装的一个原因。

2）运输包装

运输包装是以满足运输贮存要求为主要目的的包装。它具有保障产品的安全，方便储运装卸，加速交接、点验等作用。运输包装不像销售包装那样注重外表的美观，它更强调包装的实用性和费用的低廉性。一般来说，在 B-to-B 这种商业模式中，工业包装是最重要的，这是因为企业在购买其他企业的产品之前，肯定已经对该产品的各项性能有了基本的了解，而购买此商品的主要目的就是为生产自己的产品服务，因此企业并不在乎包装的美观而更在乎包装能否保证商品的质量不受损失。现在，许多知名的大企业也越来越重视工业包装，一方面工业包装的好坏在一定程度上决定了商品的质量，另一方面如果工业包装做得很好，那么将会提高企业在顾客心目中的形象，巩固企业在市场中的地位。

2. 按照包装材料的不同划分

按照包装材料的不同，可以将包装分为纸制品包装、塑料制品包装、木制容器包装、金属容器包装、玻璃陶瓷容器包装、纤维容器包装、复合材料包装和其他材料包装。

1）纸制品包装

这是指用纸袋、瓦楞纸箱、硬质纤维板作为包装容器，对商品进行包装。这一类的包装占整个包装材料使用量的40%。纸制品包装的成本低廉、透气性好，而且印刷装饰性较好。

2）塑料制品包装

这是指利用塑料薄膜、塑料袋及塑料容器进行产品的包装。主要的塑料包装材料有聚乙烯、聚氯乙烯、聚丙烯和聚苯乙烯等。因为塑料种类繁多，所以塑料包装的综合性能比较好。

3）木制容器包装

这是指使用普通木箱、花栏木箱、木条复合板箱、金属网木箱及木桶等木制包装容器对商品进行包装。木制容器一般用在重物包装及出口物品的包装等方面，现在有很大一部分已经被瓦楞纸箱代替。

4）金属容器包装

这是指用黑白铁、马口铁、铝箔和钢材等制成的包装容器对商品进行包装。这种包装主要有罐头、铁桶和钢瓶。

5）玻璃陶瓷容器包装

这主要是指利用耐酸玻璃瓶和耐酸陶瓷瓶等对商品进行包装。这种包装耐腐蚀性较好，而且比较稳定，耐酸玻璃瓶包装还能直接看到内容物。

6）纤维容器包装

这是指利用麻袋和维纶袋对商品进行包装。

7）复合材料包装

这主要是指利用两种以上的材料复合制成的包装。这种包装主要有纸与塑料、纸与铝箔和塑料。

其他材料包装是以竹、藤、苇等制成的包装，主要有各种筐、篓和草包等。

3. 按照包装保护技术的不同划分

按照包装保护技术的不同，可将包装分为防潮包装、防锈包装、防虫包装、防腐包装、防震包装及危险品包装等。

4.1.3 包装器材

1. 包装器材的发展趋势

包装器材的发展是随着材料科学、工业技术和文化艺术的发展而发展的。目前金属包装材料中最广泛使用的是马口铁。玻璃陶瓷容器由于自身的优点也常被采用,但当前使用最多的还是折叠纸盒、折叠纸箱和瓦楞纸箱。塑料特别是塑料薄膜为主要包装材料的时代正在到来。随着材料工业的进一步发展,包装材料正向高附加值的方面发展。复合材料、复塑材料和新材料将是包装材料发展的大趋势。新包装技术、新包装材料和新包装方法将使包装容器从形式到功能进一步科学化、系列化、适用化,尤其是组合包装方法的运用,将使包装容器在追求降低成本的同时向着力求节省材料、节省空间、构造简单、大小适当、重视安全的方向发展。随着环境保护意识的加强,为保持生态平衡,对包装来说,一个最重要的课题是开发无公害包装材料及制造可再生利用的包装容器。

2. 包装器材的选择

1) 选择包装器材应遵循的原则

(1) 包装器材与被包装物的特性相适应。根据被包装物的种类、物理化学性能、价格价值、形状形态、体积重量等,在实现包装功能的基础上,应以降低材料费、加工费和方便作业为目的选择包装器材。运输包装中,贵重、易碎、易破损的物资,包装容器应相应坚实,用材上应予以保证;一般物资包装器材的选择,只要有一定防护功能,方便功能即可。应注意防止过分包装的倾向。

(2) 包装器材与包装类别相协调。运输包装、销售包装在包装器材的选择上不尽相同。运输包装器材的选择着重注意包装的防护性与储运的方便性,不太讲究美观和促销的问题。销售包装器材的选择着重注意商品信息的传递、开启的方便及促销功能,而不太注重防护功能。所以,在包装器材的选择上,销售包装常用纸袋、纸盒、纸箱、瓷瓶、玻璃瓶和易拉罐,而运输包装常用托盘、集装箱、木箱、大纸箱和铁皮等。

(3) 包装器材应与流通条件相适应。包装器材必须保证被包装的商品在经过流通和销售的各个环节之后,最终能数量正确、质量完好地到达消费者手中。因此,要求包装器材的物理性能良好,在运输、堆码、装卸搬运中,包装器材的强度、阻热隔热性、吸湿性不因气候变化而变化;还要求包装器材的化学性能稳定,在日光、空气、温湿度和酸碱盐作用下,不发生化学变化,有抗老化、抗腐蚀的能力;包装器材选择还应有利于实施包装技法和实现包装作业。

(4) 有效防止包装物被盗及促进销售。选择包装器材时,应从包装器材的结构与强度上做防盗准备,应该结构牢固,封缄严密;同时包装器材应能起到宣传商品、刺激购买欲、促进销售的作用。

2）我国常用的包装器材

我国的包装器材还很不适应现代包装的发展，不少包装器材尚需进口。就目前而言，国内常用的包装器材有木箱、纸箱、瓦楞纸箱、塑料包装、金属包装和集合包装等。但我国是木材资源缺乏国，因此随着以钢代木、以塑代木及人造复合板材的广泛使用，木箱将逐步被取代，塑料包装及复合材料包装将成为我国常用的包装器材。

4.1.4 包装的标识

包装时，在外部印刷、粘贴或书写的标识，其内容包括：商品名称、牌号、规格、等级、计量单位、数量、重量、体积等；收货单位，发货单位，指示装卸、搬运、存放注意事项、图案和特定的代号。

包装的标识是判别商品特征、组织商品流转和维护商品质量的依据，对保障商品储运安全，加速流转，防止差错有着重要作用。

包装的标识通常分为两种：一是包装的标记，二是包装的标志。

1. 包装的标记

包装的标记是指根据包袋内装物商品的特征和商品收发事项，在外包装上用字和阿拉伯数字标明的规定记号。它包括以下几种。

1）商品标记

这是注明包装内的商品特征的文字记号，反映的内容主要是商品名称、规格、型号、计量单位、数量。

2）重量和体积标记

这是注明整体包装的重量和体积的文字记号，反映的内容主要是毛重、净重、皮重和长、宽、高尺寸。

3）收发货地点和单位标记

这是注明商品起运、到达地点和收发货单位的文字记号，反映的内容是收发货的具体地点和收发货单位的全称。例如，国外进口商品在外包装表面刷上标记，标明订货年度、进口单位和要货单位的代号、商品类别代号、合同号码、贸易国代号及进口港的地名等。

2. 包装的标志

包装的标志是用来指明包装内容物的性质，为了运输、装卸、搬运、储存、堆码等的安全要求或理货分运的需要，在外包装上用图像或文字标明的规定记号。它包括：指示标志、危险品标志两大类共 27 种。

1) 指示标志

这是为了保证商品安全,指示运输、装卸、保管的作业人员如何进行安全操作的图像和文字记号。它反映的内容主要是指示商品性质及商品在堆放、开启、吊运等的方法。

根据国家标准《包装储运指示标志》(GB191—73)的规定,机电设备的外包装(简称包装)上"应有在运输保管过程中,表明注意事项的明显标志"。

2) 危险品标志

用来表示该种危险品的物理、化学性质及其危险的程度的图像和文字记号。它反映的主要内容有:爆炸品、易燃品、有毒品、腐蚀品等。

3) 标志的尺寸和使用方法

(1) 标志的尺寸。一般分为以下 3 种,如表 4-1 所示。

表 4-1 包装标志尺寸

单位:毫米

号别	尺寸	高	宽
1		105	74
2		148	105
3		210	148

(2) 标志的使用方法。

① 用坚韧纸张、木板、塑料、布条或铁皮写描或印刷标志、悬挂、钉附或粘贴在包装上。

② 用坚韧纸片、铁皮刻出标志漏板,刷在包装上。

③ 做标志模印,打印在包装上。

④ 在包装上直接写描标志。

⑤ 标志颜色与标底颜色要明显区别开,易于看清。

⑥ 标志位置一般应在包装两端或两侧上部,切忌在包装的顶盖上,以避免重叠高码时,看不见指示标志。特定的指示标志,如"由此吊起"、"重心点"的标志位置应在包装的实际位置上。标志图样举例如图 4-1 所示。

   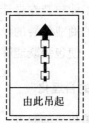

图 4-1 常用包装标志图例

4.1.5 包装的合理化和标准化

电子商务的发展使得商家的市场变得越来越广阔。随着网上交易的进行，原先只局限于有限地理范围的市场空间变得没有边界，世界上的每个角落都会成为企业的市场范围。但这样也就产生了一定的问题，就包装而言，每个国家对于商品的包装都有自己的规范，而各个国家的规范又不尽相同，所以当商品从一个国家出口到其他国家的时候，可能就会因为这种规范的不同而产生一定的问题。而且，有些个别的企业为了自己生产的方便，自行设计了很多不规范的包装，这些都将成为产生问题的隐患。因此，有必要建立一种国际通行的包装标准，要求所有的生产厂商都去遵守并执行，这样商品的流通才会畅通无阻。

1. 影响包装的因素

在设计包装的时候，必须详细了解被包装物本身的一些性质及商品流通运输过程中的一些详细的情况，并针对这些情况，做出有针对性的设计。一般来说，影响包装的主要因素如下。

（1）被包装商品本身的体积、重量及其在物理和化学方面的特性。商品的形态可能各异，商品本身的性质也各不相同，所以在设计包装的时候，必须根据商品本身的特点和国际通用的标准，设计出适合商品自身特有的包装。

（2）被包装商品在流通过程中需要哪些方面的保护（或者称包装的保护性）。被包装的商品是否害怕力的冲击、震动？是否害怕虫害或者动物的危害？是否对于气象环境、物理环境及生物环境有特殊的要求？针对这些特点，在设计包装的时候，要做到有的放矢。

（3）消费者的易用性。包装设计的主要目的是为了使消费者能够更好地使用商品。因此，只有设计易于使用，才能从更深层次上吸引消费者，占领更广阔的市场。

（4）包装的经济性。包装虽然从安全性方面来说是做得越完美越好，但是从商品整体的角度来说，也不得不考虑其经济性，争取能够做到够用就好，以降低产品的成本。一般来说，商品的工业包装在设计的时候，应该更加注重它的商品保护的性质，不必太在意外在的美观。商品的商业包装的设计，则必须注意外观的魅力，以吸引顾客。所以，应该找到一个好的平衡点，使包装既能够达到要求，又能够节省成本。

2. 包装的合理化

包装作为物流的起点，对整个物流的过程起着重要的作用。因此，在设计包装的时候必须进行认真的考虑，以实现包装的合理性。

包装的设计必须根据包装对象的具体内容进行考虑。比如，要根据商品的属性选择不同的包装材料和包装技术。在设计包装容器的形状和尺寸的时候，要考虑商品的强度和最大的容积，包装的长宽比例要符合模数化的要求，以便最大限度地利用运输、搬运工具和仓储空间。对于不规则外形的商品，一般要做方体化配置以适应装箱的要求。此外，在进行造型设计的时候，要注意合理利用资源和节约包装用料，实现包装的合理化。

3. 包装的标准化

包装标准就是针对包装的质量和有关包装质量的各个方面，由一定的权威机构发布统一的规定。这种包装标准一经正式颁布，就具有了权威性和法律性。一般来说，这些包装标准的制定都是根据当前包装科学的理论和实践，通过权衡商品流通的整个过程，经过有关部门的充分协商和讨论，对包装的材料、尺寸、规格、造型、容量及标志等所做的技术性法规。所谓包装的标准化就是制定、贯彻和修改包装标准的整个过程。

随着科学技术的发展，包装科学也在不断地发展。所以，为了提高包装的质量，应该在生产、流通、技术、管理等各个环节不断推行包装标准，使包装能够定型化、规格化、系列化和最优化，从而通过实践推动包装标准的进一步完善。

包装标准化对于现代企业具有重要的意义。通过包装的标准化，可以大大减少包装的规格型号，从而提高包装的生产效率，便于商品的识别和计量。通过包装的标准化，可以提高包装的质量，节省包装的材料，节省流通的费用，而且也便于专用运输设备的应用。通过包装的标准化，可以从法律的高度促进可回收型包装的使用，促进包装的回收利用，从而节省社会资源，产生较大的社会效益和经济效益。

4.2 运输

运输是用各种设备和工具，将物品从一个地点向另一个地点运送的物流活动，其中包括集货、分配、搬运、中转、装入、卸下、分散等一系列操作。在商业社会中，因为市场的广阔性、商品的生产和消费不可能在同一个地方进行，一般来说商品都是集中生产、分散消费的。为了实现商品的价值和使用价值，使商品的交易过程能够顺利完成，必须经过运输这一个环节，把商品从生产地运到消费地，以满足社会消费的需要和进行商品的再生产。如果我们将原材料供应商、工厂、仓库及客户看做物流系统中的固定节点，那么商品的运输过程正是连接这些节点的纽带，是商品在系统中流动的载体。因此，可以把运输称为物流的动脉。

4.2.1　运输对物流的功能与作用

企业的发展必须依靠高效的生产和大量的销售,这并不难达到,但是如果没有高效低价的运输能力,仍然难以实现企业的发展。运输在商品流通中发挥着举足轻重的作用。

(1) 运输可以创造出商品的空间效用和时间效用。运输通过改变商品的地点或者位置所创造出的价值称为商品的空间效用;运输使得商品能够在适当的时间到达消费者的手中,就产生了商品的时间效用。通过这两种效用的产生,才能够真正地满足消费者消费商品的需要。如果运输系统瘫痪,商品不能在指定的时间送到指定的地点,则消费者消费商品的需要就得不到满足,整个交易过程就不能得到实现。

(2) 运输可以扩大商品的市场范围。在古老的市场交易过程中,商品只在本地进行销售,每个企业所面对的市场都是有限的。随着各种运输工具的发明,企业通过运输可以到很远的地方去进行销售,企业的市场范围可以大大地扩展,企业的发展机会也大大增加。随着各种这样先进的交易形式的发展,企业的市场范围随着网络的出现而产生了无限扩大的可能,任何有可能加入因特网的地方,都有可能成为企业的市场。为了真正地将这种可能变成现实,必须使企业的商品能够顺利地送达这个市场,这就必须借助于运输过程。因此,运输可以帮助企业扩大其市场范围,并给企业带来无限发展的机会。

(3) 运输可以保证商品价格的稳定性。各个地区由于地理条件的不同,拥有的资源也各不相同。如果没有一个顺畅的运输体系,其他地区的商品就不能到达本地市场,那么本地市场所需要的商品也就只能由本地来供应。正是因为这种资源的地域不平衡性,造成了商品供给的不平衡性。因此,在一年中,商品的价格可能会出现很大的波动。但是,如果拥有了一个顺畅的运输体系,那么,当本地市场的商品的供给不足时,外地的商品就能够通过这个运输体系进入本地市场,本地的过剩产品也能够通过这个体系运送到其他市场,从而保持供求的动态平衡和价格的稳定。

(4) 运输能够促进社会分工的发展。随着社会的发展,为了实现真正意义的社会的高效率,必须推动社会分工的发展,而对于商品的生产和销售来说,也有必要进行分工,以达到最高的效率。但是,当商品的生产和销售两大功能分开之后,如果没有一个高效的运输体系,那么这两大功能都不能够实现。运输是商品生产和商品销售之间不可缺少的联系纽带,只有有了它,才能真正地实现生产和销售的分离,促进社会分工的发展。

4.2.2　运输方式

基本的运输方式有铁路运输、公路运输、水路运输、航空运输及管道运输。每一种运输方式所能提供的服务内容和服务质量各不相同,因而每一种运输方式的成本也各不相同。企业应该根据自身的要求，综合考虑各方面的因素，选择合适的运输方式。

1. 铁路运输

通过铁路运输商品，最大的优势就是能够以相对较低的价格运送大量的货物。建国以来，铁路运输一直是我国运输业的主力。铁路运输的主要货物有煤炭、矿建材料、矿石、钢铁、石油、谷物、水泥等。这些产品都有一个共同的特点，那就是低价值和高密度，且运输成本在商品售价中所占的成本比较大。

铁路运输一般可以分为两种类型：整车运输和集装箱运输。整车运输业务就是包租一节货车的运输形式，适用于大批量、大规模或是单个长度、重量、容积等特别长大的货物的运输。集装箱运输业务是一种利用集装箱进行运输的业务，有时也包括将集装箱作为货物进行托运。这种集装箱运输业务是在发货人的门口把货物装入集装箱后，一直到收费人的门口，将货物从集装箱中取出，中途不再进行货物倒装的一种运输形式。

铁路运输一般符合规模经济和距离经济的要求。规模经济的特点就是随着装运规模的增长，单位重量的运输成本会降低。也就是说，用铁路进行运输，一次运输的商品规模越大，那么单位产品的运输费用也就越低，而距离经济是随着运输距离的增加，单位产品的运输费用也会相应减少。因此，一般情况下，对于大批量和长距离的运输情况来说，货物的运输费用会比较低，一般要低于利用公路汽车进行运输的费用；但对于小批量的货物和近距离的大宗货物来说，则一般运输费用会比较高。

随着现代科学技术的发展，铁路几乎可以修建在任何需要它的地方，因此现有的铁路网络四通八达，可以很好地满足远距离运输的需要。铁路可以全年全天候运营，受地理和气候的影响比较小，具有较高的连续性和可靠性，而且铁路运输的安全性也在逐步提高。铁路的运输速度比较快，比水路运输快很多。在运程比较长的情况下，也会快于公路运输。

但是，铁路运输也有自身的局限性。铁路运输中的货车只能按照铺设的铁道行走，这在一定程度上影响了铁路运输的灵活性，不能实现"门到门"的服务。在近、中距离运输的时候，铁路运输的运费比较高。因为车辆调配困难，铁路运输不能满足应急运输的要求。但是，我们可以结合各种运输方式的优点，为顾客提供满意优质的服务。比如，可以将铁路在长途运输和全国覆盖面广的优势与公路汽车运输的灵活性结合起来，这样就能更好地实现"门到门"的服务，提高运输部门的服务质量。

目前，随着其他运输形式，尤其是公路运输业的发展，铁路运输在运输行业中所占的比例有逐渐减少的趋势，但在可预见的未来，铁路运输仍将是中、长距离客货运输的主力。

2. 公路运输

公路运输是配送货物的主要形式，因为公路运输可以将货物直接送到顾客所指定的地方，而不需要在途中进行中转，从而极大地方便了客户。一般来说，公路运输可以用来运输任何产品,但根据公路运输自身的特点,主要用来运输制造产品。制造产品的特点就是价值比较高,包括纺织及皮革制品、橡胶与塑料制品、仿金属制品、通信产品及照相器材等。

公路运输的主要优点:在近距离的条件下,公路运输可以实现"门到门"的服务,而且运输速度也比较快;公路运输可以根据需要,灵活制定运输时间表,而且对于货运量的大小也有很强的适应性;对于近距离的中小量的货物运输来说,使用公路运输的费用比较低;在运输途中,几乎没有中转装卸作业,因此发生碰撞的概率比较小,对于包装的要求不高。

公路运输的主要缺点:因为汽车的载重量有限,所以一般公路运输的批量都比较小,不太适合大量的运输;在进行长距离运输时,运费比较高;公路运输比较依赖于气候和环境的变化,所以气候和环境可能会影响运送时间。

3. 水路运输

水路运输由船舶、航道和港口所组成,它是一种历史悠久的运输方式,也称为船舶运输。水路运输主要用于长距离、低价值、高密度、便于用机械设备搬运的货物运输。

水路运输的主要优点:水路运输的运输能力比较大,运输的距离比较长,单位商品的运输费用也比较低,因此水路运输最大的优点就是成本低廉;当运输散装的原材料的时候,可以运用专用的船只来进行,因而运输效率比较高;因为水路运输的运载量比较大,所以它的劳动生产率也比较高。

水路运输的主要缺点:水路运输的运输速度比较慢,它在所有的运输方式中速度是最慢的,一般来说,水路运输速度要比铁路运输慢1~2倍;行船和装卸作业受天气的制约,运输计划很容易被打乱;水路运输所运输的货品必须在码头停靠装卸,相当费时、费成本;无法完成"门到门"的服务。

4. 航空运输

对于国际货物的运输,航空运输已经成为一种常用的运输形式。

航空运输的最大的优点是运输的速度非常快,因此当被运输的货物属于客户急需的物资时,或者是易腐烂、易变质的货物,都可以考虑采用航空运输。用飞机运输货物的时候,在运输途中对于货物的振动和冲击比较少,所以被运输的货物只需要简单的包装即可,可以节省包装的费用。

航空运输的适用范围也有局限性。首先,航空运输的费用非常高,在美国,按平均每吨货物每英里的运价计算,航空运输是铁路运输的12~15倍,是公路运输的2~3倍,因此如此高昂的运输成本使很多企业望而却步。另外,航空运动除了靠近机场的城市以外,对于其他地区也不太适用,必须要结合汽车来弥补这部分的不足。而且,恶劣的天气情况可能也会对航空运输造成极大的影响,影响航空运输及时性的实现。

5. 管道运输

利用管道运输的大部分物品都是一些流体的能源物资，如石油、天然气及成品油等。

利用管道运输的一大优势就是成本低廉，而且管道运输受天气情况的影响非常小，可以长期稳定地使用，安全性比较高。

运用管道运输也存在很多的局限性。管道运输这种运输方式不灵活，只有接近管道的用户才能够使用；管道运输只能够用来运输液态或气态的产品，不能够用来运输固态的产品，使其运输的适用性受到一定的影响；另外，管道运输的速度也比较慢。

4.2.3 运输系统

运输作为物流系统的动脉，在物流系统的整个运作过程中发挥着不可替代的作用。为了更好地实现准确、安全并且以最低的成本运输商品的目的，企业应该用系统化的观点，通过分析研究，建立自己的运输系统。在建立运输系统的过程中，应该全面考虑运输工具的选择、物流据点的设置及运输计划的编排等各项要素。而且，在运输的迅速性、准确性、安全性和经济性之间存在着非常强烈的互相制约的作用，需要对它们进行综合的考虑，从全局出发，做到总体的最优化。

1. 运输系统的构成

设计运输系统的目的是为了能够准确、安全并以较低的成本运输商品。在设计运输系统之前，首先必须考虑建设整体的运输网络，明确运输系统的构成。运输网络由运输线和停顿点组成，运输线表示连接停顿点之间的运输设备，停顿点表示工厂、仓库、配送中心等物流据点。因此，在设计运输系统的时候，必须仔细考虑如何选择运输工具，设置物流据点。

在现今的社会中，无论是公路运输、铁路运输、船舶运输还是航空运输，都有其自身难以克服的弱点。因此，人们开始考虑在不同的停顿点之间，也就是不同的运输线上采用不同的运输工具，以实现整个运输系统的最优化，这就是"复合一贯制运输"，也叫"多式联运"。

所谓复合一贯制运输，就是通过将铁路、公路、船舶、航空等多种运输方式有机地复合起来，吸取它们的长处，实行多环节、多区段和多工具相互衔接进行运输的一种方式。复合一贯制运输可以克服单个运输方式所存在的缺陷，实现整体上的最优化，还可以有效解决由于地理、气候和基础设施等各种市场环境的差异而造成的商品在产销空间、时间上的分离，从而促进生产与销售的紧密结合及企业经营机制的不断循环和有效运转。

复合一贯制运输方式按照运输不具的不同及运输工具使用顺序的不同可以分为很多种，

最典型的有水陆联运、水上联运、陆路联运及陆空联运，等等。水陆联运就是运用船舶运输与铁路运输及公路运输相结合的一种方式。水上联运则是指同一水系的不同路线，或同一水运路线不同类型的船舶之间的接力运输形式。陆路联运是指铁路与公路相互衔接的运输形式。陆空联运是指公路与飞机相互衔接的运输形式。通过运用这几种复合一贯制运输的方式，可以真正地实现"门到门"的运输服务模式，从而能够更好地适应现代物流对及时性和准确性的要求。

2. 运输系统的合理化

运输所发生的成本在整个的物流成本中所占的比例应该是最大的，据日本通产省对6大类货物的物流成本的调查结果表明，其中运输成本占40%左右，如果将产品出厂包装费计入制造成本，那么运输成本将占物流成本的50%左右。因此，为了降低物流的总成本，必须对运输系统进行合理化配置。运输系统的合理化配置可以从以下几个方面进行。

（1）通过运输网络的合理化配置，合理配置各物流中心的区域位置，使其能够实现货物的直接配送。另外，应该有效地区分储存性仓库和流通性仓库，对其进行合理的利用。

（2）针对不同的运输条件和环境，选择最为适合的运输工具，并且还要通过运用科学化的分析工具，做出使用自有车辆运输还是租赁车辆运输的决策。

（3）要努力提高运输的效率。要提高车辆的运输效率和车辆的装载率，减少空车行驶现象的发生。而且，还要通过科学的分析和现代化工具的运用，提高装卸作业的效率，从而减少车辆的等待时间，实现系统整体的最优化。

（4）应该从社会化的总体观点出发，积极推进社会化共同运输方式的实现。通过社会各界、各个企业间的亲密合作，共同建立一个社会化的物流运输体系，这样才能在社会化范围内实现社会整体的运输效率的最大化，提高整个社会的运输工作效率。

3. 运输系统的设计与评价

前面已经提到，运输系统的目的就是要准确、安全并以最低的成本运输物资。但是，运输的迅速性、准确性、安全性和经济性之间一般都存在着相互制约的关系。如果重视迅速性、安全性和准确性，运输的成本可能就会相应提高；如果降低运输成本，那么就必须牺牲前面这几项中的某一部分。因此，必须对运输系统进行合理的设计和评价，以实现总体的均衡。

随着现代物流的发展，也产生了许多用于运输系统的设计与评价的工具，特别是产生了很多数学模型，用于帮助物流业者进行运输系统的设计与评价工作。其中比较典型的有运输模型、图表分析法、图上作业法、表上作业法等。此外，还产生了很多种用于这种分析工作的商业软件。运用这些工具可以对复杂的经济社会进行模拟，从而有效地解决运输中所产生的各种问题。

4.3 储存

企业为了满足用户的需要,必须在用户指定的时间、地点将商品交付给顾客使用。为了实现这个目的,除了需要快速的运输以外,还需要企业能够拥有一定的商品库存,以便能够应付顾客的紧急需要,而且仓库应该离顾客越近越好,这样才能更加迅速地满足顾客的需要,创造最佳的企业形象。因此,储存系统是企业物流系统中一个不可缺少的组成部分,它处在整个物流过程的节点上,只有经过这个节点,整个物流过程才能够实现。

4.3.1 储存的功能与作用

储存是保护、管理、贮藏物品。储存是包含商品库存和商品储备在内的一种广泛的经济现象,是一切社会形态都存在的一种经济现象。在传统的商业中,储存的过程一直被认为是无关紧要的,因为它只会增加商品的成本,而不能产生利润。但是,随着现代物流学的发展,储存作为物流系统的重要的组成部分,越来越被众多的学者与物流业者所重视,它在物流的整个过程中发挥着越来越重要的作用。

储存在物流过程中的作用主要有如下几个方面。

(1) 通过储存可以调节商品的时间需求,进而消除商品的价格波动。一般来说,商品的生产和消费不可能是完全同步的,为了弥补这种不同步所带来的损失,就需要储存商品来消除这种时间性的需求波动。比如说,人们在日常生活中,对于大米的需求是持续的。但是大米的生产并不是随时都能进行的,即大米的供给是集中进行的,所以必须储存一些大米,在不能生产大米的季节供给消费者。而且,通过这种有目的性的储存,可以防止商品供给和需求之间剧烈矛盾的产生,稳定商品物价。

(2) 通过储存可以降低运输成本,提高运输效率。众所周知,商品的运输存在规模经济性。而对于企业来说,顾客的需求一般都是小批量的,如果对于每一位顾客都单独为其运送货物,那么将无法实现运输的规模经济,物流成本将是极大的。所以,为了降低运输成本,可以通过商品的存储,将运往同一地点的小批量的商品聚集成为较大的批量,然后再进行运输,到达目的地后,再分成小批量送到客户手中,这样虽然产生了储存的成本,但是可以更大限度地降低运输成本,提高了运输效率。

(3) 通过商品在消费地的存储,可以达到更好的客户满意度。对于企业来说,如果在商品生产出来之后,能够尽快地把商品运到目标消费区域的仓库中去,那么目标消费区域的消费者在对商品产生需求的时候,就能够尽快地得到这种商品,这样消费者的满意度就会提高，而且能够创造出更佳的企业形象，为企业今后的发展打下良好的基础。

（4）通过储存，可以更好地满足消费者个性化消费的需求。随着时代的发展，消费者的消费行为越来越向个性化的方向发展，为了更好地满足消费者的这种个性化消费的要求，我们可以利用商品的存储对商品进行二次加工，满足消费者的需求。比如，在商品的储存过程中，可以对商品进行二次包装，或者对不同的商品进行整合，这样就能根据顾客的需求，生产出顾客需要的独一无二的产品。

4.3.2 储存的过程

储存的过程一般都发生在物流中心的仓库中。企业的发展需要拥有一个现代化程度较高的物流中心。这个物流中心的仓储作业应依靠机械化完成，从而达到以最低成本为顾客提供最满意服务的要求。物流中心的储存的过程一般包括接收商品、存放商品、取出商品和配送商品等环节。

在接收商品的过程中，物流中心一般要配备供铁路车辆和货运汽车停靠卸货的站台和场地、升降平台，并要配备托盘搬运车、叉车及各种吊车，以完成卸车的作业。在商品卸货完毕之后，仓储信息系统要根据货物的信息打印出标签或者条码，并将其贴在货物的包装上，以便在今后的储藏和运输的过程中随时对货物进行跟踪和管理。

在存放商品的过程中，需要详细了解所储存的商品对于外部环境的要求，并严格按照这些要求给商品提供适当的储位，并建立自动监控系统，自动监控储存环境的各项指标，如温度和湿度等，保证储存商品的安全。除了在露天场所建立正规适用的货位存放商品外，还要在库房内安装各种货架，如高层货架及旋转货架等，存货作业通常由叉车或巷道堆垛机来完成。

在拣取商品这个环节中，一般是根据客户的需要，由信息系统确定配货方案。拣货员根据配货方案进行拣货、配货。拣取商品一般可分为整件取货和零星取货两种方式。整件取货一般都是通过机械化的手段自动完成的，由信息系统发出出库单或者出库指令，由叉车或堆垛机到指定的储位进行取货。零星取货一般由拣货员手工完成，基本有两种方法：一种是拣货员在仓库内走动，或随着叉车或堆垛机的移动，按拣货单到不同的储位取货；另一种是拣货员坐在固定的位置上，由机械设备将货箱或托盘运送到拣货员面前，拣货员根据取货单进行取货。

在配送货物这个环节中，物流中心会根据服务对象的不同，向单一用户或多个用户发货。当用户需要多种货物的时候，需要在发货前进行一系列的再加工的过程。比如说，可能会对商品进行重新包装等。在自动化程度较高的仓库里，一般来说，拣出的商品都是通过运输机械运送到发货区，信息系统通过阅读贴在货品上的条形码获知所运送商品的详细信息，然后判断该货品的户主是谁，进而通过控制运输机上的分岔机构将货品送到相应的包装线上。包装人员按照装箱单核查商品的品种和数量后装箱封口，然后装车发运。

以上就是储存的整个过程，在储存的过程中，应该针对商品的不同特性，研究和探索各类商品在不同的环境条件下质量变化的规律，采取相应的措施和方法，控制不利的因素，保证商品的质量，减少商品的损耗。

4.3.3 储存合理化

所谓储存合理化就是在保证储存功能实现的前提下，用各种办法实现储存的经济性。

1. 储存合理化的标志

储存合理化标志主要包括以下几个方面。

1）质量标志

储存最重要的就是要保证在储存期间，商品的质量不会降低，只有这样，商品最终才能够销售出去。所以，在储存合理化的主要标志中，为首的应当是质量标志。

2）时间标志

在保证商品质量的前提下，必须寻求一个合理的储存时间。储存商品的效益越大而销售商品的速度越慢，则储存的时间必然越长，反之亦然。因此，储存必须有一个合理的时间范围，不能过长，过长则意味着商品积压，造成商品成本的增加。

3）结构标志

不同的被储存的商品之间总是存在一定的相互关系，特别是对于那些相关性很强的商品来说，它们之间必须保证一定的比例。如果比例不合理，如某一种商品缺货，那么与它相关的商品可能也卖不出去。照相机和胶卷就是这样的关系。因此，储存的合理性也可以用结构标志来衡量。

4）分布标志

企业不同的市场区域对于商品的需求也是不同的。因此，不同的地区所储存的商品的数量也应该不同。各个区域的仓库只有根据商品的需求储存适量的产品，才能真正实现储存的经济性和合理性，不至于造成浪费。

5）费用标志

根据仓储费、维护费、保管费、损失费及资金占用利息支出等财务指标，都能从实际费用上判断储存合理与否。

2. 实现储存合理化的措施

为了实现储存的合理化，可以采取以下措施。

(1) 在自建仓库和租用公共仓库之间做出合理的选择，找到最优解决方案。对于企业来说，自建仓库可以使企业更大程度地控制库存，并且它拥有更大的灵活性，企业可以根据自己的需要对仓储做出合理的调整。当进行长期的存储时，一般来说，仓储的费用比较低。租用公共仓库使得企业无需为建造仓库投入大量资金，所以可以节省企业宝贵的资金；租用公共仓库可以减少企业的风险，因为当商品在储存期间出现问题时，仓库会予以解决；从短期来看，公共仓库因为其规模性租金比较低廉，而且企业在租用公共仓库的时候，可以根据待储存商品的数量决定储存的规模，这样也防止了资金的浪费。因此，企业应根据自身的特点，在自建仓库和租用公共仓库之间做出合理的选择。一般来说，当企业的存货量较大、对商品的需求比较稳定且市场密度比较大时，可以考虑自建仓库，反之，则应选择租用公共仓库。

(2) 注重应用合同仓储，也就是第三方仓储的应用。合同仓储就是企业将仓储活动转包给外部公司，由外部公司为企业提供一体化、全方位的仓储服务。合同仓储因为具有专业性、高质量、低成本等优点，因此可以给企业提供优质廉价的服务。合同仓储可以有效地利用仓储资源，扩大市场的地理范围，降低运输的成本。

(3) 进行储存物的 ABC 分类法，并在 ABC 分类的基础上实施重点管理。ABC 分类管理方法就是将库存物资按重要程度分为特别重要的库存（A 类）、一般重要的库存（B 类）和不重要的库存（C 类）3 个等级，然后针对不同等级分别进行管理和控制（见表 4-2）。ABC 分类管理法是实施储存合理化的基础，在此基础上可以进一步解决各类的结构关系、储存量、重点管理和技术措施等合理化问题。而且，通过在 ABC 分析的基础上实施重点管理，可以决定各种物资的合理库存储备数量及经济地保有合理储备的办法，乃至实施零库存。

表 4-2　ABC 管理法的管理重点

分类结果	管理重点	订货方式
A 类	为了压缩库存，投入较大力量精心管理，将库存压到最低水平	计算每一种物品的订货量，采用定期订货方式
B 类	按经营方针来调节库存水平，例如降低水平时，就减少订货量和库存	采用定量订货方式
C 类	集中大量地订货，不费太多力量，增加库存储备	双仓法储存，采用订货点法进行订货

(4) 加速总的周转，提高单位产出。储存现代化的重要课题是将静态储存变为动态储存，周转速度快会带来一系列的合理化好处：资金周转快、资本效益高、货损小、仓库吞吐能力增加及成本下降等。诸如采用单元集装存储，建立快速分拣系统都有利于实现快进快出和大进大出。

(5) 采用有效的"先进先出"方式。先进先出也就是说先入库的商品应该先发出，它可以防止库存商品因为保管时间过长而发生变质、损耗和老化等现象，特别是对于感光材料、食品等产品保质期较短的商品来说尤其重要。

(6) 提高储存密度，提高仓库利用率。这样做的主要目的就是要减少储存设施的投资，提高单位存储面积的利用率，以降低成本、减少土地占用。一般可以采用增加储存高度、减少库内通道数量和通道面积的方法来实现这个目的。

（7）采用有效的储存定位系统。储存定位的含义是被储物位置的确定。如果定位系统有效，能大大节约寻找、存放和取出的时间，节约不少物化劳动及活劳动，而且能防止差错，便于清点及实行订货点等的管理方式。储存定位系统可采取先进的计算机管理，也可采取一般人工管理。

（8）采用有效的监测清点方式。对储存物资数量和质量的监测不但可以掌握基本情况，也是科学库存控制的需要。在实际工作中稍有差错，就会使账物不符，所以必须及时且准确地掌握实际储存情况，经常与账卡核对，无论是人工管理或是计算机管理都是必不可少的。此外，监测也是掌握被存物资质量状况的重要工作。

（9）根据商品的特性，采用现代储存保养技术，保证储存商品的质量。比如，为了防止湿气进入仓库，可以在库门上方安装鼓风设施，使之在门口形成一道气墙，防止外界的湿气进入。这样的技术还有很多，在这里不一一列举。

（10）采用集装箱、集装袋、托盘等储运装备一体化的方式。集装箱等集装设施的出现，也给储存带来了新观念，采用集装箱后，集装箱本身便是一栋仓库，不需要再有传统意义的库房，这样在物流过程中也就省去了入库、验收、清点、堆垛、保管及出库等一系列储存作业，因而对改变传统储存作业很有意义，是储存合理化的一种有效方式。

4.3.4 储存区域的合理布局

（1）面向通道进行保管。为使物品出入库方便，容易在仓库内移动，基本条件是将物品面向通道保管。

（2）尽可能地向高处码放，提高保管效率。有效利用库内容积应尽量向高处码放，为防止破损，保证安全，应当尽可能使用棚架等保管设备。

（3）根据出库频率选定位置。出货和进货频率高的物品应放在靠近出入口、易于作业的地方；流动性差的物品放在距离出入口稍远的地方；季节性物品则依其季节特性来选定放置的位置。

（4）同一品种在同一地方保管。为了提高作业效率和保管效率，同一物品或类似物品应放在同一地方保管。员工对库内物品放置位置的熟悉程度直接影响着出入库的时间，将类似的物品放在邻近的地方也是提高效率的重要方法。

（5）根据物品重量安排保管的位置。安排放置位置时，当然要把重的东西放在下边，把轻的东西放在货架的上边；需要人工搬运的大型物品则以腰部的高度为基准。这对于提高效率、保证安全是一项重要的原则。

4.4 装卸搬运

装卸是物品在指定地点以人力或机械装入运输设备或卸下。搬运是在同一场所内,对物品进行以水平移动为主的物流作业。装卸搬运是随着运输和储存而附带发生的作业,比如:在运输货物时,把货物装进或卸出卡车及货车的装卸作业;在保管货物时,从仓库或工厂出入库的装卸作业等。装卸搬运作业本身并不能产生新的价值和新的效用。但是,在整个物流供应链中,装卸搬运作业所占的比例很大,特别是在现代物流中,顾客经常要求企业提供"门到门"的送货服务,装卸搬运作业发生的频率也就大大增加。因此,必须重视装卸搬运这个作业过程,防止物流成本的增加。

4.4.1 装卸搬运的功能

装卸搬运在物流系统中发挥着举足轻重的作用。在企业的整个物流过程中,装卸搬运是发生频率最高的物流作业,当运输或储存等作业发生的时候,装卸搬运这项作业就会发生。它的质量好坏严重影响着物流成本的高低。而且,在装卸搬运过程中,还可能因为意外造成商品损坏,必然会影响到商品的包装成本。如果因为装卸搬运的原因使得企业不能如期向顾客提交商品,那么将大大地影响企业的形象,对于企业是一个非常大的损失。因此,尽管装卸搬运本身并不能产生新的效用和价值,但是作为物流整个过程中的一个不可或缺的环节,它的重要性还是不容忽视的。

4.4.2 装卸搬运的种类

1. 装卸形态的种类

装卸形态的种类如表4-3所示。

表4-3 装卸形态的种类

分类	装卸搬运
按照作业的场所分类	自用物流设施装卸、公共物流设施装卸
按照运输设备分类	卡车装卸、铁路货车装卸、飞机装卸、船舶装卸

续表

分类	装卸搬运
按照货物形态分类	单个物品装卸、单元装卸、散装货物装卸
按照装卸机械分类	传送带装卸、吊车装卸、叉车装卸、各种装载机装卸

其中，单元装卸是用托盘、容器或包装物将小件或散装物品集成一定质量或体积的组合件，以便利用机械进行作业的装卸方式。

2. 装卸作业的种类

从作业种类的角度来看，装卸搬运可以分为与输送设备对应的"装进、卸下装卸"和与保管设施对应的"入库、出库装卸"两大类。这两类装卸分别伴随着货物的"堆码、拆垛"、"分拣、集货"、"搬送、移送"三类基本的装卸作业。这些作业由于动作和装卸机械的不同而形成了不同的"作业方法"，如表4-4所示。

表4-4 装卸作业的种类

作业名称	含义
堆码	将物品整齐、规则地摆放成货垛的作业
拆垛	堆码作业的逆作业
分拣	将物品按品种、出入库先后顺序进行分门别类推放的作业
集货	将分散的或小批量的物品集中起来，以便进行运输、配送的作业
搬送	为了进行上述作业而发生的移动作业，包括水平、垂直、斜向搬送及其组合
移送	搬送作业中，设备、距离、成本等方面移动作业比重比较高的作业

4.4.3 装卸搬运的合理化

在现代商业环境下，顾客对于消费及时性的要求越来越强，都希望能够在最短的时间内得到商品或者服务。而对于企业来说，为了达到顾客的要求，必须大大地缩短整个物流过程的时间，为顾客提供满意的服务。在整个物流过程中，装卸搬运发生的频率最高，它占用了很多物流时间，因此为了在最短的时间为顾客提供最满意的服务，要求尽量提高装卸搬运的效率，缩短装卸搬运的时间，实现装卸搬运的合理化。

为了使得装卸作业更加合理，必须实现装卸作业的机械化和自动化。通过日常的实践劳动，人们在总结日常工作经验的基础上也发明了很多的装卸机械，如传送带、吊车、叉车、电动平板车和自动升降机等。这些机械设备的应用，极大地提高了装卸作业的效率，解放了很多的劳动力，使有限的人力资源可以发挥更大的作用。

在日本，物流界为了改善装卸搬运和整个物流过程的效率，曾经提出了一种叫做"六不改善法"的物流原则，具体的内容如下。

（1）不让等——也就是要求通过合理的安排使得作业人员和作业机械闲置的时间为零，实现连续的工作，发挥最大的效用。

（2）不让碰——也就是通过机械化、自动化设备的利用，使得作业人员在进行各项物流作业的时候，不直接接触商品，减轻人员的劳动强度。

（3）不让动——也就是说通过优化仓库内的物品摆放位置和自动化工具的应用，减少物品和作业人员移动的距离和次数。

（4）不让想——也做是说通过对于作业的分解和分析，实现作业的简单化、专业化和标准化，从而使得作业过程更为简化，减少作业人员的思考时间，提高作业效率。

（5）不让找——通过详细的规划，把作业现场的工具和物品摆放在最明显的地方，使作业人员在需要利用设备的时候，不用去寻找。

（6）不让写——也就是通过信息技术及条形码技术的广泛应用，真正实现无纸化办公，降低作业的成本，提高作业的效率。

通过各种先进技术的应用和先进理念的引入，装卸搬运的作业会逐步地实现合理化，这样必将大大提高整个物流过程的效率，从而提高企业整体的效率，实现最优化，更好地满足顾客的需求。

4.5 流通加工

4.5.1 流通加工的概念

流通加工是物品在从生产地到使用地的过程中，根据需要施加包装、分割、计量、分拣、刷标志、拴标签、组装等简单作业的总称。

1. 流通加工的内涵

1）商品流通的桥梁和纽带

商品流通是以货币为媒介的商品交换，它的重要职能是将生产及消费（或再生产）联系起来，起"桥梁和纽带"作用，完成商品所有权和实物形态的转移。因此，流通与流通对象的关系一般不是改变其形态而创造价值，而是保持流通对象的已有形态，完成空间的位移，实现其"时间效用"及"空间效用"。

2）流通加工的作用

流通加工则与此有较大的区别，流通加工是流通中的一种特殊形式。总的来讲，流通加工在流通中仍然和流通总体一样起"桥梁和纽带"作用，但是它却不是通过"保护"流通对象的原有形态而实现这一作用的，它是和生产一样，通过改变或完善流通对象的形态来实现"桥梁和纽带"作用的。

因此，流通加工的主要作用在于优化物流系统，主要表现在以下3个方面。

（1）通过流通加工，使物流系统服务功能大大增强。从工业化时代进入新经济时代，一个重要标志是出现"服务社会"，增强服务功能是所有社会经济系统必须要做的事情。在物流领域，流通加工在这方面有很大的贡献。

（2）使物流系统可以成为"利润中心"。通过流通加工，提高了物流对象的附加价值，这就使物流系统可能成为新的"利润中心"。

（3）通过流通加工，可以使物流过程减少损失、加快速度、降低操作的成本，因而可能降低整个物流系统的成本。

2. 流通加工和生产加工的区别

流通加工和一般的生产型加工在加工方法、加工组织、生产管理方面并无显著区别，但在加工对象、加工程度方面差别较大，其主要差别表现在下述5个方面。

1）加工对象的区别

流通加工的对象是进入流通过程的商品，具有商品的属性，以此来区别多环节生产加工中的一环。流通加工的对象是商品，是最终产品，而生产加工的对象不是最终产品，而是原材料、零配件和半成品。

2）加工程度的区别

流通加工程度大多是简单加工，而不是复杂加工。一般来讲，如果必须进行复杂加工才能形成人们所需的商品，那么这种复杂加工应专设生产加工过程，生产过程理应完成大部分加工活动，流通加工对生产加工则是一种辅助或补充。特别需要指出的是，流通加工绝不是对生产加工的取消或代替。

3）附加价值的区别

从价值的观点看，生产加工的目的在于创造价值及使用价值，而流通加工则在于完善其使用价值并在不做大改变的情况下提高价值。

4）加工责任人的区别

流通加工的组织者是从事流通加工的人，能密切结合流通的需要进行这种加工活动。从加工单位来看，流通加工由商业或物资流通企业完成，而生产加工则由生产企业完成。

5）加工目的的区别

商品生产是为交换和消费而生产的。流通加工的一个重要目的就是为了消费（或再生产）而进行加工，这一点和商品生产有共同之处。但是，流通加工有时候也是以自身流通为目的,纯粹是为流通创造条件,这种为流通所进行的加工与直接为消费进行的加工从目的来讲是有区别的,这又是流通加工不同于一般生产加工的特殊之处。

4.5.2 流通加工的效果

流通加工的效果体现在以下一些方面。

(1) 提高原材料利用率。利用流通加工环节进行集中下料,是将生产厂直接运来的简单规格产品,按使用部门的要求进行下料。集中下料可以优材优用、小材大用、合理套裁,有很好的技术经济效果。

(2) 进行初级加工,方便用户。用量小或临时需要的使用单位,缺乏进行高效率初级加工的能力,依靠流通加工可使使用单位省去进行初级加工的投资、设备及人力,从而搞活供应,方便了用户。

(3) 提高加工效率及设备利用率。由于建立集中加工点,可以采用效率高、技术先进、加工量大的专门机具和设备。这样做的好处一是提高了加工质量,二是提高了设备利用率,三是提高了加工效率。其结果是降低了加工费用及原材料成本。

(4) 充分发挥各种输送手段的最高效率。流通加工环节将实物的流通分成两个阶段。一般来说,由于流通加工环节设置在消费地,因此从生产厂到流通加工这一阶段输送距离长,而从流通加工到消费环节的第二阶段距离短。第一阶段是在数量有限的生产厂与流通加工点之间进行定点、直达、大批量的远距离输送,因此可以采用船舶、火车等大量输送的手段;第二阶段则是利用汽车和其他小型车辆来输送经过流通加工后的多规格、小批量、多用户的产品。这样可以充分发挥各种输送手段的最高效率,加快输送速度,节省运力运费。

(5) 改变功能,提高收益。在流通过程中进行一些改变产品某些功能的简单加工,其目的除上述几点外还在于提高产品销售的经济效益。

所以,在物流领域中,流通加工可以成为高附加价值的活动。这种高附加价值的形成,主要着眼于满足用户的需要,提高服务功能而取得的,是贯彻物流战略思想的表现,是一种低投入、高产出的加工形式。

4.5.3 流通加工的类型

为了充分体现流通加工对物流服务功能的增强,流通加工的种类很多。

1. 为弥补生产领域加工不足的深加工

有许多产品在生产领域的加工只能到一定程度,这是由于存在许多限制因素限制了生产领域不能完全实现终极的加工。例如：钢铁厂的大规模生产只能按标准规定的规格生产，以使产品有较强的通用性，使生产能有较高的效率和效益；木材如果在产地完成成材制成木制品的话，就会造成运输的极大困难，所以原生产领域只能加工到圆木、板方材这个程度。进一步的下料、切裁、处理等加工则由流通加工完成。这种流通加工实际是生产的延续，是生产加工的深化，对弥补生产领域加工不足有重要意义。

2. 为满足需求多样化进行的服务性加工

从需求角度看，需求存在着多样化和变化两个特点，为满足这种要求，经常是用户自己设置加工环节。例如，生产消费型用户的再生产往往从原材料初级处理开始。

就用户来讲，现代生产的要求是生产型用户能尽量减少流程，尽量集中力量从事较复杂的技术性较强的劳动，而不愿意将大量初级加工包揽下来。这种初级加工带有服务性，由流通加工来完成，生产型用户便可以缩短自己的生产流程，使生产技术的密集程度提高。

对一般消费者而言，则可省去烦琐的预处置工作，集中精力从事较高级的、能直接满足需求的劳动。

3. 为保护产品所进行的加工

在物流过程中，直到用户投入使用前都存在对产品的保护问题，防止产品遭到损失，使使用价值能够顺利实现。和前两种加工不同，这种加工并不改变进入流通领域的"物"的外形及性质。这种加工主要采取稳固、改装、冷冻、保鲜、涂油等方式。

4. 为提高物流效率、方便物流的加工

有一些产品本身的形态使之难以进行物流操作。如鲜鱼的装卸、储存操作困难；大型设备的搬运、装卸困难；气体的物运输、装卸困难等。进行流通加工可以使物流各环节易于操作，如鲜鱼冷冻、大型设备解体、气体液化等。这种加工往往改变物品的物理形态，但并不改变其化学特性，最终还能恢复原物理形态。

5. 其他形式的流通加工

如为促进销售的流通加工、提高加工效率的流通加工、提高原材料利用率的流通加工、衔接不同运输方式的流通加工等。

4.5.4 流通加工的合理化

流通加工合理化的含义是实现流通加工的最优配置，不仅做到避免各种不合理，使流通

加工有存在的价值，而且做到最优的选择。

流通加工是在流通领域中对生产的辅助性加工，从某种意义来讲它不仅是生产过程的延续，实际是生产本身或生产工艺在流通领域的延续。这个延续可能有正、反两方面的作用，即一方面可能有效地起到补充完善的作用，但是也必须估计到另一个可能性，即对整个过程的负效应：各种不合理的流通加工都会产生抵消效益的负效应。

最常见的不合理流通加工形式有：流通加工地点设置的不合理；流通加工方式选择不当；流通加工作用不大，形成多余环节；流通加工成本过高，效益不好。

为避免各种不合理现象，对是否设置流通加工环节，在什么地点设置，选择什么类型的加工，采用什么样的技术装备等，需要做出正确抉择。目前，国内在进行这方面合理化的考虑中已积累了一些经验，取得了一定成果。

实现流通加工合理化，主要考虑以下几个方面。

（1）加工和配送结合。这是将流通加工设置在配送点中，一方面按配送地需要进行加工，另一方面加工又是配送业务流程中分货、拣货、配货之一环，加工后的产品直接投入配货作业，这就无需单独设置一个加工的中间环节，使流通加工有别于独立的生产，从而使流通加工与中转流通巧妙结合在一起。同时，由于配送之前有加工，可使配送服务水平大大提高，这是当前对流通加工做合理选择的重要形式，在煤炭、水泥等产品的流通中已表现出较大的优势。

（2）加工和配套结合。在对配套要求较高的流通中，配套的主体来自各个生产单位，但是完全配套有时无法全部依赖现有的生产单位，进行适当流通加工，可以有效促成配套，大大提高流通的桥梁与纽带的能力。

（3）加工和合理运输结合。流通加工能有效衔接干线运输与支线运输，促进两种运输形式的合理化。利用流通加工，在支线运输转干线运输或干线运输转支线运输这些本来就必须停顿的环节，不进行一般的支转干或干转支，而是按干线或支线运输合理的要求进行适当加工，从而大大提高运输及运输转载水平。

（4）加工和合理商流相结合。通过加工有效地促进销售，使商流合理化，也是流通加工合理化的考虑因素之一。加工和配送的结合，通过加工，提高了配送水平，强化了销售，是加工与合理商流相结合的一个成功的例证。

此外，通过简单地改变包装加工，形成方便的购买量，通过组装加工解除用户使用前进行组装、调试的难处，都是有效促进商流的例子。

（5）加工和节约相结合。节约能源、节约设备、节约人力、节约耗费是流通加工合理化重要的考虑因素，也是目前我国设置流通加工，考虑其合理化较为普遍的形式。

4.6 配送

4.6.1 配送的概念

配送是在经济合理区域范围内，根据用户要求，对物品进行拣选、加工、包装、分割、组配等作业，并按时送达指定地点的物流活动。

配送不同于一般意义上的送货，具有现代经营运作的特征。

（1）配送不单是送货，在活动内容中还有"分货"、"配货"、"配装"等项工作，这是很具有难度的工作，要圆满实现它，必须有发达的商品经济和现代的经营水平。在商品经济不发达的国家及历史阶段，很难按用户要求实现配货，更难以实现广泛的高效率的配货，因此旧式送货和配货存在着时代的差别。

（2）配送是送货、分货、配货等活动的有机结合体，同时还和订货系统紧密相连，这就必须依赖现代情报信息的作用，使整个大系统得以建立和完善，变成为一种现代化方式，这是旧的送货形式不能比拟的。

（3）配送的全过程有现代化技术和装备的保证，因而使配送在规模、水平、效率、速度、质量等方面远远超过旧的送货形式。在这些活动中，大量采用各种传输设备及识码、拣选等机电装备，很像工业生产中广泛应用的流水线，使流通工作的一部分工厂化，所以和旧送货形式还有现代装备的差别。配送也是技术进步的一种产物。

（4）送货形式只是推销的一种手段，目的仅在于多销售一些东西，配送则是一种专业化的流动分工方式，是大生产、专业化分工在流通领域的反映。因此，如果说一般送货是一种服务方式的话，配送则是一种体制形式。

4.6.2 配送的意义和作用

（1）完善了输送及整个物流系统。第二次世界大战之后，由于大吨位、高效率运输力量的出现，使干线运输无论在铁路、海运抑或公路方面都达到了较高水平，长距离、大批量的运输实现了低成本化。但是，在所有的干线运输之后，往往都要辅以支线或小搬运，这种支线转运或小搬运成了物流过程中的一个薄弱环节。这个环节有和干线运输不同的许多特点，如要求灵活性、适应性、服务性，致使运力往往利用不合理、成本过高等问题难以解决。采用配送方式，从范围来说将支线运输及小搬运统一起来，加上上述的各种优点，使输送过程得以优化和完善。

（2）提高了末端物流的效益。采用配送方式，通过增大经济批量来达到经济地进货，又通过将各种商品用户集中一起进行一次发货，代替分别向不同用户小批量发货来达到经济地发货，从而使末端物流经济效益提高。

（3）通过集中库存使企业实现低库存或零库存。实现了高水平的配送之后，尤其是采取准时配送方式之后，生产企业可以完全依靠配送中心的准时配送而不需保持自己的库存。或者，生产企业只需保持少量保险储备而不必留有经常储备，这就可以实现生产企业多年追求的"零库存"，将企业从库存的包袱中解脱出来，同时解放出大量储备资金，从而改善企业的财务状况。实行集中库存后，集中库存的总量远低于不实行集中库存时各企业分散库存之总量，同时增加了调节能力，也提高了社会经济效益。此外，采用集中库存可以利用规模经济的优势，使单位存货成本下降。

（4）简化事务，方便用户。采用配送方式，用户只需向一处订购，或和一个进货单位联系就可订购到以往需去许多地方才能订到的货物，只需组织对一个配送单位的接货便可代替现有的高频率接货，因而大大减轻了用户的工作量和负担，也节省了事务开支。

（5）提高供应保证程度。生产企业自己保持库存，维持生产，供应保证程度很难提高（受到库存费用的制约）。采取配送方式，配送中心可以比任何单位企业的储备量更大，因而对每个企业而言，中断供应、影响生产的风险便相对缩小，使用户免去短缺商品之忧。

4.6.3 配送的种类

配送按组织方式、对象特性不同有多种形式。

1. 按配送组织者的不同分类

（1）商店配送。组织者是商业或物资的门市网点，这些网点主要承担零售，规模一般不大，但经营品种较齐全。除日常零售业务外，还可根据用户的要求将商店经营的品种配齐，或代用户外订外购一部分商店平时不经营的商品，和商店经营的品种一起配齐送给用户。这种配送组织者实力很有限，往往只是小量、零星商品的配送。对于商品种类繁多且需用量不大、有些商品只是偶尔需要而很难与大配送中心建立计划配送关系的用户，可以利用小零售网点从事此项工作。商业及物资零售网点数量较多，配送半径较短，所以更为灵活机动，可承担生产企业重要货物的配送和对消费者个人的配送，它们对配送系统的完善起着较重要的作用。这种配送是配送中心配送的辅助及补充的形式。

（2）配送中心配送。组织者是专职从事配送的配送中心，其规模较大，可按配送需要储存各种商品，储存量也较大。配送中心专业性强，和用户建立固定的配送关系，一般实行计划配送，所以需配送的商品往往都有自己的库存，很少超越自己经营范围。配送中心的建设及工艺流程是根据配送需要专门设计的,所以配送能力大,配送距离较远,配送品种多,配送数量大。配送中心可以承担工业企业生产用主要物资的配送、零售商店需补充商品的配送、向配送商店实行补充性配送等。配送中心配送是配送的重要形式。

2. 按配送商品种类及数量的不同分类

(1) 单(少)品种大批量配送。工业企业需求量较大的商品,单独一个品种或仅少数品种就可达到较大输送量,可实行整车运输,这种商品往往不需要再与其他商品搭配,可由专业性很强的配送中心实行这种配送。由于配送量大,可使车辆满载并使用大吨位车辆;在配送中心中,内部设置也不需太复杂,组织、计划等工作也较简单,因而配送成本较低。

单品种大批量配送的优势范围较窄,当可用汽车、火车、船舶从生产企业将这种商品直抵用户,同时又不致使用户库存效益变坏时,采用直送方式往往有更好的效果。

(2) 多品种少批量配送。各工业生产企业所需的重要原材料、零部件一般需要量大,要求也较均衡,采取直送或单品种大批量配送方式可以收到好的效果。但是,现代企业生产的所需,除了少数几种重要物资外,从种类数来看,处于B、C类的物资种类数远高于A类重要物资,这些种类品种数多、单种需要量不大,采取直送或大批量配送方式就必须加大一次进货批量,必然造成用户库存增大,库存周期拉长,库存损失严重,必然占用大量资金,所以不能采取直送或大批量配送方法。类似情况也出现在向零售商店补充配送中,国外开展的向家庭的配送也是如此。这些情况适合采用的方式便是多品种少批量配送。

多品种少批量配送是按用户要求,将所需的各种物品在(每种需要量不大)配备齐全、凑整装车后由配送据点送达用户。这种配送对配货作业的水平要求较高,配送中心设备较复杂,配送计划较困难,要有高水平的组织工作保证和配合。这是一种高水平、高技术的配送方式。

配送的特殊成效,主要反映在多品种、少批量的配送中,这种方式也正切合现代消费多样化、需求多样化的新观念,所以是许多发达国家特别推崇的方式。

(3) 配套成套配送。这是按企业生产需要,尤其是装配型企业生产需要,将生产所需全部零部件配齐,按生产节奏定时送达生产企业,生产企业随即可将此成套零部件送入生产线装配产品。采取这种配送方式,配送企业实际承担了生产企业大部分供应工作,使生产企业专注于生产,有如同多品种少批量配送一样的效果。

3. 配送时间及数量的不同分类

(1) 定时配送(准时配送)。按规定的时间间隔进行配送,如几天一次、几小时一次等,每次配送的品种及数量可以事前拟定长期计划,规定某次多大的量,也可以在配送时日之前以商定的联络方式(如电话、计算机终端输入等)通知配送品种及数量。这种方式由于时间固定,易于安排工作计划,易于计划使用车辆,对用户来讲,也易于安排接货力量

（如人员、设备等）。但由于备货的要求下达较晚，集货、配货、配装难度较大，在要求配送数量变化较大时，也会使配送运力安排出现困难。

（2）定量配送。按规定的批量进行配送，但不严格确定时间，只是规定在一个指定的时间范围中配送。这种方式由于数量固定，备货工作较为简单，用不着经常改变配货备货的数量，可以按托盘、集装箱及车辆的装载能力规定配送的定量，这就能有效利用托盘、集装箱等集装方式，也可做到整车配送，所以配送效率较高。由于时间不严格限定，定量配送可以将不同用户所需物品凑整车后配送，运力利用也较好。对用户来讲，每次接货都处理同等数量的货物，有利于准备人力、设备能力，从而有不少的方便。

（3）定时定量配送。规定准确的配送时间和固定的配送数量进行配送。这种方式在用户较为固定，又都有长期的稳定计划时，采用起来有较大优势，有定时、定量两种方式的优点。这种方式特殊性强，计划难度大，适合采用的对象不多，虽较理想，但不是一种普遍的方式。

（4）定时、定路线配送。在确定的运行路线上制定到达时间表，按运行时间表进行配送，用户可在规定路线站及规定时间接货，可按规定路线及时间表提出配送要求，进行合理选择。采用这种方式有利于计划安排车辆及驾驶人员。在配送用户较多的地区，也可免去过分复杂的配送要求造成的配送计划、组织工作、配货工作及车辆安排的困难。对用户来讲，既可在一定路线、一定时间进行选择，又可有计划安排接货力量，也有其便利性。但这种方式应用领域也是有限的，不是一种可普遍采用的方式。

（5）即时配送。不预先确定不变的配送数量，也不预先确定不变的配送时间及配送路线，而是完全按用户要求的时间、数量进行配送的方式。这种方式是以某天的任务为目标，在充分掌握了这一天需要地、需要量及种类的前提下，即时安排最优的配送路线并安排相应的配送车辆，并实施配送。这种配送可以避免上述两种方式不足，做到每天配送都能实现最优的安排，因而是水平较高的方式。

采用即时配送方式时，为了使这种配送具有有效的计划指导，可以在期初按预测的结果制定计划，以便统筹安排一个时期的任务，并准备相应的力量。实际的配送实施计划则可在配送前一两天，根据任务书做出。

4. 其他配送方式

（1）共同配送。由多个企业联合组织实施的配送活动。在某一地区用户不多，各企业单独配送时，因车辆不满载等原因经济效果不好，难以开展配送业务。如果将许多配送企业的用户集中到一起，就有可能有效益地实施配送，这种情况采取共同配送是有利的。共同配送的收益可按一定比例由各配送企业分成。

（2）加工配送。在配送中心进行必要的加工，这种加工就可使配送工作更主动、更完善。这种将流通加工和配送一体化，使加工更有针对性、配送服务更趋完善的形式称为加工配送。

4.6.4 配送的流程

1. 一般流程

如图4-2所示。

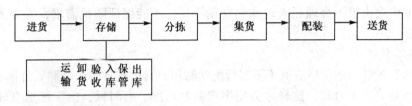

图4-2 配送的一般流程

2. 特殊流程

（1）食品配送工序：进货→储存→分拣→送货。
（2）煤炭等散货配送流程：进货→储存→送货。
（3）木材、钢材等原材料配送常用工序：进货→加工→储存→分拣→配货→配装→送货。
（4）机电产品中的散件、配件的配送流程：进货→储存→加工→储存→装配→送货。

4.6.5 配送合理化

1. 不合理配送的表现形式

对于配送的决策优劣，也很难有一个绝对的标准。例如，企业效益是配送的重要衡量标志，但是在决策时常常考虑各个因素，有时要做赔本买卖。所以，配送的决策是全面、综合决策。在决策时要避免由于不合理配送的出现所造成的损失，但有时某些不合理现象是伴生的，要追求大的合理，就可能派生小的不合理，所以这里只单独论述不合理配送的表现形式，但要防止绝对化。

1）资源筹措的不合理

配送是利用较大批量筹措资源。通过筹措资源的规模效益来降低资源筹措成本，使配送资源筹措成本低于用户自己筹措资源成本，从而取得优势。如果不是集中多个用户需要进行批量筹措资源，而仅仅是为某一两个用户代购代筹，对用户来讲，就不仅不能降低资源筹措费，相反却要多支付一笔配送企业的代筹代办费，因而是不合理的。

资源筹措不合理还有其他表现形式，如配送量计划不准、资源筹措过多或过少、在资源筹措时不考虑建立与资源供应者之间长期稳定的供需关系等。

2）库存决策不合理

配送应充分利用集中库存总量低于各用户分散库存总量，从而大大节约社会财富，同时降低用户实际平均分摊的库存负担。因此，配送企业必须依靠科学管理来实现一个低总量的库存，否则就会出现单是库存转移，而未解决库存降低的不合理。

配送企业库存决策不合理还表现在储存量不足，不能保证随机需求，失去了应有的市场。

3）价格不合理

总的来讲，配送后的价格应低于不实行配送时用户自己进货时产品购买价格加上自己提货、运输、进货之成本总和，这样才会使用户有利可图。有时候，由于配送有较高服务水平，价格稍高，用户也是可以接受的，但这不能是普遍的原则。如果配送价格普遍高于用户自己进货价格，损伤了用户利益，就是一种不合理表现。价格制定过低，使配送企业在无利或亏损状态下运行，会损伤销售者，也是不合理的。

4）配送与直达的决策不合理

一般的配送总是增加了环节，但是这个环节的增加，可降低用户平均库存水平，以此不但抵消了增加环节的支出，而且还能取得剩余效益。但是如果用户使用批量大，可以直接通过社会物流系统均衡批量进货，较之通过配送中转送货则可能更节约费用，所以，在这种情况下，不直接进货而通过配送，就属于不合理范畴。

5）送货中不合理运输

配送与用户自提比较，尤其对于多个小用户来讲，可以集中配装一车送几家，这比一家一户自提，可大大节省运力和运费。如果不能利用这一优势，仍然是一户一送，而车辆达不到满载（即时配送过多过频时会出现这种情况），则就属于不合理。

此外，不合理运输的若干表现形式在配送中都可能出现，会使配送变得不合理。

6）经营观念的不合理

在配送实施中，有许多是经营观念不合理，使配送优势无从发挥，相反却损坏了配送的形象。这是在开展配送时尤其需要注意克服的不合理现象。例如，配送企业利用配送手段，向用户转嫁资金、库存困难；在库存过大时，强迫用户接货，以缓解自己库存压力；在资金紧张时，长期占用用户资金；在资源紧张时，将用户委托资源挪做他用以获利等。

2. 配送合理化可采取的做法

（1）推行具有一定综合程度的专业化配送。通过采用专业设备、设施及操作程序，取得较好的配送效果并降低配送过分综合化的复杂程度及难度，从而追求配送合理化。

（2）推行加工配送。通过加工和配送相结合，充分利用本来应有的这次中转，而不增加新的中转以求得配送合理化。同时，加工借助于配送，使加工目的更明确，和用户联系更紧密，更避免了盲目性。这两者有机结合，投入不增加太多却可追求两个优势、两个效益，是配送合理化的重要经验。

（3）推行共同配送。通过共同配送，可以以最近的路程、最低的配送成本完成配送，从而追求配送合理化。

（4）实行送取结合。配送企业与用户建立稳定、密切的协作关系，配送企业不仅成了用户的供应代理人，而且承担用户的储存据点，甚至成为产品代销人。在配送时，将用户所需的物资送到，再将该用户生产的产品用同一车运回，这种产品也成了配送中心的配送产品之一，或者是代存代储，免去了生产企业的库存包袱。这种送取结合，使运力充分利用，也使配送企业功能有更大的发挥，从而追求配送合理化。

（5）推行准时配送系统。准时配送是配送合理化的重要内容。配送做到了准时，用户才有资源把握，可以放心地实施低库存或零库存，可以有效地安排接货的人力、物力，以追求最高的工作效率。另外，保证供应能力，也取决于准时供应。从国外的经验看，准时供应配送系统是现在许多配送企业追求配送合理化的重要手段。

（6）推行即时配送。即时配送是最终解除用户担心断供之忧，大幅度提高供应保证能力的重要手段。即时配送是配送企业快速反应能力的具体化，是配送企业能力的体现。

即时配送成本较高，但它是整个配送合理化的重要保证手段。此外，用户实行零库存，即时配送也是重要的保证手段。

4.7 物流信息

4.7.1 物流信息的概念

物流信息是反映物流各种活动内容的知识、资料、图像、数据、文件的总称。

整个物流过程是一个多环节（子系统）的复杂系统。物流系统中的各个子系统通过物资实体的运动将它们联系在一起，一个子系统的输出就是另一个子系统的输入。合理组织物流活动，就是使各个环节相互协调，根据总目标的需要适时、适量地调度系统内的基本资源。物流系统中的相互衔接是通过信息予以沟通的，基本资源的调度也是通过信息的传递来实现的。例如，物资调运是根据供需数量和运输条件来进行的，装卸活动的组织是按运送货物的数量、种类、到货方式及包装情况来决定的。因此，物流内控必须以信息为基础，一刻也不能离开信息。为了使物流活动正常而有规律地进行，必须保证物流信息畅通。

4.7.2 物流信息的分类

在处理物流信息和建立信息系统时,对物流信息进行分类是一项基础工作,物流信息有以下的不同分类方式。

(1) 按物流信息的不同作用分,可以分为计划信息、控制及作业信息、统计信息和支持信息。

① 计划信息指的是尚未实现的但已当做目标确认的一类信息,如物流量计划、仓库吞吐量计划、与物流相关的国民经济计划、工农业产品产量计划等。计划信息的特点是相对稳定,信息更新速度较慢。

② 控制及作业信息是物流活动过程中发生的信息,是掌握物流活动实际情况不可少的信息,如库存种类、库存量、在途运输量、运输工具状况、物价、运费等。控制及作业信息的特点是带有很强的动态性,信息更新速度快,信息时效性强。

③ 统计信息是物流活动结束后,对整个物流活动的一种归纳性、总结性信息,如上一年度或月度发生的物流量、物流种类、运输方式、运输工具使用量、储存量、装卸量等。统计信息具有很强的战略价值,它的作用是用以正确掌握过去的物流活动规律,指导物流战略发展和制定计划。统计信息具有很强的资料性,虽然统计信息总体上看具有动态性,但是已经产生的统计信息都是一个结论,是恒定不变的。

④ 支持信息是指对物流计划、业务、操作有影响或有关的文化、科技、产品、法律、教育、民俗等方面的信息,如物流技术的革新、物流人才的需求等。这些信息不仅对物流战略发展有价值,而且也能对控制、操作起到指导、启发作用,是可以从整体上提高物流水平的一类信息。

(2) 按物流信息的加工程度分,可以分为原始信息和加工信息。

① 原始信息指未加工的信息,是信息工作的基础,也是最有权威性的凭证性信息,可以从原始信息中找到真正的依据,是加工信息可靠性的保证。

② 加工信息是对原始信息进行各种方式、各个层次处理之后的信息,这种信息是原始信息的提炼、简化和综合,可大大缩小信息量,并将信息梳理成规律性的形式,便于使用。加工信息需要各种加工手段,如分类、汇编、汇总、精选、制表等。

4.7.3 物流信息的特点

同其他领域的信息相比较,物流信息的主要特征有以下几个方面。

(1) 物流是一个大范围内的活动,信息源点多、分布广、信息量大。

(2) 动态性强,信息的价值衰减速度快,及时性要求高。这意味着物流信息的收集、加工、处理要求速度快。

（3）种类繁多。不仅本系统内部各个环节有不同种类的信息，而且物流系统与其他系统，如生产系统、销售系统、供应系统、消费系统等密切相关，因而还必须收集这些类别的信息。这就使物流信息工作的难度增大。

（4）客户与物流业者及有关企业之间，或者在企业内物流部门与其他部门之间，物流信息是相同的，各连接点的信息再输入情况较多。因此，物流信息贯穿于整个物流活动的全过程。

此外，不同类别的物流信息还有一些不同的特点，例如，物流系统自身的信息要求全面、完整地收集，而对其他系统信息的收集则需根据物流要求予以选择。

4.7.4 物流信息的作用

物流信息是物流的功能要素之一。物流信息在发挥物流系统整体效能上的功能体现在以下两个方面。

（1）物流信息是物流系统整体的中枢神经。物流系统是一个有着自身运动规律的有机整体。物流信息经收集、加工、处理后，成为系统决策的依据，对整个物流活动起着运筹、指挥和协调的作用。如果信息失误，则运筹、指挥活动便会失误；如果信息系统故障，则整个物流活动将陷入瘫痪。

（2）物流信息是物流系统变革的决定性因素。人类已进入信息时代，信息化将改变现有社会经济的消费系统和生产系统，从而改变人类生存的秩序。物流是国民经济的服务性系统。社会经济秩序的变革必将要求现有的物流系统结构、秩序随之变革。物流信息化既是这种变革的动力，也是这种变革的实质内容。

4.7.5 物流信息工作

物流信息工作包括信息收集、信息加工和信息服务等内容。

1. 信息收集

开展物流信息工作，建立物流信息系统，最基础的工作是进行信息收集。只有广泛的、通过各种渠道收集各种有用信息，才能充分反映物流全貌，才能更进一步从中筛选有价值的内容。信息收集是整个物流信息工作中工作量最大、最费时间、最占人力的环节，因此必须掌握有效的方法，提高信息收集的效率。

做好物流信息收集工作，要掌握以下几个要点。

(1) 明确目的。由于信息量大，为了有效地收集信息，必须组织信息需求和使用部门认真研究信息收集的范围，要通过以下事项明确信息收集目的及范围。

① 收集什么样的信息？是市场信息，还是经营信息或科技信息？

② 为哪些工作、为什么目的收集？是为制定合理物流路线，还是为确定合理储备，或为了进行物流成本核算？不同目的的信息范围和内容差异非常大。

③ 分析信息取舍可能带来的影响，划分信息范围。

(2) 确定深度和精度。不同系统对信息深度和精度的要求不同，如是按销售收集库存信息，还是按周、按月收集。决定信息收集工作水平和人力、物力安排，应当事先提出明确的要求，要求过高会造成时间、人力、费用的浪费，要求不足则信息水平不高，质量不高。

(3) 选择信息源，建立信息渠道。信息源的选择与信息内容及收集目的有关。为实现既定目标，必须选择能提供所需信息的最有效的信息源。信息源一般较多，应进行比较，选择提供信息量大、种类多、质量可靠的信息源。使信息工作持久化也是非常重要的，因此有必要建立固定信息源和渠道。

信息源所提供的信息形式主要有：

① 文字记录形式信息，包括账簿及报表、图书、期刊、年鉴、公报、缩微型文献等形式；

② 视听型信息，包括影片、录像带、照片、图片、光盘、磁带等形式；

③ 电子信息，即依靠电子计算机技术实现的信息形式，如计算机数据库、计算机网络等形式。

2. 信息加工

信息加工工作是对收集到的信息进行筛选、分类、处理及储存等活动。对信息进行加工后，才能将收集到的信息方便地使用。在信息量大、信息来源多而复杂的情况下，信息加工是不可缺少的程序。

信息加工大致有4个步骤，即信息分类及汇总、信息编目（或编码）、信息储存和信息更新。

(1) 信息分类及汇总。为了进行分类储存和分类使用，必须先建立完善的分类标准。一般说来，各个系统在特殊信息方面有统一的分类规定。信息的分类可按信息载体分，也可按知识单元分，如分成一般信息、专题信息等。

(2) 信息编目（或编码）。编目（或编码）是指用一定的代号来表示不同的信息项目。用普通方式（如资料室、档案室、图书室）储存信息则需要进行编目，用电子计算机方式储存信息则需要确定编码。在信息项目、信息数量很大的情况下，编目或编码是将信息系统化、条理化的重要手段。

(3) 信息储存。一般的储存手段有资料室、档案室、图书室储存方式，建立卡片、档案储存方式，汇总报表储存方式等。现代储存方式是利用电子计算机及外部设备的储存功能，建立有关数据库进行信息储存。

（4）信息更新。信息的连续性、广泛性十分重要，但是信息也具有时效性，失效的信息需要及时淘汰更新，才能容纳更多新信息，也更有利于信息的使用。

3. 信息服务

信息服务工作的目的就是将信息提供给有关方面使用。信息服务工作包括以下几方面内容。

（1）发布及报道。按一定要求将一些中央信息内容通过会议、文件、报告、年鉴等形式予以发表或公布，便于使用者收集、使用。发布和报道工作是科学性极强的工作，一定要报道准确，同时还应处理好信息保密问题。

（2）借阅。文献形式的信息资料应当建立借阅制度及交换制度，以起到交流、宣传、使用信息资料的作用。

（3）复制。按规定向使用者提供信息的直接复印、复制品。

（4）信息咨询。有些物流环节和有关部门并不需要了解全面信息或收集连续信息，而仅在某一决策方面要求了解有关信息，或者要了解其他方面信息，则可以依靠专业信息的咨询服务。咨询工作主要是回答用户的问题，接受用户某方面的信息研究委托，提供研究成果等。

（5）代查代办。按用户要求项目收集信息或查找信息。

4.7.6 物流信息系统

在物流范畴内，建立的信息收集、整理、加工、储存、服务工作系统称物流信息系统。物流信息系统是企业管理信息系统的一个重要的子系统，是通过对与企业物流相关的信息进行加工处理来实现对物流的有效控制和管理，并为物流管理人员及其他企业管理人员提供战略及运作决策支持的人机系统。物流信息系统是提高物流运作效率、降低物流总成本的重要基础设施，也是实现物流信息化管理的最重要的基础设施。

1. 物流信息系统的基本工作

一般来说，完整的物流信息系统应具备以下基本功能。

（1）掌握物流系统运行现状。通过计算机网络或其他传递方法即时或定时掌握各物流中心、仓库及销售网点的库存量、库存能力、配送能力、在途数量、客户地址、客户接货及发货能力、结算账号等。

(2) 接收订货。通过中心销售部门或各网点接受订货或购买要求,由信息中心进行处理,制定供货计划。

(3) 指示发货及补货。信息中心接受订货后,根据用户信息及网点状况,确定发货网点或仓库,通过计算机网络发出发货指示书。

(4) 反馈及结算。将发货及配送信息及时反馈给信息中心,并以此为依据通知部门进行核算。

(5) 与系统外衔接。及时掌握系统外的生产情况、近期产量,向生产厂发出订货通知,对系统外物流业发出运输、储存要求并进行信息交换。

2. 物流信息系统的结构

物流信息系统也是一个四层结构的信息系统,如图4-3所示。

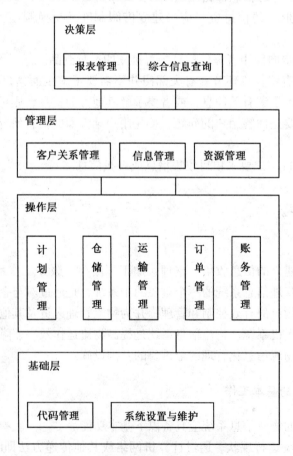

图4-3 物流信息系统的层次结构

第一层是基础层,主要设计系统的代码管理及参数的设置与维护等。实体代码化是信息系统的基础,代码设计与管理是信息系统的一个重要组成部分,设计出一个好的代码方案对于系统的开发和使用都极为有利。它可以使许多计算机处理(如某些统计、校对、查询等)变得十分方便,也使事务处理工作变得简单。同样,系统设置的参数化使得系统变得灵活且易于维护。第二层是操作层,用于指导物流作业,记录、更新物流各作业环节的作业信息。第三层是管理层,用于制定作业计划,平衡、控制、协调客户需求与资源能力,以及各作业环节的均衡平稳。最高层是决策层,根据企业运转的各种综合信息或报告,收集环境信息,制定企业的中长期工作计划及战略目标,并根据自底向上的信息反馈,不断调整和修正各项目标计划。

习题

1. 识记并理解物流功能要素的含义。
2. 分析物流功能要素的特点。
3. 物流功能要素对于物流有何作用?
4. 如何实现物流要素的合理化?

第 5 章 物流服务

企业的任何业务,其产生和发展的基础都是向顾客提供服务并尽力满足顾客的需要。在当前市场竞争激烈的时代,很多企业都提供了在价格、特性和质量方面雷同的产品,这时候,物流服务的差异性将为企业提供超越于竞争对手的竞争优势。面对日益激烈的国内、国际市场竞争和消费者价值取向的多元化,企业管理者已经发现,加强物流管理,改进物流服务是创造持久的竞争优势的有效手段。

从顾客的角度看,物流服务是供应链过程管理的产物,物流服务水平是衡量物流系统为顾客创造的时间效用和空间效用能力的尺度。物流服务水平决定了企业能否留住现有的顾客并吸引新顾客。当今的每一个行业,从汽车到服装,消费者都有很大的选择余地。物流服务水平直接影响着企业的市场份额和物流总成本,并最终影响其赢利能力。

5.1 物流服务概述

5.1.1 物流服务的含义

1. 物流服务

物流服务的定义是随企业而变化的,不同的企业对物流服务这一概念往往有不同的理解,例如供应商和它的顾客对物流服务的理解就有很大的不同。一般来说,物流服务可以理解为衡量物流系统为某种商品或服务创造时间效用和空间效用的好坏的尺度,这包括从接收顾客订单开始到商品送到顾客手中为止而发生的所有服务活动。

对大多数企业来说,物流服务可以用一种或几种方式来定义:

（1）一项管理活动或职能，如订货处理等；

（2）特定参数的实际业务绩效，如在24小时内实现98%的订单送货率；

（3）企业整体经营理念或经营哲学的一部分，而非简单的活动或绩效评价尺度。

需要注意的是，如果企业把物流服务作为一种经营理念和哲学，它应该有一个物流服务职能部门。

物流服务的一种定义是：物流服务是发生在买方、卖方的一个过程，这个过程使交易中的产品或服务实现增值。这种发生在交易过程中的增值，对单次交易来说是短期的，但当各方形成较为稳定的合同关系时，增值则是长期持久的。同时，这种增值意味着通过交易各方都得到了价值的增加。因此，从过程管理的观点看，物流服务是通过节省成本费用为供应链提供重要的附加价值的过程。

成功的市场营销要求不断争取到顾客并留住他们，从而实现企业长期盈利和获得投资回报的目标。然而，许多企业仅仅注重赢得新顾客，片面地通过产品、价格、促销等要素来创造需求，忽视了市场组合中的地点要素及与之相联系的物流服务。物流服务对市场需求有重要的影响，它决定着企业能否留住顾客。企业以赢利为目标，但在获得赢利之前，企业必须确定服务策略和计划方案以满足顾客的需要，并且以节省费用的方式来实现，这就是物流服务。

物流服务的本质是满足顾客的需求，包括：

（1）有顾客需要的商品（保证有货）；

（2）可以在顾客需要的时间内送达（保证送到）；

（3）达到顾客要求的质量（保证质量）。

2. 顾客满意

顾客满意是指顾客通过对一个产品（或服务）的可感知的效果（或结果），与其期望值相比较之后所形成的愉悦或失望的感觉状态。从构成市场组合的四要素（4P）来看，顾客满意反映了顾客对企业提供的产品或服务是否满意的全方位的评价。

物流服务的质量直接影响着顾客满意的程度。赢得新顾客代价高昂，而留住老顾客至关重要。物流服务的目标之一是"第一次就做好"，以避免顾客抱怨的发生。研究表明，每当有一个顾客对所购买的产品和服务发生抱怨，就会有十九个潜在顾客投向其他厂商。当然，顾客的抱怨是难以杜绝的，这也有助于企业发现潜在的问题，通过有针对性的改善和提高，能减少未来的抱怨。对顾客抱怨处理得当，还可以提高顾客的忠诚度。因此，服务的质量是实现高水平服务的关键，进而有助于获得高度的顾客满意。

5.1.2 影响物流服务的因素

从企业整体的角度看，物流服务可视为市场战略的一个基本组成部分。市场营销通常描述为四个要素（4P）的组合，其中地点要素最直接地代表了物品的分销运送。影响物流服务的因素有以下几个方面。

（1）缺货水平。即对企业产品可供性的衡量尺度。对每一次缺货情况要根据具体产品和顾客做完备记录，以便发现潜在的问题。当缺货发生时，企业要为顾客提供合适的替代产品，或尽可能地从其他地方调运，或向顾客承诺一旦有货立即安排运送，目的在于尽可能保持顾客的忠诚度，留住顾客。

（2）订货信息。向顾客快速准确地提供所购商品的库存信息、预计的运送日期。对顾客的购买需求，企业有时难以一次完全满足，这种订单需通过延期订货、分批运送来完成。延期订货发生的次数及相应的订货周期是评估物流系统运作优劣的重要指标。延期订货处理不当则容易造成失销，对此，企业要给予高度重视。

（3）信息的准确性。顾客不仅希望快速获得广泛的数据信息，同时也要求这些关于订货和库存的信息是准确无误的。企业对不准确的数据应当注明并尽快更正。对经常发生的信息失真要特别关注并努力改进。

（4）订货周期的稳定性。订货周期是从顾客下订单到收货为止所跨越的时间。订货周期包括下订单，订单汇总与处理，货物拣选、包装与配送。顾客往往更加关心订货周期的稳定性而非绝对的天数。当然，随着对时间竞争的日益关注，企业亦越发重视缩短整个订货周期。

（5）其他因素。如特殊货运、订货的便利性、替代产品等。

5.1.3 物流服务对赢得竞争优势的重要性

物流服务是企业物流系统的产出，换句话说，从顾客角度看到的是企业提供的物流服务而不是抽象的物流管理。物流服务是市场营销与物流管理两大职能的临界面，支撑市场组合的地点要素。更重要的是，良好的物流服务有助于发展和保持顾客的忠诚与持久的满意，物流服务的诸要素在顾客心目中的重要程度甚至高过产品价格、质量及其他有关的要素。

对于市场组合四要素而言，产品和价格较容易被竞争对手模仿，促销的努力也可能被竞争者赶上，而提供令顾客满意的服务，或处理顾客抱怨的高明手法则是企业区别于竞争对手、吸引顾客的重要途径。在短期内，企业物流服务不容易被对手模仿。根据专家的估计，企业65%的销售来自于老顾客，而发展一个新顾客的费用平均是保留一个老顾客所需费用的6倍。从财务角度分析，用于物流服务的投资回报率要大大高于投资于促销和其他发展新顾客的活动。

物流服务为什么如此重要呢？

（1）关于物流服务，以前没有应用市场概念。1973年石油危机以后，在销售政策上物流开始占据重要位置。作为销售战略的一环，在企业经营上，物流成为必须解决的战略性课题。

（2）物流服务水平不同，物流的形式必将随之发生变化。物流服务水平是构筑物流系统的前提条件。企业要决定恰当的物流服务水平，为实现其水平而建立的物流服务系统，必须在整个公司统一思想并取得共识。

（3）物流在降低成本方面起着重要的作用，而降低物流成本必须在一定服务水平的前提下考虑。从这个意义上来说，物流服务水平，是降低物流成本的依据。

（4）物流服务起着联结厂家、批发商和零售商的纽带作用。

尽管物流服务非常重要，但世界各国看法不一，如日本就与欧美各国不同，认为服务就是白白奉献。最近由于物流环境发生了变化，关于物流服务的观念也在发生着变化：即认为对于物流服务来说市场机制和价格机制也在发挥作用。所谓市场机制和价格机制发挥作用，在某种意义上可以说是指物流服务的价值由供求关系决定，是物流成本的一项内涵。特别是现在普遍要求对例外运输、紧急运输等非常规运输的成本负担实现标准化，物主、流通业者、物流业者和消费者必须对此认真加以考虑。日本通产省公布的《物流成本计算实用手册》（通商产业调查会，1992年）列出了不同运输条件下的不同成本计算方法，明确了不同行业的标准运输成本和非常规运输成本，用以推动成本负担的标准化。

5.1.4 物流服务中的问题及对策

企业要确立一种物流服务水平，保持竞争优势，必须注意以下几点。

（1）只是把物流服务水平看做是一种销售竞争手段而不做出清晰的规定，批发商和零售商的要求必将升级，以至使企业无法应付。现在，批发商或零售商或是由于销售情况不稳定，或是由于没有存放货物的地方，或是为了避免商品过时，都在极力减少库存。如果他们无节制地要求多批次、小批量配送，或进行多批次地库存补充，物流工作量将大大增加，物流成本必然提高。为防止这种服务水平的升级，必须建立新的物流服务机制，进行物流服务决策。

（2）许多企业还在用同一水平的物流服务，对待不同的顾客或不同的商品。企业应把服务当做是有限的经营资源，在决定分配时，要调查顾客的需求，根据对公司销售贡献的大小将顾客分成不同层次，按顾客的不同层次，决定不同的服务和不同的服务水平。

（3）物流部门应定期对物流服务进行评估。检查销售部门或顾客有没有索赔、有没有误配、有没有晚配、有没有事故、有没有破损，等等。通过征求顾客意见等办法了解服务水平是否已经达到标准、成本的合理化达到何种程度、是否有更合理的办法，等等。

（4）物流服务水平依据市场形势、竞争对手情况、商品特性和季节等时时刻刻都有变化。物流部门应有掌握这种变化的情报系统。据说，在美国物流服务包括在对顾客的服务之中，负责这方面工作的部门和系统十分完备。日本现在也已具备条件建立提高物流服务质量、向顾客提供满意的物流服务的管理机构和负责体制。

（5）销售部门大多认为为了扩大销售，应该无限制地接受顾客对于物流的要求。这是物流系统无法承受的，应该形成一种从盈亏的角度考虑是否合算的范围。

（6）物流服务水平在不断变化。对于物流服务来说，今后提供新信息的服务将日益重要。过去主要是提供交货日期、库存、再进货、到货日期、脱销等情况和运输中的商品信息与追踪信息，今后为适应特约商店、零售商店简化业务手续的需要，提供传票样式的统一商品接收总计表等信息服务将更为重要。

（7）现在的物流服务要放在社会系统的大范围内来处理。企业需要认真考虑环保、节能、节约资源乃至废弃物回收等问题。目前已经到了企业要认真进行废弃物回收服务，而不能再将旧电视机和使用过的瓶罐等废弃物作为普通废弃物交给政府来处理的时候了。为减少交通混乱、道路拥挤等交通公害，厂家冲破互相竞争的壁垒，推进共同配送的日子也即将到来。

（8）物流服务将作为社会系统的一环受到人们的评判。那么，物流服务要素及水平应当怎样确定呢？物流服务是向顾客服务的重要要素，是与顾客进行交易的条件之一。如何确定物流服务水平，在销售战略上具有重要意义。因此，物流服务水平的确定应属于企业的重要决策。

5.2 物流服务水平的确定

企业的整个市场营销努力很可能因为低劣的物流服务而徒劳无功。物流服务在企业的市场组合中经常被轻视。其结果是，物流服务的标准往往基于历史经验，或者是管理者对顾客需求的主观判断，这就难以反映顾客的真实需求。不负责任的管理者把所有的顾客等同看待，而事实上不同的顾客对服务水平和服务类型有着不同的要求。因此，企业在制定物流服务策略时应当以顾客的真实需求为基础并支持整个营销战略。企业制造出优秀的产品，制定了有竞争力的价格，并做了充分的促销工作，但如果因为产品未能及时运送到位，则一切都是徒劳。在注重物流服务的同时，还要兼顾节省费用，保证企业的赢利能力。

确定物流服务水平的一个流行方法是将竞争对手的服务水平作为标杆。但仅仅参照竞争对手的水平是不够的，因为很难断定对方是否很好地把握了顾客的需求并集中力量于正确的物流服务要素。这种不足可以通过结合详尽的顾客调查来弥补，后者能够揭示各种物流服务要素的重要性，有助于消除顾客需求与企业运营状况之间的差距。

确定物流服务战略有多种方法，以下 4 种最具参考价值：

（1）根据顾客对暂时缺货的反应来确定物流服务水平；

（2）成本与收益的权衡；

（3）ABC 分析与帕累托定律；

（4）物流服务审计。

5.2.1　顾客对缺货的反应

生产商的顾客包括各种中间商和产品的最终用户，而产品通常是从零售商处转销到顾客手中。因此，生产商往往难以判断缺货对最终顾客的影响有多大。例如，生产商的成品仓库中某种产品缺货并不一定意味着零售商也同时缺货。零售环节的物流服务水平对销售影响很大，为此，必须明确最终顾客对缺货的反应模式。某种产品缺货时，顾客可能购买同种品牌不同规格的产品，也可能购买另一品牌的同类产品，或者干脆换一家商店看看。在产品同质化倾向日益明显的今天，顾客"非买它不可"的现象已经越来越罕见，除非顾客坚定地认为该种产品在质量或价格上明显优于其替代品种。

生产商的物流服务战略重要的一点是保证最终顾客能方便及时地了解和购买到所需的商品。对零售环节的关注使生产商调整订货周期、供货满足率、运输方式等，尽量避免零售环节缺货现象的发生。

顾客对不同产品的购买在时间要求上也有所不同。对绝大多数产品，顾客希望在做出购买决策时就能够拿到，但也有特殊的情况，比如选购大型家具时，顾客在展示厅选中样品并订购以后，往往愿意等待一段时间在家中收货。20 世纪 70 年代，美国的西尔斯百货公司与惠尔浦家电公司进行的一项顾客调查发现，当时的顾客对大型家电并不要求在订货的当天就将商品运回家，除非有特别紧急的情况，他们愿意等上 5～7 天的时间。这一调查结果对西尔斯与惠尔浦的物流系统影响很大。西尔斯公司只需在营业厅里摆放样品供顾客挑选，其配送中心里的存货也不多。惠尔浦公司的产成品被运至位于俄亥俄州马利恩的大型仓库；西尔斯公司将收到的顾客订单发送给惠尔浦公司，相应的产品随即从马利恩仓库分送到西尔斯位于各地的配送中心，然后从配送中心直接用卡车分送到顾客家中；从顾客下订单到送货上门的时间控制在 48～72 小时。

确定物流服务水平时要注意的问题：

（1）不应当站在供给的一方考虑物流服务水平，而应把握顾客们的要求，观念应由卖方转换为买方；

（2）由于顾客不同物流服务内容也有所不同，有的应该得到优先照顾，因此应首先确定核心服务；

（3）物流服务应与顾客的特点、层次相符；

（4）确定物流服务水平时，应考虑如何创造自己的特色，以便超过竞争对手，也就是说要采取相对的物流服务的观点；

（5）经过一段时间后，对企业的物流服务水平要进行评估和改进。

5.2.2 成本与收益的权衡

物流总费用，如库存维持费用、运输费用、信息/订货处理费用，等等，可以视为企业在物流服务上的开支。实施集成的物流管理时的成本权衡，其目标是在市场组合四要素之间合理分配资源以获得最大的长期收益，也就是以最低的物流总成本实现给定的物流服务水平。

例如，一个百货连锁集团希望将零售供货率提高到98%的水平，需要获取每个商店及每种商品的实时销售数据（POS data）。为此，需在各分店配置条形码扫描器及其他软、硬件设施；同时，为尽可能地利用这些数据，集团还希望投资建设 EDI 系统，以便与供应商进行快速双向的信息交流。估计平均每家分店需投入 20 万元。于是，管理层面临着成本与收益的权衡，对信息技术的投入能提高物流服务水平，但同时也会增加成本。假设该公司的销售毛利是20%，每家分店为收回20万元的新增投资，至少要增加100万元的销售额。如果实际的销售增长超过了100万元，则企业在提高物流服务水平的同时也增加了净收益。对这一决策的评估还需考虑各分店当前的销售额水平。若各分店当前的年销售额是 1 000 万元，则收回这笔投资比年销售额只有 400 万元要快得多。

尽管存在成本与收益的权衡和费用的预算分配问题，但这种权衡只是短时期内发生的问题。在长时期内，仍有可能在多个环节上同时得到改善，企业在降低总成本的同时亦能提高物流服务水平。

5.2.3 ABC 分析与帕累托定律

ABC 分析是物流管理中常用的工具，本节通过 ABC 分析将各种产品和顾客按其相对重要性进行分类。对企业来说，某些顾客和产品相比其他而言更有利可图，因而应受到特别的关注。以利润率指标为例，利润率最高的顾客产品组合应配以最高的物流服务水平。

与 ABC 分析相类似，帕累托定律指出：样本总体中的大多数事件的发生源于为数不多的几个关键因素。例如，80%的物流系统中的瓶颈现象可能仅仅是由一辆送货汽车的不良运作造成的。这一概念通常也被称做 80/20 定律。

作为 ABC 分析和帕累托定律的一个应用实例，表 5-1 所示的顾客产品贡献矩阵，将不同顾客的重要性与不同产品的重要性联系起来考虑,以确定能给企业带来最大收益的物流服务水平。为了便于理解,我们将盈利能力(利润率)作为度量顾客和产品重要性的指标,但应当注意,这一指标并不是绝对的。

表5-1中A类产品利润率最高,以下依次为B、C、D类。在整个产品线中,A类产品通常只占很小的比例,而利润率最低的D类产品在产品总数中则可能占80%。Ⅰ类顾客对企业来说最为有利可图,它们能产生较为稳定的需求,对价格不太敏感,交易中发生的费用也较少,但这类顾客数量通常很少,可能只有5~10个;Ⅴ类顾客为企业创造的利润最少,但在数量上占了企业顾客的大多数。对企业最有价值的顾客-产品组合是Ⅰ-A,即Ⅰ类顾客购买A类产品。管理人员可以使用一些方法对顾客-产品组合排序或打分,表5-1用1~20简单地做了排序(优先等级)。

表5-1 顾客-产品贡献矩阵

顾客	产品			
	A	B	C	D
Ⅰ	1	3	5	10
Ⅱ	2	4	7	13
Ⅲ	6	9	12	16
Ⅳ	8	14	15	19
Ⅴ	11	17	18	20

表5-2提供了在制定物流服务战略时如何使用表5-1中数据的例子。例如,排序在1至5的顾客-产品组合应给予100%的存货可供率,低于48小时的订货周期,以及99%的按订单送货完备率。

值得注意的是,表5-2中较低的服务水平并不意味着所提供的服务缺乏稳定性。企业无论提供什么水平的服务,都要尽可能保持100%的稳定性,因为这是顾客所期望的;而且,企业以高稳定性提供较低水平的物流服务(例如送货时间),其费用通常低于以低稳定性提供高水平的物流服务。例如,高度稳定的72小时订货周期比不稳定的48小时订货周期更节省费用,也更令顾客满意。

表5-2 顾客-产品贡献矩阵实用举例

优先等级	存货可供率标准(%)	订货周期时间标准(小时)	按订单送货完备率标准(%)
1~5	100	48	99
6~10	95	72	97
11~15	90	96	95
16~20	85	120	93

编制能良好反映顾客与企业真实情况的顾客-产品贡献矩阵的关键在于切实了解顾客对服务的要求，并从中识别出最为重要的服务要素以及确定要提供多高的服务水平。上述信息可通过物流服务审计获取。

5.2.4 物流服务审计

物流服务审计是评估企业物流服务水平的一种方法，也是企业对其物流服务策略做调整时产生的影响的评价标尺。

物流审计的目标是：
(1) 识别关键的物流服务要素；
(2) 识别这些要素的控制机制；
(3) 评估内部信息系统的质量和能力。

物流服务审计包括以下4个阶段：
(1) 外部物流服务审计；
(2) 内部物流服务审计；
(3) 识别潜在的改进方法和机会；
(4) 确定物流服务水平。

1. 外部物流服务审计

外部物流服务审计是整个物流服务审计的起点，其主要目标是：
(1) 识别顾客在做购买决策时认为重要的物流服务要素；
(2) 确定本企业与主要的竞争对手为顾客提供服务的市场比例。

首先要确定哪些物流服务要素是顾客真正重视的，主要工作是对顾客进行调查与访谈。例如，某种普通消费品的零售商在衡量其供应商服务时主要考虑以下的物流服务要素：订货周期的稳定性、订货周期的绝对时间、是否使用EDI、订单满足率、延期订货策略、单据处理程序、回收政策等。

在外部物流服务审计阶段有必要邀请市场部门的人员参与工作，这有3方面的益处：
(1) 物流服务从属于整个市场组合，而市场部门在市场组合的费用预算决策中是最有权威和发言权的部门；
(2) 市场营销部门的研究人员是调查问卷设计和分析的专家，而问卷工作是外部物流服务审计的重要一环；
(3) 可以提高调查结果的可信度，从而有利于物流服务战略的成功实施。

确定了重要的物流服务因素之后，下一步就是对企业的有代表性的和统计有效的顾客群体进行问卷调查。问卷调查可以确定物流服务要素及其他市场组合要素的相对重要性，评估顾客对本企业及主要竞争对手各方面服务绩效的满意程度及顾客的购买倾向。依据调查的结果，企业加强顾客重视的服务要素。在考虑竞争对手的强势和不足的同时，发展相应于顾客分类的战略。此外，问卷还能反映出顾客对关键服务要素的服务水平的期望值。

在进行正式的问卷调查之前，应在小范围的顾客样本中进行测试。问卷在设计时可能会漏掉一些重要问题，或有些条目使顾客难以读懂或难以清楚地回答。针对出现的这些问题对问卷进行修正，以保证问卷调查的质量。

问卷调查的结果能帮助管理层发现潜在的问题和市场机会。对大多数行业来说，下面这些服务要素都是最为重要的：按承诺日期送货的能力、按订单完备送货率、对送货延迟的提前通知、稳定的提前期（订货周期的稳定性）、送货信息、提前期的长短、产品的质量价格比、有竞争力的价格、销售队伍的促销活动。

企业在把握各服务要素重要性的同时，也要关注顾客对本企业及竞争对手提供的各项服务的横向比较。企业和顾客对服务有各自的评价标准，但在市场竞争中，只有顾客是永远正确的。有时候顾客尚未认识到企业某方面服务的努力，企业就有必要通过与顾客的交流来引导和告知顾客。

2. 内部物流服务审计

内部物流服务审计是审查企业当前的服务业务的运作状况，为评估物流服务水平发生变化时所产生的影响确立一个衡量标尺。为此，内部物流服务审计应当回答下列问题：

（1）企业内部当前是如何评估物流服务的？
（2）各服务项目（部门）的工作业绩如何考核？
（3）服务的标准或目标是什么？
（4）当前达到什么样的服务水平（与目标值相比较）？
（5）如何从企业的信息系统或订货处理系统中来导出这些测量？
（6）企业的内部物流服务报告体系是什么？
（7）各个业务职能部门（如物流部门、市场部门）如何理解物流服务？
（8）各个业务职能部门之间的沟通与控制关系是什么？

内部物流服务审计的主要目的是检查企业的服务现状与顾客需求之间的差距。顾客实际接收到的企业物流服务水平也有必要测定，因为顾客的评价有时会偏离企业的实际运作状况。如果企业确实已经做得很出色，则应当注意通过引导和促销来改变顾客的看法，而不是进一步调整企业的服务水平。

内部物流服务审计的另一个重要内容是考察顾客与企业和企业内部的沟通渠道，包括服务业绩的评估和报告体系。沟通是理解与物流服务有关的问题的重要基础，缺乏良好的沟通，物流服务就会流于事后的控制和不断地处理随时发生的问题，而难以实现良好的事前控制。

顾客与企业之间的沟通在订货—送货—收货循环（过程）中是相当基本的。订货—送货—收货过程中的问题主要发生在以下方面：接收订单、订单检查与修改、送货、对送货时发生的各种问题的报告、开单、因单据错误而发生的纠纷、与付款有关的问题。

对管理层做访谈调查是主要的信息来源。访谈调查需涉及与物流活动有关的所有部门经理，范围包括：订货处理、存货管理、仓库、运输、物流服务、财务/会计、生产、物料管理、市场销售等。访谈有助于了解这些管理人员如何看待物流服务，如何与顾客沟通，以及如何与其他部门合作。访谈要涉及下述内容：

(1) 对职责的描述；
(2) 组织结构；
(3) 决策的权限与过程；
(4) 业绩的考核与结果；
(5) 对物流服务的理解；
(6) 如何理解顾客对物流服务的定义；
(7) 修改或改进物流服务计划；
(8) 部门内的沟通；
(9) 部门间的沟通；
(10) 与主要业务对象（如消费者、顾客、运输公司、供应商）的沟通。

管理层还必须对物流服务考核和报告体系做出评估，以便明确物流服务业绩的考核方法、考核部门、业务标准、当前的结果、每一活动的控制部门、数据的来源、报告的格式和汇编方法、报告的频度、报告的传递等。这还有助于明确顾客如何从企业获取信息。

内部物流服务审计应确定提供给顾客的信息类型、负责提供各类信息的部门与人员、顾客与这些部门及人员的沟通方法、对顾客询问的平均反应时间，以及如何确保负责处理顾客询问的人员能获取充分的信息来答复顾客。

3. 识别潜在的改进方法和机会

外部物流服务审计明确了企业在物流服务和市场营销战略方面的问题，内部审计可以帮助管理层针对各个服务要素和细分市场调整上述战略，提高企业的盈利能力。管理层在借助内、外部物流服务审计提供的信息制定新的物流服务和市场营销战略时，需针对竞争对手做详细的对比分析。

当顾客对本企业和各主要竞争者的服务业绩评价相比较并相互交流时，这时竞争性的标尺显得更为重要了。

4. 确定物流服务水平

物流服务审计的最后一步是制定服务业绩标准和考核方法。管理层必须为各个细分领域（如不同的顾客类型、不同的地理区域、不同的分销渠道及产品）详细制定目标服务水平，并将之切实传达到所有的相关部门及员工，同时辅之以必要的激励政策以激励员工努力实现企业的物流服务目标。此外，还要有一套正式的业务报告文本格式。

管理层必须定期地按上述步骤进行物流服务审计，以确保企业的物流服务政策与运作满足当前顾客的需求，收集顾客信息是企业战略管理最重要的基石。

5.3 物流服务内容设计

物流是实现销售过程的最终环节，但由于采用不同形式，使一部分特殊服务变得格外重要，因此企业在设计物流服务内容时应反映这一特点。概括起来，物流服务内容可以分为以下两个方面。

5.3.1 传统物流服务的内容

1. 运输服务

无论是自营物流还是由第三方提供物流服务，都必须将消费者的订货送到消费者指定的地点。第三方一般自己拥有或掌握有一定规模的运输工具；具有竞争优势的第三方物流经营者的物流设施不仅仅在一个点上，而是一个覆盖全国或一个大的区域的网络。因此，第三方物流服务提供商首先可能要为客户设计最合适的物流系统，选择满足客户需要的运输方式，然后具体组织网络内部的运输作业，在规定的时间内将客户的商品运抵目的地；除了在交货点交货需要客户配合外，整个运输过程，包括最后的市内配送都应由第三方物流经营者完成，以尽可能方便客户。

2. 储存服务

物流中心的主要设施之一就是仓库及附属设备。需要注意的是，物流服务提供商的目的不是要在物流中心的仓库中储存商品，而是要通过仓储保证物流服务业务的开展，同时尽可能降低库存占压的资金，减少储存成本。因此，提供社会化物流服务的公共型物流中心需要配备高效率的分拣、传送、储存、拣选设备，目的是尽量减少实物库存水平但并不降低供货服务水平。

3. 装卸搬运服务

这是为了加快商品的流通速度必须具备的功能。无论是传统的商务活动还是电子商务活动，都必须具备一定的装卸搬运能力。物流服务提供商应该提供更加专业化的装载、卸载、提升、运送、码垛等装卸搬运机械，以提高装卸搬运作业效率，降低订货周期，减少作业对商品造成的破损。

4. 包装服务

物流的包装作业目的不是要改变商品的销售包装，而在于通过对销售包装进行组合、拼配、加固，形成适于物流和配送的组合包装单元。

5. 流通加工服务

主要目的是方便生产或销售，专业化的物流中心常常与固定的制造商或分销商进行长期合作，为制造商或分销商完成一定的加工作业，比如贴标签，制作并粘贴条形码等。

6. 物流信息处理服务

由于现代物流系统的运作已经离不开计算机，因此将各个物流环节上各种物流作业的信息进行实时采集、分析、传递，并向货主提供各种作业明细信息及咨询信息，这是相当重要的。

5.3.2 增值性物流服务

以上是普通商务活动中典型的物流服务内容，电子商务的物流也应该具备这些功能。但除了传统的物流服务外，电子商务还需要增值性的物流服务（Value-Added Logistics Services）。

增值性的物流服务包括以下几层含义和内容。

（1）增加便利性的服务。一切能够简化手续、简化操作的服务都是增值性服务。在提供电子商务的物流服务时，推行一条龙的门到门服务、提供完备的操作或作业提示、免培训、免维护、省力化设计或安装、代办业务、一张面孔接待客户、24小时营业、自动订货、传递信息和转账（利用 EOS、EDI、EFT）、物流全过程追踪等都是对电子商务销售有用的增值性服务。

（2）加快反应速度的服务。快速反应（Quick Response）已经成为物流发展的动力之一。传统观点和做法将加快反应速度变成单纯对快速运输的一种要求，但在需求方对速度的要求越来越高的情况下，它也变成了一种约束，这样就必须想其他的办法来提高速度，所以第二种办法，也是具有重大推广价值的增值性物流服务方案，应该是优化电子商务系统的配送中心、物流中心网络，重新设计适合电子商务的流通渠道，以此来减少物流环节，简化物

(3) 降低成本的服务。电子商务发展的前期，物流成本将会居高不下，有些企业可能会因为根本承受不了这种高成本而退出电子商务领域，或者是选择性地将电子商务的物流服务外包出去，这是很自然的事情，因此发展电子商务，一开始就应该寻找能够降低物流成本的物流方案。企业可以考虑的方案包括：采取物流共同化计划，同时，如果具有一定的商务规模，比如珠穆朗玛和亚马逊这些具有一定的销售量的电子商务企业，可以通过采用比较适用但投资比较少的物流技术和设施设备，或推行物流管理技术，如运筹学中的管理技术、单品管理技术、条形码技术和信息技术等，提高物流的效率和效益，降低物流成本。

(4) 提供延伸服务。向上可以延伸到市场调查与预测、采购及订单处理等；向下可以延伸到配送、物流咨询、物流方案的选择与规划、库存控制决策建议、货款回收与结算、教育与培训、物流系统设计与规划方案的制作等。关于结算功能，物流的结算不仅仅只是物流费用的结算，在从事代理、配送的情况下，物流服务商还要替货主向收货人结算货款等。关于需求预测功能，物流服务商应该负责根据物流中心商品进货、出货信息来预测未来一段时间内的商品进出库量，进而预测市场对商品的需求，从而指导订货。关于物流系统设计咨询功能，第三方物流服务商要充当电子商务经营者的物流专家，因而必须为电子商务经营者设计物流系统，代替它选择和评价运输商、仓储商及其他物流服务供应商。国内有些专业物流公司正在进行这项尝试。关于物流教育与培训功能，物流系统的运作需要电子商务经营者的支持与理解，通过向电子商务经营者提供培训服务，可以培养它与物流中心经营管理者的认同感，可以提高电子商务经营者的物流管理水平，可以将物流中心经营管理者的要求传达给电子商务经营者，也便于确立物流作业标准。

以上这些延伸服务最具有增值性，但也是最难提供的服务，能否提供此类增值服务现在已成为衡量一个物流企业是否真正具有竞争力的标准。

5.3.3 物流服务内容设计案例

1. 美国凯利伯物流公司的服务内容

下面以在美国较有影响的凯利伯物流公司为例，说明该公司是如何为客户（包括电子商务客户）提供物流服务的，包括传统物流服务和增值性物流服务。该公司设立了专门为客户服务的公共型物流中心，其提供的服务内容包括以下几个方面。

1) JIT 物流计划

该公司通过建立先进的信息系统并为供应商提供培训服务及管理经验，优化了运输路线和运输方式，降低了库存成本，减少了收货人员及成本，并且为货主提供了更多更好的信息支持。

2) 合同制仓储服务

该公司推出的此项服务减少了货主建设仓库的投资,同时通过在仓储过程中采用CAD技术、执行劳动标准、实行目标管理和作业监控来提高劳动生产率。

3) 全面运输管理

该公司开发了一套计算机系统专门用于为客户选择最好的承运人,使用该系统的客户可以得到如下利益:使运输方式最经济,在选定的运输方式中选择最佳的承运人,可以获得凯利伯运输会员公司的服务,对零星分散的运输作业进行控制,减少回程车辆放空,管理进向运输,可以进行电子运单处理,可以对运输过程进行监控等。

4) 生产支持服务

该公司可以进行如下加工作业:简单的组装、合并与加固、包装与再包装、JIT配送贴标签等。

5) 业务过程重组

该公司使用一套专业化业务重组软件,可以对客户的业务运作过程进行诊断,并提出专业化的业务重组建议。

6) 专业化合同制运输

该公司的此项服务可以为客户提供的服务有:根据预先设定的成本提供可靠的运输服务,提供灵活的运输管理方案,提供从购车到聘请司机直至优化运输路线的一揽子服务,降低运输成本,提供一体化的、灵活的运输方案。

7) 回程集装箱管理

公司提供的此项服务包括:回程集装箱的跟踪、排队、清洗、储存等,可以降低集装箱的破损率,减少货主的集装箱管理成本,保证货物的安全,对环保也有好处。

2. 中外运为摩托罗拉提供的物流服务

中外运空运公司是中国外运集团所属的全资子公司,华北空运天津公司是华北地区具有较高声誉的大型国际、国内航空货运代理企业之一,下面是中外运空运公司为摩托罗拉公司提供第三方物流服务的案例介绍。

1) 摩托罗拉的物流服务要求和考核标准

(1) 摩托罗拉公司的服务要求。一是要提供24小时的全天候准时服务。主要包括:保证摩托罗拉公司与中外运空运公司业务人员、天津机场、北京机场两个办事处及双方有关负责人的通信联络24小时畅通;保证运输车辆24小时运转;保证天津与北京机场办事处24小时提货、交货。

二是要求服务速度快。摩托罗拉公司对提货、操作、航班、配送都有明确的规定,时间以小时计算。

三是要求服务的安全系数高,要求对运输的全过程负全责,要保证航空公司及派送代理处理货物的各个环节都不出问题,一旦某个环节出了问题,将由服务商承担责任,赔偿损失,而且当过失到一定程度时,将被取消做业务的资格。

四是要求信息反馈快。要求中外运空运公司的电脑与摩托罗拉公司联网,做到对货物的随时跟踪、查询、掌握货物运输的全过程。

五是要求服务项目多。根据摩托罗拉的公司货物流转的需要,通过发挥中外运空运公司系统的网络综合服务优势,提供包括出口运输、进口运输、国内空运、国内陆运、国际快递、国际海运和国内提货的配送等全方位的物流服务。

(2) 摩托罗拉公司选择中国运输代理企业的基本做法。首先,通过多种方式对备选的运输代理企业的资信、网络、业务能力等进行周密的调查,并给初选的企业少量业务试运行,以实际考察这些企业服务的能力与质量,对不合格者,取消代理资格。

其次,摩托罗拉公司对获得运输代理资格的企业进行严格的月度作业考评,主要考核内容包括运输周期、信息反馈、单证资料、财务结算、货物安全、客户投诉。

2) 中外运空运公司的主要做法

(1) 制定科学规范的操作流程。因为摩托罗拉公司的货物具有科技含量高、货值高、产品更新换代快、运输风险大、货物周转及仓储要求零库存的特点,为满足摩托罗拉公司的服务要求,中外运空运公司从1996年开始设计并不断完善业务操作规范,并纳入了公司的程序化管理。对所有业务操作都按照服务标准设定工作和管理程序进行,先后制定了出口、进口、国内空运、陆运、仓储、运输、信息查询、反馈等工作程序,每位员工、每个工作环节都按照设定的工作程序进行,使整个操作过程井然有序,提高了服务质量,减少了差错。

(2) 提供24小时的全天候服务。针对客户24小时服务的需求,中外运空运公司实行全年365天的全天候工作制度,周六、周日(包括节假日)均视为正常工作日,厂家随时出货,中外运空运公司随时有专人、专车提货和操作。在通信方面,从总经理到业务员的相关人员实行24小时通信畅通,保证了对各种突发性情况的迅速处理。

(3) 提供门到门的延伸服务。普通货物运输的标准一般是从机场到机场,由货主自己提货,而快件服务的标准是从门到门,而且货物运输的全程在严密的监控之中,因此收费也较高。中外运空运公司对摩托罗拉公司的普通货物虽然是按普货标准收费的,但提供的却是门到门、库到库的快件的服务,这样既提高摩托罗拉的货物运输的及时性,又保证了安全。

(4) 提供创新服务。从货主的角度出发,推出新的更周到的服务项目,最大限度地减少货损,维护货主的信誉。

为保证摩托罗拉公司的货物在运输中减少被盗情况的发生,在运输中间增加了打包、加固的环节;为防止货物被雨淋,又增加了一项塑料袋包装;为保证急货按时送到货主手中,还增加了手提货的运输方式,解决了客户的急、难问题,让客户感到在最需要的时候,中外运空运公司都能及时快速地帮助解决。

(5) 充分发挥中外运的网络优势。经过50年的建设,中外运空运公司在全国拥有了比较齐全的海、陆、空运输与仓储、码头设施,形成了遍布国内外的货运营销网络,这是中外运空运公司发展物流服务的最大优势。通过中外运空运公司的网络,在国内为摩托罗拉公提供服务的网点已达98个城市,实现了提货、发运、对方配送全过程的定点定人、信息跟踪反馈,满足了客户的要求。

(6) 对客户实行全程负责制。作为摩托罗拉公司的主要货运代理之一,中外运空运公司对运输的每一个环节负全责,即从货物由工厂提货到海、陆、空运输及国内外的异地配送等各个环节负全责。对于出现的问题,积极主动协助客户解决,并承担责任和赔偿损失,确保了货主的利益。

回顾6年来为摩托罗拉公司的服务,从开始的几票货发展到面向全国,双方在共同的合作与发展中,建立了相互的信任和紧密的业务联系。在中国入世的新形势下,中外运空运公司和摩托罗拉正在探讨更加广泛和紧密的物流合作。

5.4 物流服务的实施

物流服务作为竞争手段,首先必须超出同行业的其他公司。物流服务不应是防御型的物流服务,即不能只是与别的公司处在同一水平线上,而应是进攻型的物流服务,即超过其他公司水平的物流服务。当然是要以低成本连续提供这样的服务。

特别是在商品大体相同的行业,物流服务作为竞争条件占有很大的分量。

5.4.1 保证具有竞争优势的物流服务水平

(1) 弄清都有哪些服务项目。

(2) 通过问卷调查、专访和座谈,收集有关物流服务的信息。了解顾客提出的服务要素是否重要,他们是否满意,与竞争对手相比是否具有优势,等等。

(3) 将顾客不同的需求归纳成为不同的类型。由于顾客特点不同,需要也不同,进行分类时以什么样的特点做基准,十分重要。因此,首先要找出那些影响核心服务的特点,并要考虑能否做得到,而且还必须考虑对本公司效益的贡献程度,以及顾客的潜在能力等企业经济原则。

(4) 分析物流服务的满意程度,即分析顾客对各个不同的服务项目是否满意。

(5) 分析与相互竞争的其他公司相比本公司的情况如何。了解本公司和竞争对手在物流需要上的满意程度一般称为基准点分析。所谓基准点分析,就是把本公司产品、服务及这些产品和服务在市场上的供给活动与最强的竞争对手或一流公司的活动与成绩连续地进行比较评估。

(6) 按顾客的类型确定物流服务形式。首先应依据顾客的不同类型,制订基本方针。在制订方针时首先要对那些重要的顾客重点地给予照顾,同时要做盈亏分析。此外,还不要忘记分析在物流服务水平变更时成本会发生什么样的变化。

（7）建立物流机制，即为实现上述整套物流服务项目的机制。

（8）对物流机制进行追踪调查，定期检查已实施的物流服务的效果。

总之，要周而复始地进行"了解物流服务现状"、"对物流服务进行评估"、"确定物流服务形式"、"重新构筑物流系统"、"定期征求客户意见"等项工作。

有效的物流服务战略立足于深刻理解顾客对服务的需求。物流服务审计和调查研究必不可少，一旦明确了顾客对服务的需求，管理层必须制定合适的物流服务战略，以实现企业长期盈利和收回投资的目标。最优的物流服务水平能以最低的服务成本为企业留住最有价值的顾客群。

5.4.2 制定物流服务标准

在明确了哪些物流服务要素最为重要以后，管理层必须制定物流服务业务标准。员工也应经常地向上级汇报工作情况。制定有效的物流服务业务方案所需的物流服务标准应满足以下要求：

（1）反映顾客的观点；

（2）能为服务业绩提供可操作和有针对性的评估方法；

（3）为管理层提供调整业务活动的线索。

5.4.3 提高物流服务绩效

企业所重视的服务要素同时也应当是其顾客所认为的重要要素。诸如存货可供率、送货日期、订货处理状态、订单跟踪及延期订货状态等要素需要企业与顾客之间良好的沟通。由于许多企业在订货处理过程方面的技术落后，所以提高物流服务水平在这一领域大有潜力可挖。通过与顾客的计算机联网可以大大改进信息传递与交换的效率，顾客可以获取动态即时的库存信息，在缺货时可自主安排产品替代组合，还可得知较为准确的送货时间与收货日期。

企业通常可以通过以下 4 个活动来提高物流服务绩效：

（1）彻底研究顾客的需求；

（2）在认真权衡成本与收益的基础上确定最优的物流服务水平；

（3）在订货处理系统中采用最先进的技术手段；

（4）考核和评价物流管理各环节的绩效。

5.4.4 物流服务战略的阻碍因素

由于许多企业都缺乏有效的或稳定的物流服务战略,即使是那些管理十分出色的企业在实施物流服务战略时也会碰到棘手的阻碍因素。

例如,销售人员有时为得到一张订单而向顾客承诺不切实际的送货时间,结果使企业不得不缩短这张订单的订货周期,为此要加快服务,打乱了原本稳定的订货处理程序,导致产品的拣选、配送与运输成本上升,甚至还可能因"多米诺"效应引发整个物流系统的混乱;销售人员往往容易在送货日期、提前期、送货地点、运输方式、购买量等方面背离物流服务政策,而这样做的结果就是为了某一顾客而排斥其他顾客,并增加了物流成本。

企业的物流服务标准和绩效期望在很大程度上受到竞争环境及行业传统的影响。管理层要深刻理解本行业的特点、规则、顾客的期望,以及提供高水平物流服务所需的成本费用。许多企业在实践中没有评估物流服务水平的成本与收益,也缺乏有效的手段来确定有竞争力的服务水平。引导决策的反馈信息往往来自希望无限度提高服务水平的销售部门,或者来自行业的传统观点及某些过于强烈的顾客抱怨,这些信息会导致企业的过度反应。

企业在产品研究与开发及广告促销上往往投入巨大。但是,要获得长期的盈利与发展,同样离不开对物流服务水平的充分研究和正确决策。

习题

1. 如何理解物流服务的含义?
2. 如何确定物流服务水平?
3. 我国的企业如何更好地开展物流服务?

第 6 章

物流标准化

6.1 物流标准化概述

6.1.1 物流标准化的概念

1. 标准化的一般含义

标准是指为取得全局的最佳效果，在总结实践和充分协商的基础上，对人类生活和生产技术活动中具有多样性和重复性特征的事物和概念，以特定的程序和形式颁发的统一规定。

标准化是在经济、技术、科学及管理等社会实践中，对重复性事物和概念通过制订、发布和实施标准，达到统一，以获得最佳秩序和社会效益。

标准化的内容实际上就是经过优选之后的共同规则。为了推行这种共同规则，世界上大多数国家都有标准化组织，例如英国的标准化协会（BSI）、我国的国家技术监督局等。在日内瓦的国际标准化组织（ISO）负责协调世界范围的标准化问题。

目前，标准化工作开展较普遍的领域是产品标准，这也是标准化的核心。围绕产品标准，工程标准、工作标准、环境标准、服务标准等也出现了发展的势头。

2. 物流标准化

物流标准化指的是以物流为一个大系统，制定系统内部设施、机械装备、专用工具等各个分系统的技术标准；制定系统内各分领域如包装、装卸、运输等方面的工作标准；以系统为出发点，研究各分系统与分领域中技术标准与工作标准的配合性要求，统一整个物流系统的标准；研究物流系统与相关其他系统的配合性，进一步谋求物流大系统的标准统一。

物流标准化的主要特点有以下几个方面。

(1) 和一般标准化系统不同,物流系统的标准化涉及面更为广泛,其对象也不像一般标准化系统那样单一,而是包括了机电、建筑、工具、工作方法等许多种类。虽然各个分系统处于一个大系统中,但缺乏共性,从而造成标准种类繁多,标准内容复杂,也给标准的统一性及配合性带来很大困难。

(2) 物流标准化系统是属于二次系统,或称为后标准化系统。这是由于物流及物流管理思想诞生较晚,组成物流大系统的各个分系统,在没有归入物流系统之前,早已分别实现了本系统的标准化,并经多年的应用、发展和巩固,已很难改变。在推行物流标准化时,必须以此为依据,个别情况也可以把旧标准推翻,按物流系统所提出的要求重新建立标准化体系。总的来说,通常是在各个分系统标准化基础上建立物流标准化系统。这就必然从适应及协调角度建立新的物流标准化系统,而不可能全部创新。

(3) 物流标准化更应体现科学性、民主性和经济性。这是物流标准的三性,是物流标准化特殊性所要求的。科学性是指要体现现代科技成果,以科学实验为基础,在物流中则还要求与物流的现代化相适应,要求能将现代科技成果联结成大系统。这里既包含单项技术的高水平,还表现在协调与适应能力方面,使综合的科学水平最优。民主性是指标准的制订采用协商一致的办法,广泛考虑各种现实条件,广泛听取意见,使标准更具有权威,减少阻力,易于贯彻执行。经济性是物流标准化的主要目的之一,也是标准生命力的决定因素,物流过程增值是有限度的,物流中的多支出,必然影响效益。如果片面追求科技水平,引起物流成本的增加,自然会使标准失去生命力。

(4) 物流标准化具有非常强的国际性。由于我国执行开放政策,对外贸易和相互交流有了大幅度上升,特别是加入WTO以后,国际交往、对外贸易越来越重要,而国际贸易都是靠国际物流来完成的。这就要求各国家之间的物流相衔接,力求使本国标准与国际物流标准体系相一致,否则会加大国际交往的难度,更重要的是在很高的国际物流费用的基础上又增加了标准化不统一造成的损失,增加国际贸易成本。因此物流标准化的国际性也是区别于其他产品标准的重要特点。

6.1.2 物流标准的种类

1. 统一性标准

(1) 专业计量单位标准。除国家公布的统一计量标准外,物流系统还有许多专业的计量问题,必须在国家标准及国际标准基础上,确定本身专门的标准。同时,由于物流的国际性很突出,专业计量标准不仅需要考虑国际上计量方式的不一致性,还要考虑国际习惯用法,不能完全以国家计量标准为惟一依据。

（2）物流基础模数尺寸标准。基础模数尺寸是指标准化的共同单位尺寸，或系统各标准尺寸的最小公约尺寸。在基础模数尺寸确定之后，各个具体尺寸标准都要以基础模数为依据，选取其整数倍为规定的尺寸标准。物流基础模数尺寸的确定，不但要考虑国内的物流系统，而且要考虑到与国际物流系统的衔接，这具有一定难度和复杂性。

（3）物流建筑模数尺寸标准。主要是指物流系统中各种建筑所使用的基础模数，是以物流基础模数尺寸为依据而确定的，也可以选择共同的模数尺寸。该尺寸是设计建筑物长宽高尺寸、门窗尺寸、建筑物间距离、跨度及进深等尺寸的依据。

（4）集装模数尺寸标准。这是在物流基础模数尺寸基础上，推导出的各集装设备的基础尺寸，以此尺寸作为设计集装设备三向尺寸的依据。在物流系统中，由于集装是起贯穿作用的，集装尺寸必须与各环节物流设施、设备、机具相配合。因此，整个物流系统的设计往往以集装尺寸为核心，然后在满足其他要求的前提下决定设计尺寸。由此可见，集装模数尺寸影响和决定着与其相关各环节的标准化。

（5）物流专业名词标准。为了使大系统配合和统一，尤其是在建立系统的情报信息网络之后，要求信息传递非常准确，这首先便要求专用语言及所代表的含义实现标准化。如果同一个指令在不同环节有不同的理解，这不仅会造成工作的混乱，而且容易出现大的损失。物流专业名词标准不仅包括物流用语的统一化及定义的统一解释，还包括专业名词的统一编码。

（6）物流核算、统计标准。物流核算、统计的规范化是建立系统情报网、对系统进行统一管理的重要前提条件，也是对系统进行宏观控制与微观监测的必备前提。该标准化包含下述内容：① 确定共同的、能反映系统及各环节状况的最少核算项目；② 确定能用于系统进行分析并可供情报系统收集储存的最少的统一项目；③ 制定核算、统计的具体方法，确定共同的核算统计计量单位；④ 确定核算、统计的管理、发布及储存规范等。

（7）标志、图示和识别标准。物流中的物品、工具、机具都是在不断运动中，因此识别和区分便十分重要。对于物流中的物流对象，需要有易于识别的又易于区分的标识，有时需要自动识别，这就可以用复杂的条形码来代替用肉眼识别的标识。标识、条形码的标准化便成为物流系统中重要的标准化内容。

以上并未将物流系统中需要贯彻应用的全部标准化内容列出，而是仅列举了有物流突出特点的标准化内容。

2. 技术标准

（1）运输车船标准。对象是物流系统中从事物品空间位置转移的各种运输设备，如火车、货船、拖拉车、卡车、配送车辆等。运输车船标准不仅包括从各种设备的有效衔接等角度制定的车厢、船舱尺寸标准，载重能力标准，运输环境条件标准等，此外还包括从物流系统与社会关系角度出发制定的噪声等级标准、废气排放标准等。

（2）作业车辆标准。对象是物流设施内部使用的各种作业的车辆，如叉车、台车、手推车等。作业车辆标准包括尺寸、运行方式、作业范围、作业重量、作业速度等方面的技术标准。

(3) 传输机具标准。包括水平、垂直输送的各种机械式、气动式起重机、提升机的尺寸、传输能力等技术标准。

(4) 仓库技术标准。包括仓库尺寸、建筑面积、有效面积、通道比例、单位储存能力、总吞吐能力、湿度等技术标准。

(5) 站台技术标准。包括站台高度、作业能力等技术标准。

(6) 包装、托盘、集装箱标准。这是指包装、托盘、集装系列尺寸标准，包装物强度标准，包装托盘、集装箱重量标准，以及各种集装、包装材料、材质标准等。

(7) 货架、储罐标准。包括货架净空间、载重能力、储罐容积尺寸标准等。

3. 工作标准与作业规范

工作标准与作业规范是对各项工作制定的统一要求及规范化规定。工作标准及作业规范可供划定各种岗位职责范围、权利与义务、工作方法、检查监督方法、奖罚方法等，可使全系统统一工作方式，大幅度提高办事效率，方便用户的工作联系，防止在工作及作业中出现遗漏、差错，并有利于监督评比。主要工作标准及作业规范有：

(1) 岗位责任及权限范围；

(2) 岗位交换程序及工作执行程序，例如配运车辆每次出车规定应由司机进行的车检程序、车辆定期车检时间及程序等；

(3) 物流设施、建筑的检查验收规范；

(4) 货车、配送车辆运行时间表、运行速度限制等；

(5) 司机顶岗时间、配送车辆的日配送次数或日配送数量；

(6) 吊钩、索具的使用、放置的规定；

(7) 情报资料收集、处理、使用、更新的规定；

(8) 异常情况的处置办法等。

6.1.3 物流标准化的意义及作用

标准化是物流管理的重要手段，物流标准化对物流成本和效益有重大决定作用。托盘标准化、集装箱标准化、运输工具的标准化等手段对生产、流通都起到了很大作用。物流标准化能加快流通速度，保证物流质量，减少物流环节，降低物流成本，从而较大地提高经济效益。同时，物流标准化对国际物流也是非常重要的保证。

在物流技术发展，实施物流管理工作中，物流标准化是有效的保证，主要体现在以下几个方面。

（1）物流标准化是物流管理，尤其是大系统物流管理的重要手段。在进行系统管理时，系统的统一性、一致性及系统内部各环节的有机联系是系统能否生存的首要条件。保证统一性、一致性及各环节的有机联系，除了需要有一个适合的体制形式和一个有效的指挥、决策、协调的机构领导体制外，还需要许多方法、手段，标准化就是手段之一。方法、手段健全与否又会反过来影响指挥能力及决策水平。例如，由于我国目前物资编码尚未实现标准化，各个领域又分别制订了自己领域的统一物资编码，其结果导致不同领域之间情报不能传递，电子计算机无法联网，从而妨碍了系统物流管理的实施。又如，我国铁道及交通两个部门集装箱未能实现统一标准，极大阻碍了车船的广泛联运，妨碍了物流水平的提高。

（2）物流标准化对物流成本和效益有重大决定作用。标准化可以带来效益，这个在技术领域是早已被公认的了，在物流领域也是如此。标准化的效益通过以下几方面可以得到体现：实行了标准化后，可以实行一贯式物流，通过提高物流速度，降低中转费用和装卸作业费用，减少中间损失而获得经济效益。例如，我国铁路、交通集装箱由于未实行统一标准，双方衔接时要增加一道装箱工作，为此，每吨物资效益损失一元左右，相当于火车30公里以上的运费，这在广泛采用集装箱运输、物资运量加大后，效益损失是很大的。

（3）物流标准化是加快物流系统建设，迅速推行物流管理的捷径。物流系统涉及面广，难度非常大，推行了标准化，会少走弯路，加快我国物流管理的进程。例如，我国平板玻璃的集装托盘、集装架的发展初期未能及时推行物流标准化，各部门、各企业都发展了自己的集装设备，出现了几十种集装方式，使平板玻璃物流系统的建立出现了困难，延缓了发展。

（4）物流标准化也给物流系统与物流以外系统的联结创造了条件。物流本身不是孤立的存在——从流通领域，上接生产系统，下联消费系统；在生产物流看，物流和相关工序相联结，彼此有许多交叉点。要使本系统与外系统衔接，实行标准化简化和统一衔接点是非常重要的。

6.1.4 国内外物流标准化发展现状

要构建物流标准体系，首先要对物流业已有的国内外的标准化状况进行调查，尽可能地掌握最全面的资料，再对收集到的资料进行筛选、分析和分类。

1. 国内物流标准化的发展状况

第一，我国虽然已经建立了物流标识标准体系，并制定了一些重要的国家标准，如《商品条码》、《储运单元条码》、《物流单元条码》等，但这些标准的应用推广存在着严重问题。以《储运单元条码》为例，《储运单元条码》国家标准可以起到对货物储运过程中物流条码的规范作用，在实际应用中又具有标识货运单元的功能，是物流条码标准体系中一个重要的基础应用标准，可它目前的应用正确率不足15%。

第二，货物在运输过程中缺乏基本设备的统一规范，如现有托盘标准与各种运输装备、装卸设备标准之间缺乏有效的衔接，从而降低了托盘在整个物流过程中的通用性，也在一定程度上延缓了货物运输、储存、搬运等过程的机械化和自动化水平的提高。其中托盘标准存在的问题较为典型，我国的物流企业有的采用欧美标准，有的采用日韩标准，还有的干脆自己定制，由于与产品包装箱尺寸不匹配，严重影响了物流配送系统的运作效率。而且，各种运输方式之间装备标准也不统一。比如海运与铁路集装箱标准的差异，在一定程度上影响着我国海铁联运作业的有序衔接，我国海铁联运的集装箱运输在集装箱运输总量及铁路运输总量中的比例都比较低，对我国国际航运业务的拓展、港口作业效率的提高及进出口贸易的发展都有一定程度的影响。

第三，物流包装标准与物流设施标准之间缺乏同步协调性。虽然目前我国对商品包装已有初步的国家和行业标准，但在与各种运输装备、装卸设施、仓储设施相衔接的物流单元化包装标准方面还比较欠缺，这对提升各种运输工具的装载率、装卸设备的荷载率和仓储设施空间利用率方面的影响较大。

第四，我国许多部门和单位都在建自己的商品信息数据库，但数据库字符组合的字段、类型和长度都不一致，从而形成了一个个信息孤岛。

总的来说，我国从物流系统角度开展物流标准研究还处于起步阶段，物流系统中已有的标准主要来自于各行业子系统的国家标准，而且现有标准多集中于技术方面，对于物流各子系统的作业标准涉及不多。作业标准主要是指对各项物流工作制定的统一要求和规范化规定，这在以后的标准化工作中应重点研究。

我国的物流业是由传统的运输、仓储等行业上发展而来的，距离现代物流的要求还有一段距离，而且与国外的物流发展相比也存在很大差距，所以在现有的标准中物流管理、物流系统建设和物流服务等方面的标准几乎还是空白。

2. 国际物流标准化的发展状况

随着贸易的国际化，标准也日趋国际化。以国际标准为基础制定本国标准，已经成为WTO对各成员国的要求。目前，世界上约有近300个国际和区域性组织制定标准和技术规则。其中规模较大的是国际标准化组织（ISO）、国际电工委员会（IEC）、国际电信联盟（ITU）、国际物品编码协会（EAN）与美国统一代码委员会（UCC）联盟等，它们创立的ISO、IEC、ITU、EAN.UCC均为国际标准。

从世界范围看，物流体系的标准化在各个国家都还处于初始阶段，标准化的重点在于通过制定标准规格尺寸来实现全物流系统的贯通，以提高物流效率。与物流密切相关的有两大标准化体系：ISO和EAN.UCC。

1）ISO

目前，ISO/IEC下设了多个物流标准化的技术委员会，负责全球的与物流相关的标准的制定和修定工作。ISO/IEC已经制定了200多项与物流设施、运作模式与管理、基础模数、物流标识、数据信息交换相关的标准。ISO 与联合国欧洲经济委员会（UN/ECE）共同承担电子数据交换（EDI）标准的制定，ISO 负责语法规则和数据标准的制定，UN/ECE 负责报文标准的制定。在 ISO 现有的标准体系中，与物流相关的标准约有 2 000 条左右，其中运输181 条、包装 42 条、流通 2 条、仓储 93 条、配送 53 条、信息 1 605 条。

2）EAN. UCC

物流标准化的很重要的一个方面就是物流信息的标准化，包括物流信息标识标准化、物流信息自动采集标准化、自动交换标准化等。

EAN 就是管理除北美以外的对货物、运输、服务和位置进行惟一有效编码并推动其应用的国际组织，是国际上从事物流信息标准化的重要国际组织。而美国统一代码委员会（UCC）是北美地区与 EAN 对应的组织。近两年来，两个组织加强合作，达成了 EAN. UCC 联盟，以共同管理和推广 EAN. UCC 系统，意在全球范围内推广物理信息标准化。其中推广商品条码技术是其系统的核心，它为商品提供了用标准条码表示的有效的、标准的编码，而且商品编码的惟一性使得它们可以在世界范围内被跟踪。

EAN 开发的对物流单元和物流节点的编码可以用确定的报文格式通信，国际化的 EAN. UCC 标准是 EDI 的保证，是电子商务的前提，也是物流现代化的基础。

3）发达国家物流标准化的发展现状

随着信息技术和电子商务、电子数据、供应链的快速发展，国际物流业已经进入快速发展阶段，而物流系统的标准化和规范化已经成为先进国家提高物流运作效率和效益，提高竞争力的必备手段。在国际集装箱和 EDI 技术发展的基础上，各国开始进一步在物流的交易条件、技术装备规格，特别是单证、法律环境、管理手段等方面推行国际的统一标准，使国内物流与国际物流融为一体。

美国作为北大西洋公约组织成员之一，参加了北大西洋公约组织的物流标准制定工作，制定出了物流结构、基本词汇、定义、物流技术规范、海上多国部队物流、物流信息识别系统等标准。美国国防部建立了军用和民用物流的数据记录、信息管理等方面的标准规范。美国国家标准协会（ANSI）积极推进物流的运输、供应链、配送、仓储、EDI 和进出口等方面的标准化工作。美国与物流相关的标准约有 1 200 条左右，其中运输 91 条、包装 314 条、装卸 8 条、流通 33 条、仓储 487 条、配送 121 条、信息 123 条。

在参加国际标准化活动方面，美国积极加入 ISO/TC104，在其国内设立了相应的第一分委会（负责普通多用途集装箱），第二分委会（负责特殊用途集装箱）和第四分委会（识别和通信）。美国还加入了 ISO/TC122，ISO/TC154 管理、商业及工业中的文件和数据元素等委员会。美国参加了 ISO/TC204 技术委员会并由美国智能运输系统协会（ITS AMERICA）作为其美国技术咨询委员会，负责召集所有制定智能运输系统相关标准的机构成员共同制定美国国内的 ITS 标准。

美国统一代码委员会（UCC）为给供应商和零售商提供一种标准化的库存单元（SKU）数据，早在 1996 年就发布了 UPC 数据通信指导性文件，美国标准协会也于同年制定了装运单元和运输包装的标签标准,用于物流单元的发货、收货、跟踪及分拣,规定了如何在标签上应用条码技术,甚至包括用 PDF417 和 MAXICODE,通过标签来传递各种信息,从而实现了 EDI 报文的传递,即所谓的"纸面 EDI",做到了物流和信息流的统一。

日本是对物流标准化比较重视的国家之一,标准化的速度也很快。日本在标准体系研究中注重与美国和欧洲进行合作,将重点放在标准的国际通用性上。日本政府工业技术院委托日本物流管理协会花费 4 年的时间对物流机械、设备的标准化进行调查研究。目前已经提出日本工业标准(JIS)关于物流方面的若干草案,它们包括物流模数体系、集装的基本尺寸、物流用语、物流设施的设备基准、输送用包装的系列尺寸(包装模数)、包装用语、大型集装箱、塑料制通用箱、平托盘、卡车车厢内壁尺寸等。在日本现有的标准体系中,与物流相关的标准约有 400 余条,其中运输 24 条、包装 29 条、流通 4 条、仓储 38 条、配送 20 条、信息 302 条。

在英国现有的标准体系中,与物流相关的标准约有 2 500 条左右,其中运输 733 条、包装 432 条、装卸 51 条、流通 51 条、仓储 400 条、配送 400 条、信息 400 条。

德国也形成了较为完善的物流标准体系,该体系包含与物流相关的标准约有 2 480 条左右,其中运输 788 条、包装 40 条、流通 124 条、仓储 500 条、配送 499 条、信息 499 条。

欧洲标准化委员会(CEN)是 1961 年由欧盟 16 国成立的标准化组织。该组织目前设立了第 320 技术委员会,负责运输、物流和服务(TRANSPORT – LOGISTICS AND SERVICES)的标准化工作。相关的还设立了第 278 技术委员会,负责道路交通和运输的信息化,分 14 个工作组进行与 ISO/TC204 内容大致相同的标准制定工作。另外还有第 119 技术委员会和第 296 技术委员会。这些委员会共同推进物流标准化进程,在标准制定过程中,进行多方面的联系与合作。

6.2 物流标准化的基本原则

物流标准化应遵循下述基本原则。

6.2.1 确定标准化的基点

物流是一个非常复杂的系统,涉及面又很广泛,过去构成物流这个大系统的许多组成部分也并非完全没搞标准化,但是这只形成了局部标准化或与物流某一局部有关的横向系统的标准化。从物流系统来看,这些互相缺乏联系的局部标准化之间缺乏配合性,不能形成纵向的标准化体系。所以,要形成整个物流体系的标准化,必须在这些局部标准化中寻找一个共同的基点,这个基点能贯穿物流全过程,形成物流标准化工作的核心。这个基点的标准化成了衡量物流全系统的基准,是各个局部标准化的准绳。

为了确定这个基点,将进入物流领域的产品(货物)分成三类,即零星货物、散装货物与集装货物。对于零星货物和散装货物在换载、装卸等作业时,实现操作及处理的标准化都是相当困难的。集装货物在流转过程中始终都以集装体为基本单位,其集装形态在运输、储存、装卸搬运各个阶段都基本上不会发生变化,也就是说集装货物容易实现标准化处理。人们经过调查物流现状及对发展趋势进行预测,肯定了集装形式是物流通行的主导形式,而散装只在某些专用领域有可能发展,而在这专用领域很容易建立独立的标准化系统。至于零星货物,一部分可以向集装靠拢,另一部分还会保持其多样化的形态而难以实现标准化。

不论是国际物流还是国内物流,集装系统使物流全过程贯通而形成体系,是保持物流各环节上使用设备、装置及机械之间整体性及配合性的核心,所以集装系统是使物流过程连贯而建立标准化体系的基点。

6.2.2 体系的配合性

配合性是建立物流标准化体系必须体现的要求,衡量物流系统标准化体系的成败,配合性是重要标准。物流系统配合性的一些主要范围如下所述。

(1)集装与生产企业最后工序至包装环节的配合性。为此要研究集装的"分割系列",以此来确定包装环节的要求,如包装材料、材料的强度、包装方式、规格尺寸等。

(2)集装与装卸机具、装卸场所、装卸小工具(如索具、跳板)的配合性。

(3)集装与仓库站台、货架、搬运机械,保管设施乃至仓库建筑的配合性。

(4)集装与保管条件、工具、操作方式的配合性。

(5)集装与运输设备、设施,如运输设备的载重、有效空间尺寸等的配合性。例如:将集装托盘货物载入大集装箱或国际集装箱,就组成了以大型集装箱为整体的更大的集装单位,将集装托盘或小型集装箱放入卡车车厢,货车车厢就组成了运输单位。因此,要研究基本集装单位的"倍数系列"。

(6)集装与末端物流的配合性。根据当前状况和对将来的预测,关注消费者需求的转移,"用户第一"的基本观念在物流中的反映就是末端物流越来越受到重视。集装物流转变为末端物流,一是对简单性的集装容易进行多样化的分割,就必须研究集装的"分割系列";另一方面是进行"流通加工"活动,以解决集装的简单化与末端物流多样化要求的矛盾。衔接消费者的"分割系列"与衔接生产者的"分割系列"有时是有矛盾的,所以集装的配合性便不能孤立地去研究,要与生产包装的配合性结合起来,这样就增加了复杂性。

(7)集装与国际物流的配合性。由于国际贸易额的急剧增加及跨国公司的建立,集装与国际物流的配合性的研究成为物流标准化的重要方面。标准化空间越大，标准化的利益就越大。国际间的标准逐渐统一，国际标准化空间的继续扩大，已是大势所趋的时代潮流。向国际标准靠拢，积极采用国际标准，将是今后最有益的途径。标准化在国际贸易中将发挥越来越大的作用。

6.2.3 传统、习惯及经济效果的统一性

物流活动是和产品生产系统、车辆/设备制造系统、消费使用系统等密切联系的。早在物流的系统思想建立之前，这些与物流密切联系的系统就已经建立起各自的标准体系，或者形成了一定的习惯。在这种情况下，物流标准体系的建立单考虑本系统的要求是不行的，还必须适应这些既成事实，或者改变这些既成事实。这就势必与早已实现标准化的各个系统及长期形成的习惯及社会的认识产生矛盾，这些矛盾涉及人的看法、习惯，也涉及宏观和微观的经济效果。

因此，单从技术角度来研究个别标准的配合性虽然是必要的，但最后不一定以研究的结论作为定论，因为上述问题涉及物流系统标准化经济效果的计算问题。如上所述，由于物流系统标准化往往牵动其他系统，所以标准化经济效果的计算是十分复杂而困难的事情。目前，物流系统标准化工作进展较快的日本等国家，也正在研究经济效果的计算方法，但还没有一套成熟的东西。

6.2.4 与环境及社会的适应性

物流对环境的影响在近些年来表现出尖锐化和异常突出的倾向，主要原因是物流量加大，物流速度的增加，物流设施及工具大型化之后，使环境受到影响。对环境影响主要表现在噪声对人精神、情绪、健康的影响，废气对空气、水的污染，运输车辆对人身的伤害等方面。这些影响是与物流标准化有关，尤其是在推行标准化过程中，只视设施、设备、工具、车辆技术标准等内在标准的研究，而忽视物流对环境及社会影响，从而强化了上述矛盾，这是有悖于物流标准化的宗旨的。

所以，在推行物流标准化时，必须将物流对环境的影响放在标准化的重要位置上，除了有反映设备能力、效率、性质的技术标准外，还要对安全标准、噪声标准、排放标准、车速标准等做出具体的规定，否则，再高的标准化水平也不会被社会所接受，甚至受到居民及社会的抵制而很难发挥作用。

6.2.5 贯彻安全与保险的原则

物流安全问题也是近些年来非常突出的问题，往往是一个安全事故会将一个公司损失殆尽，几十万吨的超级油轮、货轮遭受灭顶损失的事例也并不少见。当然，除了经济方面的损失外，人身伤害也是物流过程中经常出现的，如交通事故的伤害，物品对人的碰、撞伤害，危险品的爆炸、腐蚀、毒害的伤害等。所以，物流标准化中一项重要工作是对物流安全性、可靠性的规定和为安全性、可靠性统一技术标准、工作标准。

物流保险的规定也是与安全性、可靠性标准有关的标准化内容。在物流中，尤其在国际物流中，都有世界公认的保险险别与保险条款，虽然许多规定并不是以标准化形式出现的，而是以立法形式出现的，但是其共同约定、共同遵循的性质是通用的，是具有标准化内涵的，其中不少手续、申报、文件等都有具体的标准化规定，保险费用等的计算也受标准规定的约束，因而物流保险的相关标准化工作，也是物流标准化的重要内容。

6.3 物流标准化方法及国际物流标准

6.3.1 物流标准化方法

从世界范围来看，物流体系的标准化在各个国家都还处于初始阶段。在这初始阶段，标准化的重点在于通过制定标准规格尺寸来实现全物流系统的贯通，取得提高物流效率的初步成果。这里介绍标准化的一些方法，主要是初步的规格化的方法及做法。

1. 确定物流的基础模数尺寸

物流基础模数尺寸的作用和建筑模数尺寸的作用大体是相同的，其考虑的基点主要是简单化。基础模数尺寸一旦确定，设备的制造、设施的建设、物流系统中各环节的配合协调、物流系统与其他系统的配合就会有所依据。目前国际标准化组织（ISO）中央秘书处及欧洲各国已基本认定 600 mm × 400 mm 为基础模数尺寸。我国应当研究这个问题，以便为以后的发展做好准备。

如何确定基础模数尺寸呢？这大体可说明如下：由于物流标准化系统较之其他标准化系统建立较晚，所以确定基础模数尺寸主要考虑了对物流系统影响最大而又最难改变的事物，即输送设备的基础模数；可以采取"逆推法"，由输送设备的尺寸来推算最佳的基础模数；同时，在确定基础模数尺寸时也考虑到了现行的包装模数和已使用的集装设备，并从行为科学的角度研究了人及社会的影响——从其与人的关系看，基础模数尺寸应是适合人体操作的高限尺寸。

2. 确定物流模数

物流模数是物流设施与设备的尺寸基准。前面已提到，物流标准化的基点应建立在集装的基础上，所以在基础模数尺寸之上，还要确定集装的基础模数尺寸（即最小的集装尺寸）。

集装基础模数尺寸可以从 600 mm × 400 mm 按倍数系列推导出来，也可以在满足 600 mm × 400 mm 的基础模数的前提下，从卡车或大型集装箱的分割系列推导出来。日本在确定物流模数尺寸时，就是采用后一种方法，以卡车（早已大量生产并实现了标准化）的车厢宽度为确定物流模数的起点，推导出集装基础模数尺寸，如图 6-1 所示。

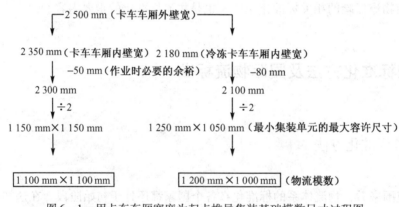

图 6-1　用卡车车厢宽度为起点推导集装基础模数尺寸过程图

3. 以分割及组合的方法确定系列尺寸

物流模数作为物流系统各环节标准化的核心，是形成系列化的基础。依据物流模数进一步确定有关系列的大小及尺寸，再从中选择全部或部分，确定为定型的生产制造尺寸，这就完成了某一环节的标准系列。

由物流模数体系，参照构成图（图 6-2）所示关系，可以确定各环节系列尺寸。如图 6-2 所示，根据物流模数可以推导出大量的系列尺寸。例如，按 1 200 mm × 1 000 mm 推算的最小尺寸为 200 mm × 200 mm 的整数分割系列尺寸就有 32 个。这 32 个尺寸被日本工业标准 JIS 规定为"输送包装系列尺寸"，如表 6-1 所示。和其他领域不同，我国物流尚处于起步阶段，还没有形成为全国习惯所接受的标准化体系。

第6章 物流标准化

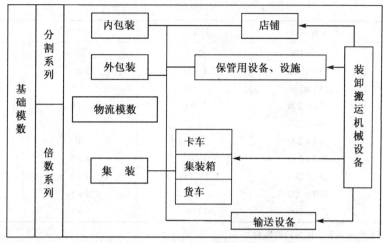

图6-2 物流模数体系图

表6-1 日本输送包装系列尺寸表

名称编号	长×宽（mm）	长宽比	一层的堆积个数	堆积模数
12-1	1 200×1 000	1.2	1×1	B
12-2	1 200×500	2.4	1×2	B
12-3	1 200×333	3.6	1×3	B
12-4	1 200×250	4.8	1×4	B
12-5	1 200×200	6.0	1×5	B
12-6	1 000×600	1.6	1×2	B
12-7	1 000×400	2.5	1×3	B
12-8	1 000×300	3.333	1×4	B
12-9	1 000×240	4.166	1×5	B
12-10	1 000×200	5.0	1×6	B
12-11	600×500	1.2	2×2	B
12-12	600×400	1.5	5	B、R
12-13	600×333	1.8	2×3	B
12-14	600×250	2.4	2×4	B
12-15	600×200	3.0	10	B、R
12-16	500×400	1.25	2×3	B
12-17	500×300	1.666	2×4	B
12-18	500×240	2.083	2×5	B
12-19	500×200	2.5	2×6	B
12-20	400×333	1.2	3×3	B
12-21	400×300	1.333	10	B、R
12-22	400×250	1.6	3×4	B

续表

名称编号	长×宽 (mm)	长宽比	一层的堆积个数	堆积模数
12-23	400×200	2.0	15	B、R
12-24	333×300	1.111	3×4	B
12-25	333×240	1.388	3×5	B
12-26	333×200	1.666	3×6	B
12-27	300×250	1.2	4×4	B
12-28	300×200	1.5	20	B、R
12-29	250×240	1.041	4×5	B
12-30	250×200	1.25	4×6	B
12-31	240×200	1.2	5×5	B
12-32	200×200	1.0	5×6	B

注：表中，B 为砌块形堆积，R 为砖形堆积

6.3.2 国际物流标准

目前，国际物流模数尺寸的标准化正在研究及制定中，但与物流有关的许多设施、设备的技术标准大多早已发布，并有专门的专业委员会负责制定新的国际标准。

国际标准化组织早已建立，从物流角度看与物流有关的技术组织包括技术委员会（TC）和技术处（TD），如表6-2所示。每个技术委员会或技术处都有ISO指定负责常务工作的秘书国，我国也明确了各标准的归口单位。

表6-2 国际物流标准化技术委员会参加者名单

编号	名称	秘书国	我国归口技术单位
ISO TC7	造船	荷兰	全国船舶标准化技术委员秘书处
ISO TC22	公路车辆	法国	原机械部长春汽车研究所
ISO TC51	托盘	英国	铁道部标准所
ISO TC63	玻璃包装容器	捷克	原轻工部玻璃研究所
ISO TC96	起重机	澳大利亚	原机械部起重运输机械研究所
ISO TC100	链条及链轮	英国	原机械部标准所
ISO TC101	连续装卸设备	法国	原机械部起重运输机械研究所
ISO TC104	集装箱	美国	全国集装箱标准化技术委员会秘书处
ISO TC110	产业车辆	法国	原机械部起重运输机械研究所
ISO TC122	包装	加拿大	中国出口商品包装研究所
ISO TC888	货物作业标志		
ISO TD4	物流（协调有关标准）		国家经贸委综合运输所

目前，ISO 对物流标准化的研究工作还在进行中。对于物流标准化的重要模数尺寸已大体取得了一致意见或拟定出了初步方案。以下是几个基础模数尺寸。

（1）物流基础模数尺寸：600 mm×400 mm。

（2）物流模数尺寸（集装基础模数尺寸）：1 200 mm×1 000 mm 为主，也允许 1 200 mm×800 mm 及 1 100 mm×1 100 mm。

虽然上述模数尺寸有待公布实施，但是目前看来已成定局，许多国家都以此为基准，修改本国物流的有关标准，以便和国际的发展趋势相吻合。例如，英国、美国、加拿大、瑞典等国家都已放弃国内原来使用的模数尺寸，而改用国际的模数尺寸。日本等一些国家在采用 1 200 mm×1 000 mm 的模数尺寸系列同时，还发展了 1 100 mm×1 100 mm 正方形的集装模数，以形成本国的物流模数系列。

日本是对物流标准化较重视的国家之一，标准化的速度也很快。日本政府工业技术院委托日本物流管理协会，花了 4 年的时间对物流机械、设备的标准化进行了调查研究，目前已提出日本工业标准（JIS）关于物流方面的若干草案，它们是：(1) 物流模数体系；(2) 集装的基本尺寸；(3) 物流用语；(4) 物流设施与设备基准；(5) 输送用包装系列尺寸（包装模数）；(6) 包装用语；(7) 大型集装箱尺寸；(8) 塑料通用箱尺寸；(9) 平托盘尺寸；(10) 卡车车厢内壁尺寸等。

我国虽然尚未从物流系统角度全面开展各环节的标准化工作，也尚未研究物流系统的配合性等问题，但是已经制定了一些分系统的标准，其中汽车、叉车、吊车等已全部实现了标准化，包装模数及包装尺寸、联运用平托盘也制定了国家标准。

6.3.3 几种标准化方法及标准技术概要

1. 自动化仓库标准

自动化仓库标准主要内容有以下几部分。

（1）名词术语的统一解释。这是自动化仓库的基础标准，统一使用词汇之后，避免设计、建造和使用时的混乱。一般而言，大体应由以下几部分语言组成。

① 自动化仓库的设施、建筑、设备的统一名称（包括种类、形式、构造、规格、尺寸、性能等）。

② 自动化仓库内部定位名称，例如日本工业标准（JISB8940）用以下语言定位：

W 方向：与巷道机运行方向垂直的方向；

L 方向：与巷道机运行方向平行的方向；

排：沿 W 方向货位数量定位；

列：沿 L 方向货位数量定位；

层：沿货架高度方向货位数量定位。

③ 操作、运行的指令、术语等。

(2) 立体启动化仓库设计通用规则。其中包括适用范围、用语含义解释、货架、堆垛起重机、安全装置、尺寸、性能计算、表示方法等。

(3) 立体自动化仓库安全标准。这部分规定了安全设施、措施、表示符号等，例如防护棚网标准、作业人员安全规则、操作室安全规则、设备自动停止装置、设备异常时的保险措施、紧急停止装置、禁止入内等表示符号。

(4) 立体自动仓库建设设计标准。它和一般建筑设计标准的区别在于，要根据物流器具特点确定模数尺寸，标准还包括面积、高度、层数的确定，建筑安全、防火、防震规定，仓库门、窗尺寸及高度确定等。

2. 集装箱标准

集装箱标准一般需要规定以下内容。

(1) 集装箱类别划分。正确区分集装箱，有利于调度、使用，也有利于计费及核算。

(2) 集装箱技术条件。这是反映集装箱性能和使用时技术处置的重要标准，包括集装箱尺寸、开门方式、壁厚、保温能力、强度等。

(3) 集装箱标记。这是集装箱在物流过程中能保证物流顺畅的重要标准内容。我国国家标准《集装箱的标记代号》（GB1836—80）做了详细规定，其主要内容如下所述。

① 标记尺寸。标记出集装箱最大总重、自重、容积并对字体大小也有明确规定。

② 标记字体。字体规定符合国家标准《机械制图字体》的要求。

③ 标记代号。代号有箱主代号、箱号和尺寸类型代号三类。箱主代号用汉语拼音表示，和行业代号相同，也可以是单位的代号，箱主代号也可采用拉丁字母。

箱号采用阿拉伯数字，用 6 位数字表示，尺寸和类型代号由 4 位阿拉伯数字组成，前两位表示尺寸，后两位表示类型。所有标记代号都标在规定位置。

④ 运输状态代码。用一组代码表示集装箱的各种状态，以便于通过电子数据交换（EDI）使有关领域及时了解集装箱的运行状态。我国国家标准 GB4290 规定了 36 种代码及备用代码来表示集装箱的各种状态。

6.4 我国物流标准体系组成的框架构想

物流行业的经济活动与商品流通相关联，涉及交通运输业、储运业、货运代理业、配送业专业领域，其标准化系统也与一般标准化系统不同，更具有种类繁多、少共性、交叉重叠

第6章 物流标准化

和内容复杂的特性。因此，现实表明，建立物流行业的标准体系将是一项极其复杂的系统工程。

物流标准体系要突出与时俱进的特点，其目的是为了构筑一个物流业标准的有机体系，能反映出物流标准的现状，以及未来应该发展和制定的标准，所以要有一定的前瞻性。为此，本书在参考了大量资料的情况下，按照标准化原理的指导并结合物流业本身的特点，对其进行了系统的分析和相对合理的分类，勾画了如下物流国家标准体系的整体轮廓，如图6-3所示。物流国家标准按其内在的联系所形成的科学有机整体称为物流国家标准体系，这个体系必然有一个从复杂的交叉与重叠状态向科学、简化合理的方向发展的过程，必须经过多次修订和调整才能逐步形成层次分明、结构合理、划分明确的物流国家标准体系。

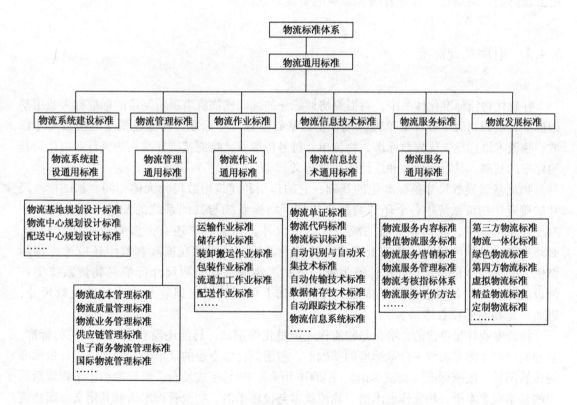

图6-3 物流标准体系结构总图

目前构筑的这个物流标准体系，突出了发展的特点。这主要体现在该体系所包含的内容上。物流国家标准体系按现在使用和将要发展和制定的标准，大体分为物流业通用基础标准和有关物流系统建设、物流作业、物流管理、物流信息技术、物流服务和物流发展等专业领域的标准，以及相对应的门类和个性化标准体系。因考虑物流标准的特点，又分别将专业和门类标准划分为对应的子集标准。在这几个部分的内容中，除了物流作业标准比较接近传统的物流相关内容之外，另外的几个部分——物流系统建设、物流管理、物流信息技术、物流服务和物流发展都是物流现代化发展的产物，是现代物流研究的新的对象，而且这几个方面对我国现代物流的系统化、标准化的发展起到至关重要的作用。根据相关的研究，我们将传统的物流各作业环节涉及的作业流程、作业技术及装备和设施都放在了物流作业这一个大部分中，而将单独的物流信息技术作为一个大部分提高了一个层次，因为物流信息技术是整个物流系统现代化的最重要的标志。对于物流发展标准，有的专家认为不应该作为一个单独的项出现在专业基础标准中。但是我们认为，随着物流现代化的快速发展，会出现很多区别于传统物流的新的概念，而原有的专业基础标准不一定都能涵盖这些内容，所以开辟了物流发展标准，这样便可以陆续补充进去新鲜的、对物流发展有着很大影响的物流理念。

6.4.1 通用基础标准

在现代物流标准化体系中，对需要协调统一的基础性物流事项所制定的标准称为通用基础标准，例如物流专业计量单位标准、物流基础模数尺寸标准、物流建筑基础模数尺寸标准、物流术语标准，优先数标准，物流单元符号标准等。物流基础标准在物流行业内作为其他标准的基础，具有通用性和广泛的指导意义。

物流基础模数尺寸是标准化的基础，它的作用和建筑模数尺寸大体相同。基础模数尺寸的确定使物流系统中各个环节的配合协调、物流系统与其他系统的配合有了依据。在专业计量单位中，除国家公布的统一计量单位外，物流系统还有许多专业的计量问题，必须在国家及国际标准的基础上确定本身的专业标准，同时在国际物流中还应考虑国际惯例，不能完全以本地化计量标准为惟一依据。物流基础模数尺寸标准是物流系统中各种设施建设和设备制造的尺寸依据，在此基础上可以确定出集装与集成基础模数尺寸，进而确定物流的模数体系。

物流专业计量单位的标准化是物流作业定量化的基础，目前还没有制定出统一的标准。它的制定要在国家的统一计量标准的基础上，考虑到许多专业的计量问题和与国际计量标准的接轨问题。国家标准《物流术语》于 2001 年 4 月 17 日正式发布。该标准确定了物流活动中的基本概念术语、物流作业术语、物流技术与设施术语、物流管理术语及其定义。而物流标准体系不仅包括了物流术语标准，并充分考虑到科学性、民主性、经济性的"三性"要素，同时也从业务、技术、国际接轨等发展的观点来加以考虑，将今后新业务中可能产生的术语的子集融合到术语标准中。它的出台将对规范当前我国物流业发展中的基本概念、促进物流业迅速发展并与国际接轨起到重要作用。

物流标准中的物流单元和物流节点数据库结构标准也有其统一性和配合性的特性，因此将共用的数据库结构标准列入基础标准中也是必要的。2000 年我国还颁布实施了国家标准《物流单元的编码与符号标记》，这一基础性物流标准对物流行业加强信息畅通起到了很大的作用。剩下的标准需要在以后的标准化工作中逐步制定完成。

现代物流通用基础标准的体系如图 6-4 所示。

6.4.2 物流系统建设标准

成功的物流在很大程度上依赖于低成本、高效率的物品运输能力，而这在很大程度上受到基础设施质量的影响。我国在过去的 20 年里一直致力于这方面的建设，目前主要的公路网络正在建成，新的港口和机场也已经开放，物流设施正在投入使用。但是我国对于专门的物流设施的认识、资金投入和规划还是刚刚起步，物流基地、物流中心和企业

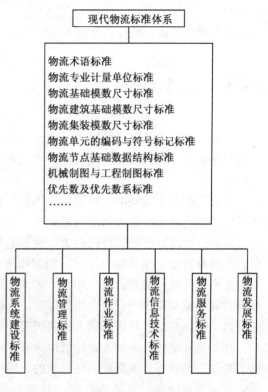

图 6-4 现代物流通用基础标准

面向消费者的配送中心将是我国以后若干年内各部门、各地区及各企业要重点投入和建设的物流系统。现在由于缺乏系统设计、规划和运作的实际经验，这些新的物流基础设施的建设缺乏有效的管理和指导，运作效率不高。虽然我国已经开始建设了一部分物流基地、物流中心和配送中心，但是还没有形成统一的、系统性的设计规划方法，关于这些物流系统的标准在目前还是一项空白。鉴于物流基地、物流中心和配送中心等物流系统在国民经济发展中的重要地位，对物流系统的设计、规划及评价等应该标准化。其中基础性的物流系统标准包括物流系统总体设计与规划的标准、物流系统分析和物流系统评价方面的标准。而且，物流基地、物流中心和配送中心三种不同规模、不同功能和作用的物流系统的规划设计标准都应该包括在物流标准体系中。

就目前来说，这一部分的标准还是一项空白，在以后的物流发展中，这些标准要在相关部门的指导下相继制定。在物流系统建设基础性标准中应该"建立物流系统总体规划与设计标准"、物流系统分析相关标准、"物流系统评价体系标准"等。在下一级的标准中要分别建立物流基地、物流中心和配送中心的规划与设计，而且可以根据不同类型、不同功能的物流中心或配送中心的分类，制定更加专业、针对性更强的个性标准，比如供应配送中心设计标准、销售配送中心设计标准、储存型配送中心设计标准、流通型配送中心设计标准、

等等。

物流系统建设标准体系如图6-5所示。

6.4.3 物流管理标准

物流管理是为了以最低的物流成本达到客户所满意的服务水平，对物流活动进行的计划、组织、协调与控制。

在物流标准化领域中，对需要协调统一的通用管理事项所制定的标准称为物流管理标准。从一般属性上来概括，管理标准是管理机构为行使其管理职能而制定的具有特定管理功能的标准，例如物流主管部门对物流相关业务行使其计划、组织、监督、调节、控制等管理职能而制定的管理功能的标准。人们为了取得工作的结果，常常把成功的经验和失败的教训加以总结，从而形成大家共同遵守的工作准则，这就是人们所说的管理标准。

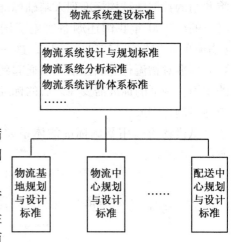

图6-5 物流系统建设标准

在物流标准体系中加入物流管理标准，适应了现代物流发展的需要。物流是从传统的运输、仓储、包装等行业集成演化而来的，1988年颁布的《中华人民共和国标准化法》中未规定制定管理标准，但在1991年"国家标准体系研究"课题组的《我国标准体系的研究》报告中提出了管理型标准和服务型标准的新理念，并在《企业标准体系——管理标准工作标准体系》（GB/T15498—95）中也提出制定企业管理标准的要求。

物流标准体系中引入管理标准是从物流业的特点出发的，也是为适应标准化发展的需要而定的。物流业作为一种复合型服务业态，从运输、仓储等传统行业和信息等新兴产业的角度使上述产业间建立起一种全新的联系。特别是由于计算机和网络等信息技术的进步，使得以信息技术应用为特征的物流在管理、运作和功能上与传统的以运输、仓储等为特征的物流有了根本的区别。专业化的第三方物流、电子商务物流网站、物流研究和咨询等的出现改变了物流管理和运作方式，也使相关的传统物流行业的管理格局出现了变化。现代物流管理具有这样的特点：以实现客户满意为第一目标；以企业整体优化为目的；以信息为中心；重效率，更重效果。管理在现代物流中可以帮助物流行业有效地提高整体运作质量，是保证发展目标能够有效实现的重要手段。物流管理标准显然有利于物流系统、物流作业、物流信息技术、物流服务等标准的贯彻执行。

物流管理标准可以划分为6大部分，即物流成本管理标准、物流质量管理标准、物流业务管理标准、供应链管理标准、电子商务物流管理标准和国际物流管理标准，基本上涵盖了传统的和先进的物流管理的思想和方法。物流管理标准的体系如图6-6所示。

物流成本是指产品在空间位移（含静止）过程中所耗费的各种活劳动和物化劳动的货

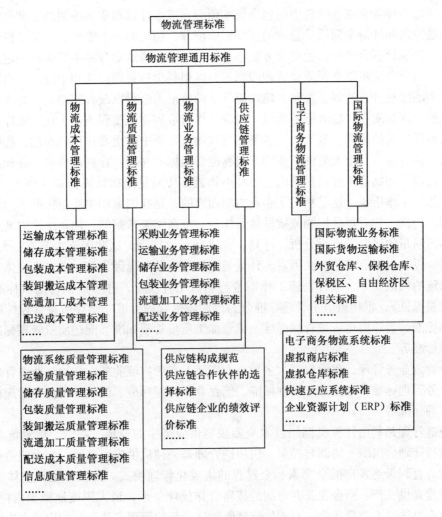

图 6-6 物流管理标准

币表现。具体地说，它是产品在移动过程中，如包装、装卸、运输、储存、流通加工等各个活动中所支付的人力、财力和物力的总和。加强对物流费用的管理和标准化工作，对降低物流成本、提高物流活动的经济效益具有非常重要的意义。通过对物流成本的标准化设计，可以了解物流成本的大小和它在生产成本中所占的地位，从而提高企业内部对物流重要性的认识，而且从物流成本的分布可以发现物流活动中存在的问题。根据用标准化方法对物流成本的计算结果，制定物流计划，调整物流活动并评价物流活动效果，以便通过统一管理和系统化优化来降低物流费用。根据标准化物流成本计算结果，可以明确物流活动中不合理环节的责任人。我们可以根据物流的要素把物流成本管理标准分为运输成本管理标准、储存成本管理标准、包装成本管理标准、装卸搬运成本管理标准、流通加工成本管理标准和配送成本管理标准。在每一种要素成本管理中应包含成本预测、成本计算和成本控制的标准化程式。

物流是发展和维持全面质量管理的主要组成部分，物流的一个重要目标就是提升商品流通的质量。当质量不合格时，物流服务就会被否定，因此物流本身必须要履行一定的质量标准。物流质量管理是指以全面质量管理的思想，运用科学的管理方法和手段，对物流过程的质量及其影响因素进行计划、控制，使物流活动的质量不断得以改善和提高。物流质量的主要内容包括：商品质量、物流服务质量、物流工作质量和物流工程质量。在物流标准体系中没有纳入商品质量的标准。鉴于物流服务在现代物流发展中的重要作用和地位，我们把物流服务质量的内容作为一个大类的专业标准与物流管理标准并列。在物流质量管理标准中包含着物流工作质量和物流工程质量的内容。其中物流工作质量是指物流作业各环节、各工种、各岗位具体的工作质量。这是相对于企业内部而言的，是在国家相关质量标准下的物流质量内部控制。物流工程质量是把物流质量体系作为一个系统来考察的，用系统论的观点和方法对影响物流质量的诸要素进行分析、计划，并进行有效控制。这些因素主要有：人的因素、体制因素、设备因素、工艺方法因素、计量与测试因素及环境因素等。在本标准体系中，我们按照物流的构成要素，综合物流工作质量与物流工程质量，并参照执行国家标准《质量管理与质量保证》，将物流质量管理标准分为运输质量管理标准、储存质量管理标准、包装质量管理标准、装卸搬运质量管理标准、流通加工质量管理标准、配送质量管理标准和信息质量管理标准等。

对于物流业务管理，我们根据大多数企业实际上有的物流业务，把物流业务管理标准分为采购业务管理标准、运输业务管理标准、储存业务管理标准、流通加工业务管理标准、配送业务管理标准等。

供应链管理是利用计算机网络技术全面规划供应链中的商流、物流、信息流和资金流等，并进行计划、组织、协调与控制。供应链管理是一种从供应商开始，经由制造商、分销商、零售商直到最终客户的全要素、全过程的集成化管理模式。其目标是从整体的观点出发，寻求建立供、产、销企业及客户间的战略合作伙伴关系，最大限度地减少内耗与浪费，实现供应链整体效率的最优化。对于供应链管理这一新的管理方法，我们应该在实践的基础上对供应链的构成规范、供应链合作伙伴关系的选择和供应链企业的绩效评价等逐步实现标准化，并借鉴国外跨国公司行之有效的企业管理标准体系，将其反映在现代物流标准体系中。

电子商务从国外传入我国已经有很多年了，在我国的发展如火如荼。电子商务时代的到来给全球物流带来了新的发展，使物流具备了信息化、自动化、网络化、智能化和柔性化的特点。在电子商务条件下，我们要建立电子商务物流系统的标准化模型或者方法，同时还要建立新出现的虚拟商店标准、虚拟仓库标准、快速反应系统标准、企业资源计划（ERP）标准等。

国际物流是在不同国家之间展开的商务活动中与商品移动相关的运输、配送、保管、包装、装卸、流通加工及信息管理。随着我国加入WTO，物流业逐渐融入了国际物流这个大家庭。面对国际物流的特点，我们也要对我国的国际物流业务进行标准化，以推动我国国际物流快速、健康和稳定的发展。其中应该包括的标准有：国际物流业务标准，国际货物运输标准，外贸仓库、保税仓库、保税区、自由经济区相关标准等。

物流管理的相关标准对指导我国现代物流的发展起着很重要的作用，在现代物流标准体系中占据着很重要的地位。但是，就目前而言，这方面的标准都还没有建立，几乎是一项空白，这也给物流业界本身提出了一定的挑战。物流业界在以后的一段时间内要着力制定物流管理方面的有关标准，填补这项空白，更好地指导我国物流的发展。

6.4.4 物流作业标准

物流作业标准这一部分是6大部分中和传统物流业最为密切相关的专业标准。这部分内容包括与物流的运输、储存、包装、装卸搬运、流通加工和配送等要素相关的系列标准，主要是物流相关工作标准、相关技术标准和相关的设备和设施标准。物流作业标准是标准体系中不可或缺的一部分，因为物流的这些传统要素是物流实务的重要组成部分，构成了物流提供服务的各项内容。只有这些物流过程都实行了标准化，形成物流质量保证体系并且严格执行这些标准，才能保证物品从生产者到消费者手中的物流过程的顺畅、高效。把这些内容放在一个部分里，主要原因是考虑到现代物流标准体系的要求，在整个体系中现代物流的内容要占有较大的比例，而且传统物流的相关标准在相关部门的行业标准中已经有了一部分，属于较为完备的标准，我们只需要将这些标准列入标准体系，直接引用过来便可。

对于运输作业标准，我们根据其特点将其分为运输工作标准和运输装备设施标准两个门类系列标准。除了运输工作通用标准之外，根据运输作业方式的不同，可以将运输工作标准分为公路运输工作标准、铁路运输工作标准、水路运输工作标准、航空运输工作标准、管道运输工作标准和多式联运工作标准等几个子门类标准，下面对应相应的个性标准，即单项标准。运输装备与设施标准也可分为几个子门类标准，即公路运输装备设施标准、铁路运输装备设施标准、水路运输装备设施标准、航空运输装备设施标准和管道运输装备设施标准，它们各自包括对应的单项标准。

对于储存作业标准，可分为储存工作标准、储存装备设施标准和储存技术标准三个门类系列标准。在储存工作标准中包括仓库安全标准、货物验收规范、质量验收人员工作标准、进货出货人员工作标准、库房管理人员工作标准等子门类标准及对应的专项标准。储存装备设施标准中包括仓库标准、货架标准、堆垛起重机标准、机器人标准、计量设备标准、站台标准和储罐标准等子门类标准，它们各自对应相关的单项标准。储存技术标准是和储存相关的技术方面的标准，包括库存控制技术标准、库存管理技术标准、商品养护技术标准及储备技术标准等子门类标准，它们各自包含一定的单项标准。

对于装卸搬运作业标准，可以分为装卸搬运工作标准和装卸搬运装备与设施标准两个门类系列标准。其中装卸搬运工作标准除了门类通用工作标准外，按照所在场所的不同可分为公路装卸搬运工作标准、铁路装卸搬运工作标准、港口装卸搬运工作标准和航空装卸搬运工作标准等几个子门类标准。装卸搬运装备与设施标准由连续运输机械标准、搬运车辆标准和专用装卸机械标准等子门类标准组成。各子门类标准下面包括相应的单项标准。

对于包装作业专业标准，可分为包装工作标准、包装机械设施标准和包装技术标准三个门类系列标准。其中包装工作标准中包括包装方法标准、包装人员工作标准等子门类标准及相应的专项标准。包装机械设施标准中包括包装机械标准、集装箱标准、托盘标准、集装袋标准、包装箱标准、包装袋标准、包装桶标准、包装瓶标准、包装盒标准和包装罐标准等子门类标准，各子门类标准又分别由若干个单项标准组成。包装技术标准可分为通用包装保护技术标准和包装保护技术标准子门类标准。在包装保护技术标准中应该包括防震保护技术标准、防破保护技术标准、防锈包装技术标准、防霉腐包装技术标准和防虫包装保护技术标准等单项标准。

对于流通加工作业标准往下的分类难以进行，因为需要进行流通加工的物品的种类一般来说是有限的几种，所以我们就把主要的流通加工的产品和加工类型的标准化作业放在这个专业标准下，作为门类标准，包括水泥熟料流通加工作业标准、混凝土流通加工作业标准、钢板剪板下料加工作业标准、木材流通加工作业标准、煤炭及其他燃料流通加工作业标准、平板玻璃的流通加工作业标准、生鲜冷冻食品流通加工作业标准、机械产品及零配件流通加工作业标准和特殊商品的流通加工（比如血浆、药品等）作业标准。

对于配送作业专业标准，可以分为配送工作标准和配送技术标准两个门类标准。其中配送工作标准中包含有配送作业流程标准、配送作业模式标准和配送人员工作标准等子门类标准，它们各自包括相关的单项标准。配送技术标准中包括自动化立体仓库标准、自动分拣系统标准、货物跟踪系统标准、EOS 标准、DRP 系统标准等子门类标准及相应的单项标准。

物理作业标准体系如图 6-7 所示。

物流作业标准包含的内容较多，但是很多作业标准已经在相关行业标准中有所体现，物流所涉及的运输、储存、装卸搬运和包装等行业已有的标准可以为物流所用，纳入到物流的标准体系中。在现有的标准中，有关物流设备与设施方面的标准较多，比如集装箱系列国家标准、包装容器系列国家标准、包装作业系列国家标准、立体仓库和高层货架的行业设计规范、公路运输相关行业标准、铁路运输的相关行业标准、水路运输的相关国家标准和行业标准、集装箱运输相关国家标准和航空运输部分国家标准等。但还是有一部分标准至今尚未制定，比如流通加工的作业标准、配送作业标准，还有很多的工作类标准和一些设备标准。这些待定标准也需要在以后的物流工作中继续通过实践并加以总结来制定。

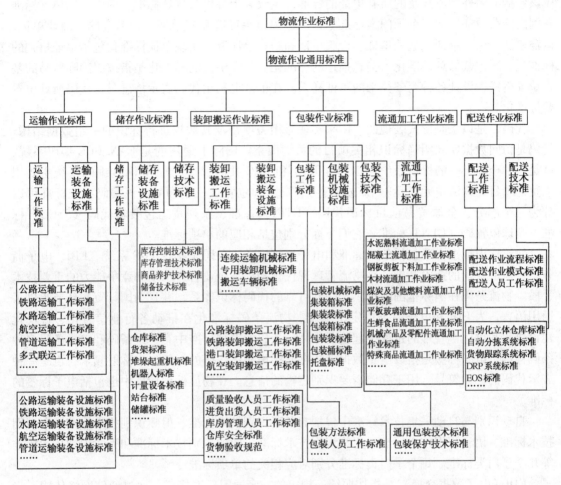

图 6-7 物流作业标准

6.4.5 物流信息技术标准

物流信息是物流不可缺少的要素之一，物流信息技术是物流现代化的重要标志，在现代物流中占有极其重要的位置。物流信息技术的标准化对于推动整个物流行业的发展起到了至关重要的作用。为了突出其重要性，在现代物流标准体系中将物流信息技术标准作为一个与物流管理和物流作业等并列的大类专业标准。这个专业标准包括物流单证标准、物流代码标准、物流标识标准、自动识别与自动采集技术标准、自动传输技术（EDI/XML）标准、数据存储技术标准、自动跟踪技术标准和物流信息系统标准等门类标准。对于物流单证标准，应该包括国内外物流涉及的所有单证的标准，大致分为进出口单证标准、国内运输单证标准和国内储存单证标准三个子门类标准。其中进出口单证有政府单证、贸易合同、商业单证、运输单证、保险单证、通关单证、检验单证和结算单证等。实现单证标准化包括单证格式的标准化、所记载信息标准化及信息描述的标准化。单证格式的标准化是指按照国际贸易的基本单证格式，设计各种商务往来的单证样式。在单证上利用代码表示信息时，代码所处位置要标准化。

代码，是以条码形式表现的，用来实现对相关项目及其数据进行标识的一组数据结构。代码是访问数据库和明确标识相关项目的关键因素。国际上通用的是 EAN. UCC 编码系统，这是一种全球统一的标识系统，由国际 EAN 和 UCC 共同管理。EAN. UCC 编码系统主要用于贸易项目、物流单元（运输和/或储存）、资产和位置这三个领域。该编码系统标准可以分为三个部分：全球贸易项目标识代码（GTIN）标准、系列货运包装箱代码（SSCC）标准、全球位置码（GLN）标准。它们下面分别包括相应的单项标准。

物流标识标准主要包括条码标准和电子标签标准。条码是实现 POS 系统、EDI、电子商务、供应链管理的技术基础，是物流管理现代化和提高企业管理水平和竞争能力的重要技术手段。物流条码在国际范围内提供了一套可靠的代码标识体系，并且为国际贸易环节提供了通用语言，为 EDI 和电子商务奠定了基础。物流条码标准化在推动各行业信息化、现代化建设进程和供应链管理的过程中起重要作用。条码的系列标准中有一维条码和二维条码多种条码标准。电子标签是指以电子数据形式存储标识物体代码的标签，也称射频卡，也是一种表示代码的标识符号，用于存储需要识别传输的信息。在物流标识标准中也包括电子标签的标准。

自动识别与自动采集技术标准中包括有条码识别技术标准、射频识别技术标准、卡识别技术标准、语音识别技术标准、生物识别技术标准、图像识别技术标准和光学识别技术标准等几个子门类标准。每个子门类标准分别对应相关的单项标准。

EDI（电子数据交换）是指按照统一规定的一套通用标准格式，通过通信网络传输，将标准的经济信息在贸易伙伴的电子计算机系统之间进行数据交换和自动处理，俗称"无纸贸易"。EDI 是以事先商定的报文格式进行数据传输和信息交换的，因此制定统一的 EDI 标准至关重要。EDI 标准主要分为以下几个方面：通用语法标准、电子报文标准、业务处理技术标准、信息传输技术标准、安全保密技术标准等。

数据储存技术标准包括各种常用数据库的技术标准和数据库系统的设计标准。自动跟踪技术标准，主要由全球定位系统（GPS）标准和地理信息系统（GIS）标准组成。物流信息系统标准包括物流管理信息系统（LMIS）标准和决策支持系统（DSS）标准。

物流信息技术标准体系如图 6-8 所示。

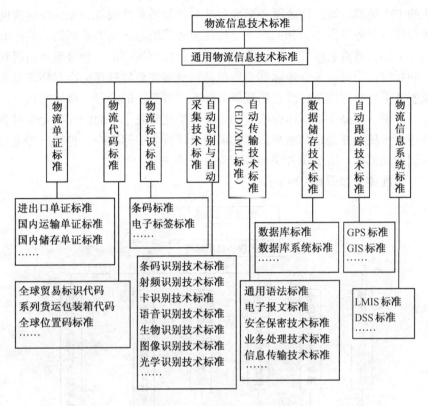

图 6-8 物流信息技术标准

6.4.6 物流服务标准

企业的任何业务，其产生和发展的基础是向顾客提供服务并尽力满足顾客的需要。在当前市场竞争激烈的时代，很多企业都提供了在价格、特性和质量方面雷同的产品，这时候，物流服务的差异将为企业提供超越竞争对手的竞争优势。制定与实施企业服务标准是企业拥有旺盛的竞争力与赢利能力的表现。面对日益激烈的国内和国际市场竞争和消费者价值取向的多元化，企业管理者已发现加强物流管理、改进物流服务是创造持久的竞争优势的有效手段。物流实质上是对存货的时空位置及其外在形态进行有效的控制和管理。物流服务水平直接影响着企业的市场份额和物流总成本，并最终影响其赢利能力。物流服务对企业来说是至关重要的环节，其标准化对于促进物流企业的发展也是必不可少的。一般来说，提供标准化的服务易于形成规模经济，从而能够降低成本。对于企业日常性的、数量较大的需求，可以采取标准化服务，而对于需要特殊服务的客户则需要提供定制化服务。

对于物流服务提供的内容，存货服务、订货服务、送货服务和信息服务要进行标准化，制定标准化的工作规范。增值物流服务标准包括对增加便利性服务、加快反应速度服务、降低成本服务和延伸服务等方面的相关标准。物流服务营销与市场关系密切，其标准包含有物流企业标识、工作人员着装标准、市场需求预测、目标市场确定、物流服务拓展和客户关系管理等方面的标准。物流服务管理标准主要包括物流服务差异管理标准和物流服务质量管理标准。物流服务考核指标体系标准是物流服务标准中很重要的内容，该体系从产品质量、服务水平、承诺水平、产品价格、作业绩效和企业标准化等几个方面的标准化来对企业所提供的物流服务进行考核，并确定其水平。在物流服务评价方法标准中，包括三种主要的评价方法标准，即同业比较法、历史比较法和模糊综合评价法。

物流服务标准体系如图6-9所示。

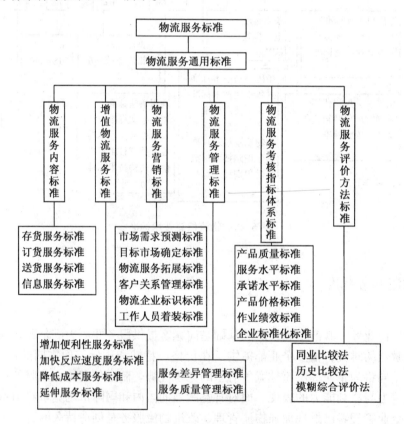

图6-9 物流服务标准

物流服务是一种无形的产品，在现实中很难进行测评，对其实行标准化也具有一定的难度。目前我国还没有与物流服务相关的标准出台，体系中所列的标准要在以后的研究和实践中陆续制定。我国物流界已经认识到了物流服务的重要性，已经开展了物流服务方面的研究，但是其标准化还将有很长的路要走。

习题

1. 如何理解物流标准化的意义？
2. 如何理解物流标准化的原则？
3. 物流标准化有哪些方法？
4. 应如何构建我国物流标准体系？

第 7 章 物流产业

随着世界经济的快速发展和现代科学技术的进步,物流产业作为国民经济中一个新兴的服务部门,正在全球范围内迅速发展。在国际上,物流产业被认为是国民经济发展的动脉和基础产业,其发展程度成为衡量一个国家现代化程度和综合国力的重要标志之一,被喻为促进经济发展的"加速器"。

7.1 物流产业的发展与结构分析

国民经济各个领域的物流经济实体从横向构成了物流产业。这个产业以铁道、公路、水运、空运、仓储、托运等行业为主体组成,同时还包含了商业、物资业、供销、粮食、外贸等行业中的一半领域,还涉及机械、电器业中的物流装备生产行业和国民经济所有行业的供应、生产、销售中的物流活动。其跨部门、跨行业的特点非常突出。

物流产业是指铁路、公路、水路、航空等基础设施,以及工业生产、商业批发零售和第三方仓储运输及综合物流企业为实现商品的实体位移所形成的产业。物流产业结构可以从两个方面来分析:一是功能结构,即各类配送中心及专业性的仓储、运输等机构在整个社会物流产业中的关系、比例等;二是权属结构,即生产、批发、零售及第三方物流企业在整个社会物流产业中的关系、比例等。

7.1.1 关于物流产业的基本认识

1. 物流产业的发展及其基本内涵

物流产业的产生和发展是经济发展到一定阶段,社会分工不断深化的产物。传统上的物流活动分散在不同的经济部门、不同的企业及企业组织内部不同的职能部门之中。随着经济的快速发展、科学技术水平的提高及工业化进程的加快，大规模生产和大量消费使得经济中的物流规模日趋庞大和复杂，传统的、分散进行的物流活动已远远不能适应现代经济发展的要求，物流活动的低效率和高额成本已经成为影响经济运行效率和社会再生产顺利进行的制约因素，并被视为"经济的黑暗大陆"。从20世纪50年代到70年代，围绕企业生产经营活动中的物资管理和产品分销，发达国家的企业开始注重和强化对物流活动的科学管理，在降低物流成本方面取得了显著的成效。

进入20世纪80年代以来，随着经济全球化的持续发展、科学技术水平的不断提高及专业化分工的进一步深化，在美国和欧洲一些发达国家开始了一场对各种物流功能、要素进行整合的物流革命。首先是企业内部物流资源的整合和一体化，形成了以企业为核心的物流系统，物流管理也随之成为企业内一个独立部门和职能领域。之后，物流资源整合和一体化不再仅仅局限在企业层面上，而是转移到相互联系、分工协作的整个产业链条上，形成了以供应链管理为核心的、社会化的物流系统，使物流活动逐步从生产、交易和消费过程中分化出来，成为一种专业化的、由独立的经济组织承担的新型经济活动。在此基础上，发达国家经济中出现了为工商企业和消费者提供专业化物流服务的企业，即"第三方物流"企业。各种专业化物流企业的大量涌现及其表现出来的快速发展趋势表明，专业化物流服务作为一个新的专业化分工领域，已经发展成为一个新兴产业部门和国民经济的一个重要组成部分。

2. 物流产业的基本特征

虽然物流活动久已存在，但在现代经济中，物流产业及其所提供的物流服务，与传统的物流活动或者生产、流通部门从事的物流活动已经有了本质上的区别。

（1）物流产业是国民经济中的动脉系统，它连接社会经济的各个部分并使之成为一个有机的整体。在现代经济中，由于社会分工的日益深化和经济结构的日趋复杂，各个产业、部门、企业之间的交换关系和相互依赖程度也愈来愈错综复杂，物流产业是维系这些复杂交换关系的纽带和血脉。因此，物流产业是经济运行中不可或缺的重要组成部分。

（2）物流产业通过对各种物流要素的优化组合和合理配置，实现物流活动效率的提高和社会物流总成本的降低。当物流活动分散在不同企业和不同部门时，各种物流要素很难充分发挥其应有的作用，例如仓储设施的闲置等。随着物流活动从生产和流通领域中分化出来，各种物流要素也逐渐成为市场资源，专业化物流企业可以根据各种物流活动的要求在全社会范围对各种物流要素进行整体的优化组合和合理配置，从而可以最大限度地发挥各种物流要素的作用，提高全社会的物流效率。

（3）物流产业可以为全社会提供更为全面、多样化的物流服务，并在物流全过程及其各个环节实现价值增值。当物流活动从生产过程和交易过程中独立出来后，物流就不再是一个简单的成本因素，而成为一个为生产、交易和消费提供服务的价值增值因素，其中也蕴藏着巨大的商业潜力。专业化物流企业不仅可以提供货物运输、配送、流通加工等有形服务，而且可以提供物流方案设计、物流信息管理等无形服务，这是商业企业、运输企业、仓储企业等传统流通部门所难以企及的。相对于产品的生产过程而言，物流服务创造的是产品的空间价值和时间价值，二者都是产品价值的重要组成部分。因此，物流产业是国民经济中创造价值的产业部门，并正在成为全球经济发展中的热点和新的经济增长点。

7.1.2 物流产业的发展与现状

1. 发达国家物流业的发展过程

发达国家物流业的发展过程可以分为以下4个阶段。

（1）第一阶段：大约在20世纪60年代以前。在此阶段，储存和运输分离，各自独立经营，许多生产工厂、个人都建造仓库（主要是楼仓），是封闭型、储存性的。只具备储存、储备功能。

（2）第二阶段：大约在1960年至1980年。在此阶段，产品越来越多，储存期越来越短，物流由储存型向"流通型"发展。此阶段产生了"配送"的概念，仓库向城市郊区发展，楼仓向高架仓库发展。增加了生产过程中的衔接功能和集散功能。

（3）第三阶段：大约在1980年至1990年。计算机的发展使物流产生了质的变化，仓库、配送中心增加了信息处理功能，向综合物流发展，95%的仓库变成了单层的立体库。增加了配送功能，许多仓库变成了配送中心。

（4）第四阶段：1990年以来。物流发展到集约化阶段，除了储运货物外，还有许多增值服务。由第三阶段的"我能为客户提供哪些服务"发展到"客户究竟要我提供哪些服务"。

这四个阶段主要是从仓库的发展而言的，有些功能是配送中心之外的，如运输。配送中心应该有自用卡车和铁路专用线，也可租用。越来越多的配送中心提供运输服务及其他服务。

2. 物流产业现状

物流发展到现在，物流作业涉及一个以上企业的情况变得较为突出。内部生产程度降低及随之产生的内部物流减少的结果使得为了满足许多不同服务要求，供给链中所有成员的计划功能和作业要求必须协调一致。但是现今世界物流行业的整体发展还很不平衡。西方一些国家的物流产业发展较快，出现了一些以专门从事某一类产品物流的物流公司，如专门从事对时间要求较高的快递业务的公司、专门从事展品物流业务的公司及专门从事高价值产品物流业务的公司等，这些都是物流业的代表；而亚洲和非洲国家的物流业发展却相对较慢，虽然出现了许多所谓的"物流公司"、"物流中心"，但实际上大部分都是一些货运公司，其设施最多不过是一些场站、仓库等仓储、运输方面的基础设施，从事的仅仅是物流中的运输环节而已，尚未具备从事真正意义的物流业所需的基本条件。

当前物流公司一般以下述3种形式存在。

（1）综合物流（Integrated Logistics）。这类物流企业本身就是某一运输区段的承运人，为了巩固其业务地位和市场份额，它们纷纷向原先产业的上下游扩展，增加服务内容，提供全程服务，构筑综合物流体系。

（2）第三方物流（Third Party Logistics）。这类物流企业本身不是运输企业，或只提供一些短途运输，但它们拥有物流运输所需要的一部分硬件设施，如仓储设施。它们通过同时与货主和运输商签订运输合同来提供物流服务。

（3）合同物流（Contract Logistics）。这类物流企业认为物流的关键不在基础设施的投资和建设，而在网络的建议和信息的流转，因此它们以和各种仓储、运输和简单加工企业签订合同来保证为委托方提供物流服务。这类企业在经营上具有很大的灵活性，并且由于不具体管理设备的使用和维持，因此能更加集中精力来注重提供服务质量。

综合这些物流企业的发展阶段和经营特点，当前的物流产业发展具有如下特点。

（1）产业处于发展期。虽然物流的概念早在20世纪50年代就已经提出来，但物流真正发展起来还是最近10年的事情。在过去10年中，物流作为一个提高物资流通速度、节省仓储和资金在途费用的有效手段受到了越来越多的货主的重视。

例如，美国优利电脑公司（Unisys）从1994年开始对33个国家的126个整机和零配件供货点进行集中管理。3年后物流管理人员从850人减少到300人，使用第三方公共仓库又使仓储费用节省20%。1997年，Unisys开始将其北美和欧洲的供货点外包给第三方物流经营人，同时在1998年将亚洲和拉丁美洲的16个供货点全部外包给第三方。目前Unisys公司选择联邦快递（Fedex）、TNT和Fritz等公司承担物流运输。

近年来，物流销售迅速增长，物流概念已为大多数企业所接受。同时，由于市场前景的看好和利润机会的增多，吸引了大批新的竞争者进入市场，尤其是运输企业和运输代理企业，它们不断引入新的产品特点，进一步扩大了市场，使整个产业处于发展阶段。

（2）服务标准尚未统一，服务品牌尚未建立。物流服务尚处于发展期，各种不同的物流企业不断进入市场。由于各个企业的不同背景及对物流的不同认识，它们的产品也呈现不同的特点，尚未形成基本统一的服务标准。同时，市场尚处于一个盲目竞争的态势，各家公司忙于改进产品质量、增加服务特色，或忙于进入新的细分市场，产品尚未完全成熟，企业品牌优势尚未建立，但很多公司已开始意识到这个问题。

（3）法律规范还未到位。目前，尚没有一个关于现代物流（国内或国际）的法规或规则来规范物流服务的提供者和顾客之间的权利、义务和责任。物流服务的提供者到目前为止没有做过任何努力来促进这类规则或法规的出台。虽然它们连续的物流服务是一种包罗万象的综合性服务，但是它们似乎认为每个独立的环节要由不同的法律和规则来约束。例如，运输部分由适用的运输法规来调整，海运适用海牙规则、海牙/维斯比规则或汉堡规则，欧洲及其他地区的公路运输适用 CMR 公约，等等。至于其他许多非运输部分——如积载、监管和增值服务——要由与合同有关的民法或普通法来调整，而非物流界的标准规则。不同国家的普通法规则是不同的，甚至不同港口也相差甚远。

另外，假如物流服务的顾客已经接受现代物流是一个买、卖、生产活动的过程，它们对于物流服务提供者的宽容态度是更令人吃惊的。如果这个链中的任何一环出现问题，对整个过程的损害结果将比单独损害严重得多。

在原始的经济活动中，如果在货物运往买家时出现问题，它仅仅影响到货物交易。但在现代物流中，例如从物流提供者的中央集散地运输货物到买家手中，在积载、标记、包装等环节中的任何一点错误将导致很广泛的影响，但目前关于此类问题的责任是模糊和不确定的。

（4）信息作用日趋增强。在物流发展的今天，物资在流通过程中各个环节的信息比以往任何时候都更加重要，这包括每种物资到达每个地点的时间和数量、离开每个地点的时间和数量、在途时间和数量、生产量和需求量等各种信息。这些信息对整个生产过程的控制和管理将起到至关重要的作用。可口可乐公司的物流主管在这方面提出了更加具体的设想：可口可乐的经理们在美国亚特兰大总部的微机前就可以了解法国一个 20 盎司可乐铝罐的运转情况。

前面提到的 Unisys 公司利用其全球物流信息系统与所有的仓库和承运人通过电子数据交换（EDI）方式保持联系。该信息系统控制着 18.5 万件商品，总值在 5 亿美元左右，任何一个零部件的移动都会在电脑上反映出来。该公司的每一位员工可以随时查询任何一个产品的库存。

成功与失败并举。物流发展前景看好，大部分物流企业都在迅速发展，但也不是每一个物流企业或物流项目都是成功的。物流服务提供者和使用者终止合同的事例也不断发生。

7.1.3 物流产业的结构

1. 基础物流业

这个业种由不同的运输线路、运输线路的交汇与节点及理货终端所构成。它向各个经济系统的运行提供物流基础设施。它的主要行业构成有铁道、公路、水运、空运、仓储等，主要的物流设施是车站、货场、港口、码头、机场、铁路线、公路、仓库等。

2. 物流装备制造业

这个业种是物流生产力中提供劳动手段的要素业种。它大体上可以划分为集装设备生产行业、货运汽车生产行业、铁道货车生产行业、货船行业、货运航空器行业、仓库设备行业、装卸机具行业、产业车辆行业、输送设备行业、分拣与理货设备行业、物流工具行业等。世界上有些国家和地区的物流装备制造业轮廓十分清晰，可以从物流系统角度上对各种装备进行综合的、系统的开发。我国的这个产业形态尚未成形。

3. 物流系统业

物流由于它本身的特性，涵盖范围之广、涵盖领域之普遍都是其他产业所不可比拟的，因此支撑这个大系统运行的系统产业就显得格外重要。这个业种由提供物流系统软、硬件和提供物流系统管理的行业组成，是计算机系统技术和通信技术在物流领域的独特的组合。

4. 第三方物流业

第三方物流业是代理货主，向货主提供物流代理服务的各种行业所组成的行业。过去很少有一个企业能代理货主的全部环节的物流服务，其所提供的服务往往局限于仓库存货代理、运输代理、托运代办、通关代理等局部的代理业务。现代经济中完善的第三方物流的代理作用是全部物流活动系统的全程代理。

5. 货主物流业

货主物流业是货主自办物流，并有可能部分地从事第三方物流活动的全部行业。货主物流业包含生产企业和流通企业为本身的生产或商贸活动所建立的独立物流企业及各种类型企业生产、流通经济活动的一部分。这个业种着重于建立巨型企业内部物流系统，尤其是配送中心及配送系统和流通加工系统。

7.1.4 欧美物流产业结构分析

1. 权属结构分析

从欧美国家的情况看，生产加工企业不再拥有自己的仓库，而由另外的配送中心为自己服务，这已经成为一种趋势。主要有以下几种配送中心：

（1）自有型配送中心。它是企业集团的一部分，原来的比例很大，现在越来越多地转向为公用型。

（2）合作型配送中心。它由几家生产厂合作管理，实际上也是公用型，主要储存粮食、食油、石油等散货，主要建在沿海或铁路沿线。

（3）公用型配送中心。它面向全社会所有企业提供物流服务。其股份持有者可以是个人，也可以是集团。这种配送中心的土地可能属于某方，而管理则由某一专门的经营公司负责,甚至包括配送中心建造。它还有另一种形式,即配送中心可租用现有建筑物,以降低成本。调查表明,整个美国约有300家左右的公用配送公司。

(4) 合同型配送中心。与公用配送中心不同,它是通过签订合同为一家或数家企业(客户)提供长期服务,而不是为所有客户服务。这种配送中心有由公用配送中心来进行管理的,也有自行管理的,但主要是提供服务。合同型配送中心也有可能是所有权属于生产厂家,交专门的物流公司进行管理。

(5) 集约化配送中心。这种配送中心不单单提供仓储和运输服务,还提供各种提高附加值的流通加工服务项目,也可按客户的需要提供其他服务。这种配送中心就是现代意义上的第三方物流公司。

20世纪90年代初,美国43%的工厂采用单一功能的物流服务形式,但全美500家最大的企业基本上采用合同物流,具有两三项服务功能,其中主要是储存和运输,而不是全方位的。但到了90年代中后期,越来越多的工厂在寻求由一家公司提供全方位的物流服务,即组合起来的多功能服务,而不仅仅是仓储与运输。

据统计,美国由第三方物流配送企业承担的物流业务量已经占全社会物流总量的57%(1996年的数字)。美国某机构1998年对500家制造业大公司的调查显示,将物流业务交给第三方物流企业的货主占69%(包括部分委托),今后准备将物流业务交给第三方物流企业的货主占10%。调查还显示,将物流业务交给第三方物流企业的货主主要是汽车制造等传统企业和计算机等高技术企业。通过利用第三方物流企业,汽车厂成功地抓住挈机并摆脱了经营的不景气,高技术厂商在变化激烈的市场上保持了好的业绩。

2. 功能结构分析

1) 仓储企业

从上述的物流发展过程看,越来越多的传统仓库已经转向配送中心,其功能向多元化发展,但主要是区域性的公用型配送中心,真正发展到提供全方位、全过程服务的合同型物流公司只是少数。

2) 运输企业

美国的运输80%靠的是公路,20%靠的是铁路。美国拥有的卡车有三种:一是企业自有车辆,这种的数量越来越少;二是个体司机的汽车,美国有个体卡车协会,由协会组织货源与调度车辆,发展态势很好;三是大型运输公司,发展变化很大,数量在减少(1980年有50家大型汽车运输公司,到1990年只剩下10家大型汽车运输企业),其中一部分发展为合同型的综合物流企业,一部分转向为公用型配送中心。

3) 综合物流企业

它有两方面来源:一是由传统的仓储、运输企业发展而来,二是新兴的。这类物流企业向工商企业提供全方位、全过程的综合物流服务,一般在全美范围内拥有若干个配送中心,拥有一部分卡车,也租用个体司机的卡车。在美国,物流企业趋向越来越大的具有批发

（分销）职能的配送企业（一般是由传统的批发企业发展而来，从生产企业进货（买断或代理），根据零售企业的订单组织商品配送）。

4）物流网点的数量

随着经济发展的不断变化，20世纪70年代，大的物流公司在全美范围内进行商品配送，需要在各个地方建立60多个配送中心；80年代，随着信息优化，可减少到20～30个；到90年代初，随着交通与通信的高速发展，又可减少到4～8个；到了90年代末，随着客户对服务需求的升级，配送中心又回升到8～12个。

5）物流费用结构

在美国，物流费用的80%是运输费，10%～15%为仓储费，10%～5%是管理费。

7.1.5 日本物流产业结构分析

1. 功能结构

日本物流产业的功能结构与美国相比基本相同：综合物流企业发展较快，许多传统储运企业已经转向综合物流企业；大型综合商社（批发商）都具备物流配送功能。与美国不同的是，日本汽车运输的业主多数不是个体司机，而是众多大型运输公司。在日本的整个物流网络结构中，专业性的综合物流企业、大型综合商社、大型运输公司三者平分秋色。

2. 权属结构

与美国相比，日本物流产业的权属结构有两大特点：一是物流专业化的程度更高，社会化共同配送的情况很普遍；二是综合商社、综合物流公司与工业生产、商品零售（连锁）企业之间的合同型物流合作关系更具有稳定性与长期性。据估计，日本由第三方物流企业承担的物流业务量在全日本物流业务总量中的比例可达80%左右。

1）共同配送

日本物流产业的一大特点，就是共同配送的推行。在日本经济高速增长的时期，随着经济活动规模的扩大，公路等基础设施的逐步完备，以及卡车运输业的发展，在卡车运货方面盛行的"独家运送"方式的弊病突显出来。日本通产省首先倡导发展"城市内最佳配送系统"，即围绕某个标准轴心，将城市内无规则地发生的各种方向、数量、时间的货运需要汇集、总括起来，开展高效率的混载配送。基于这个思路，通产省在东京、大阪等地进行了局部试验，还开展了商店街共同进货系统的试验。经过一系列的试验之后，发现较好的办法是以物流企业作为协调者，聚集多家货主企业的货物，按照各货主的配送指示，在广大地区进行混载配送。

进入20世纪90年代以来，物流共同化、混载化的热潮在日本再度兴起。由政府有关部门，各地方政府以及行业团体提出的有关改进物流的调研报告几乎都把混载运货作为一项重要对策，认为共同化、混载化具有从根本上改变物流的力量，是塑造日本物流业未来的一个关键。于是，在日本，从零售业、批发业、物流业直到生产厂家，对推动物流共同化、混载化都比较积极。为了适应物流共同化和混载化的需要，不少地方的批发商打破行业界限，设立了共同化的物流企业，一些批发商集中的"批发团地"、批发街也加强对共同、混载配送的利用。与之相适应，卡车运输业的一批骨干企业则积极开展地区混载服务，还出现了对形状特殊的货物提供专门的混载服务的卡车运输业。

共同化、混载化的商品配送使原来按照不同生产厂、不同商品种类划分开来的分散的商品物流转变为将不同厂家的产品和不同种类的商品混合起来运送的聚合的商品物流，从而得以发挥商品物流的批量效益，大大提高了运货车辆的装载率，真正做到了"物畅其流，物尽其流"。

近年来，日本物流共同化、混载化进程中出现了一个引人注目的新动向，即相互竞争的大企业把物流领域作为企业竞争的"休战场"，它们把削减物流成本当做头等大事，在产品方面搞竞争，而不在物流方面搞竞争，化干戈为玉帛，形成了竞争企业共同的物流网络。其主要表现在以下几个方面。

第一，大企业将其所属的物流子公司向其他企业开放，即在保证本企业物流需要的前提下，也承担运送其他企业的货物，开展混载配送。例如，正在积极开展物流革新的东芝集团计划在关西、东北等地设立7处混载据点，不仅承担东芝集团所属工厂的物流业务，而且还向东芝集团以外的机电企业提供混载服务。

第二，销售对象区域重合而行业不同的企业共用同一物流基地，开展共同配送。例如，著名化妆品企业资生堂在北海道与电子企业索尼、TDK及一些食品企业以当地运输企业"札幌通运"的仓库为共同的基地，开展共同配送；在配送中心，资生堂的化妆品与索尼公司的大型彩电及其他公司装点心的瓦楞纸箱杂居一起，统一进行处理和配送。

第三，不同企业相互利用对方企业的物流基地。例如，住友金属工业公司在小仓拥有物流据点而在仙台没有据点，而日本钢管公司在仙台拥有物流据点而在小仓没有据点，因此从1993年开始，前者利用后者的仙台据点，后者利用前者的小仓据点，双方都达到了节约建设新据点的费用，同时又提高了已有据点使用率的目的。

第四，不同企业相互利用对方企业物流所用的返程空车。例如，丰田与日产两家汽车公司开展完成车的共同运送，就是因为丰田公司从其所属工厂向其销售公司运送新车以后，其返程正好可供日产公司所属工厂做运送新车之用，从而达到一车两用的效率。

第五，为了利用共同运送，有的大企业撤去了其原有的效率不高的自家送货路线。例如，为了推进物流合理化，日产公司研究提出3条措施：（1）进一步加强共同运送；（2）撤除亏损的物流路线，改为委托其他公司运送；（3）加强对中继据点和配送据点的相互利用。

通过开展共同运送并不断扩大混载货物的范围，既降低了企业用于产品运送的费用，又使现有的物流设施、车辆的利用效率得到提高，使参加共同运送的企业获得很大的"连接利益"（即不同企业共享货源带来的利益）。比如，东芝公司的目标是：通过开展共同运送，使装车率从目前的50%～60%提高到80%。由于运输费约占整个物流费的60%，因此通过共同运送减少运输费用，对降低整个物流成本具有很大的意义。不仅如此，随着大企业间共同运送的深入展开，必将导致整个物流网络的重新组合，乃至对物流本身的观念革新。同时，竞争企业自觉地收敛其竞争范围，开展对私有资源的共用、共享，甚至共有，这显示了市场经济发展中的一个值得注意的新动向。

2）合同型物流配送

在日本，生产企业、零售企业与综合商社、综合物流公司之间基本上都存在一种长期的物流合作关系。例如，伊藤忠与伊藤洋华堂之间及日新公司与夏普公司之间就存在这种合作关系。而且，这种合作关系还延续到国外。随着日本工业生产的国际化，日本的物流也向世界各地发展。

20世纪80年代末，日本物流业开始了进军亚洲的第一次高潮，这次高潮的重点是在东南亚，而其出现的背景是日本制造业对东南亚直接投资的快速增长。当时，跟随进入东南亚的制造企业之后，日本的物流业，从海运企业、卡车运输企业、仓库企业到综合商社，也纷纷进入东南亚国家投资，设立合资企业，同时协助走向海外的制造企业建立物流据点。而在这个过程中，物流业内部不同行业之间的界限被打破了，海运、航运企业进入了仓库、通关代理业的领域，仓库、通关代理业也进入了海运、航运、卡车运输等领域。

进入20世纪90年代以来，日本物流业又掀起了第二次进军亚洲的高潮，这次高潮的重点是在中国，而其背景是日本的制造业对中国的直接投资迅速增长。

近年来，日资企业设立物流据点最多的是上海，这与上海浦东新区的开发有密切关系，号称日本乃至世界最大型的物流企业、大型综合商社、物流大企业等相继在上海设立物流合资企业。住友仓库还在上海设立独资物流企业"上海住友仓储"，这是中国首家日本独资物流企业。

7.2 我国物流产业的发展与现状

7.2.1 我国物流产业的发展

我国的现代物流产业发展才刚刚起步，按照上述的分析方法，功能结构分析很不方便，因为我国目前物流业基本上是分散、粗放式经营，物流的功能还很不完善。如果按照国际上的发展过程，我国总体处于第二阶段，或者说正在由第二阶段向第三、四阶段转化。作为发展中国家,我国的物流产业没有必要照国际上的发展轨迹亦步亦趋,也可直接进入第四阶段。但这样的企业在中国目前只有极少数的几个。

从权属结构的角度分析,我国物流业发展可分为3个阶段。

(1) 第一阶段:1979年之前,即计划经济时期。处于卖方市场,产品生产主要集中在几个大城市,商品的仓储、运输主要是由商业批发企业、商业储运企业来完成的,特别是各类专业批发公司承担当时80%左右的储运业务。生产零售企业的仓库和运输工具较少。

(2) 第二阶段:80年代至90年代中期。在此阶段,流通体制发生重大变化,"生产自销、零售自采"的模式发展很快,原来批发企业的作用下降。与此相适应,生产和零售企业纷纷建库、买车;一些储运企业开始直接与生产企业打交道,形成区域型的合同型储运,从生产企业到零售企业的直达运输发展更快。同时,国家主管部门组织物流配送中的试点,引导传统储运、批发企业向现代物流配送企业发展,但总的来看,效果不明显。

(3) 第三阶段:90年代中期以来。买方市场逐渐形成,市场竞争越来越激烈,零售企业、连锁商业企业在市场中的主导地位得到加强。外商大举进入我国日化、家电等生产领域,引进了现代物流观念和物流网络体系,越来越多的生产企业已经认清物流能力在市场竞争中的越来越重要的作用。与此同时,一批"三资"储运、物流企业产生,传统的储运企业开始向综合物流企业发展,也产生了一批新的民族物流企业。在这种情况下,一些生产、零售企业开始退出物流领域,不再新建仓库,而是转向市场寻求合格的物流代理商。此阶段标志着我国现代物流业的起步。

7.2.2 我国物流产业的现状及主要特征

相对于发达国家的物流产业而言,中国的物流产业尚处于起步发展阶段,其发展的主要特点如下所述。

(1) 企业物流仍然是全社会物流活动的重点,专业化物流服务需求已初露端倪。近年来,随着买方市场的形成,企业对物流领域中存在的"第三利润源泉"开始有了比较深刻的认识,优化企业内部物流管理,降低物流成本成为目前多数国内企业最为强烈的愿望和要求。1998年以来,山东省经委以优化企业内部物流管理为切入点推进现代物流发展的试点工作,得到山东省及其周边省份许多企业的广泛认同和参与。这说明,我国物流活动的发展水平还比较低,加强企业内部物流管理仍然是全社会物流活动的重点。

与此同时,专业化的物流服务需求已经出现且发展势头极为迅速。其一是跨国公司在中国从事生产经营活动、销售分拨活动以及采购活动过程中对高效率、专业化物流服务的巨大需求,这是带动我国物流产业发展的一个十分重要的市场基础。其二是国内优势企业对专业化物流服务的需求。目前,我国一批颇具竞争实力的优势企业,例如海尔集团、青岛啤酒、上海宝钢等,在市场扩张的过程中,在不断优化企业内部物流系统的基础上,已开始尝试和利用专业化物流服务。其三是在一些新兴的经济领域中,如私营企业、快递服务行业及电子商务领域等,也产生和存在着一定规模的物流服务需求。

(2) 专业化物流企业开始涌现,多样化物流服务有了一定程度的发展。近年来,我国经济中出现的许多物流企业,主要由三部分构成。

一是国际物流企业,如丹麦有利物流公司等。这些国际物流公司一方面为其原有的客户——跨国公司进入中国市场提供延伸物流服务,如丹麦有利为马士基船运公司及其货主企业提供物流服务;另一方面,针对中国市场正在生成和发展的专业化物流服务需求提供服务,如UPS、TNT等国际大型物流企业纷纷进入中国的快递市场。

二是由传统运输、储运及批发贸易企业转变形成的物流企业。它们依托原有的物流业务基础和在客户、设施、经营网络等方面的优势,通过不断拓展和延伸其物流服务,逐步向现代物流企业转化。例如,中国发展规模较大的准物流企业——中外运集团在与摩托罗拉(中国)公司的合作中,根据客户市场的发展和物流需求的变化,不断规范、调整和创新企业的物流服务内容,提高服务质量,使物流服务内容从简单空运发展为全程物流服务,服务区域从天津市场扩展至全国,服务规模从最初的几笔货物发展到每月数百吨,成为摩托罗拉(中国)公司最主要的物流服务供应商。

三是新兴的专业化物流企业,如广州的宝供物流公司、北京华运通物流公司等。这些企业依靠灵活的竞争策略和对专业化物流的认识,在市场竞争中发展较快,成为我国物流产业发展中一支不容忽视的力量。

在物流企业不断涌现并快速发展的同时,多样化的物流服务形式也有了一定程度的发展。一方面围绕货运代理、商业配送、多式联运、社会化储运服务、流通加工等物流职能和环节的专业化物流服务发展比较迅速。以货运代理为例,目前我国货运代理企业有数千家,整体发展比较规范,典型的货运代理企业,如中外运集团,能够提供包括报关、商检、运输合同管理等专业化的物流服务。它依靠先进的经营理念、多样化的服务手段、科学的管理模式在竞争中赢得了市场地位。另一方面是正在起步的系统化物流服务或全程物流服务,即由物流企业为生产、流通企业提供从物流方案设计到全程物流的组织与实施的物流服务。目前国内物流企业刚刚开始这方面的尝试,还缺乏成功的运作经验和实例。

(3) 物流基础设施和装备发展初具规模。经过多年发展,目前我国已经在交通运输、仓储设施、信息通讯、货物包装与搬运等物流基础设施和装备方面取得了长足的发展,为物流产业的发展奠定了必要的物质基础。

在交通运输方面,我国目前已经建成了由铁路运输、公路运输、水路运输、航空运输和管道运输5个部分组成的综合运输体系,运输线路和场站建设方面及运输车辆及装备方面有较大的发展。在仓储设施方面,除运输部门的货运枢纽和场站等仓储设施外,我国商业、物资、外贸、粮食、军队等行业中的仓储设施相对集中。仓储设施近年来发展迅速,年投资规模呈现快速增长趋势,1990年我国仓储业基本建设投资规模仅为4.2亿元,1998年为65.8亿元,比1990年增长15倍之多。

在信息通讯方面，目前我国已拥有电信网络干线光缆超过 30 万公里，并已基本形成以光缆为主体，以数字微波和卫星通讯为辅助手段的大容量数字干线传输网络，包括分组交换数据网（ChinaPAC）、数字数据网（ChinaDDN）、公用计算机互联网（ChinaNet）和公用中继网在内的四大骨干网络的总容量已达 62 万个端口，其覆盖范围包括全国地市以上城市和 90% 的县级市及大部分乡镇，并连通世界主要国际信息网络。这就使 EDI、ERP、MRP、GPS 等一些围绕物流信息交流、管理和控制的技术得以应用，在一定程度上提高了我国物流信息管理水平，促进物流效率的提高。

在包装与搬运设施方面，现代包装技术和机械化、自动化货物搬运技术在我国已有比较广泛的应用，这在一定程度上改善了我国物流活动中的货物运输的散乱状况和人背肩扛的手工搬运方式。目前，我国自主开发和研制的各种包装设备和搬运机械设备分别多达数百种，估计仅搬运机械设备制造业的年产值约为 400 亿元～500 亿元。

（4）物流产业发展正在引起各级政府的高度重视。目前深圳、北京、天津、上海、广州、山东等地政府极为重视本地区物流产业的发展，并已开始着手研究和制定地区物流发展的规划和有关促进政策。其中，深圳市已明确将物流产业作为支持深圳市 21 世纪经济发展的三大支柱产业之一，并初步制定了物流产业发展的策略；北京市就物流产业发展所需要的物流设施系统进行了比较全面的研究和规划；天津市也根据其城市功能定位和物流经济发展的需要正在积极研究制定天津现代物流发展纲要。

中央政府有关部门，如国家经贸委、国家计委、交通部、外经贸部等，也从不同角度关注着我国物流产业的发展，并积极地研究促进物流产业发展的有关政策。

7.2.3　我国物流产业发展中存在的问题

我国的物流产业在现代物流理论引进我国 20 年，并经过 2000 年的新一轮物流热以后，仍然存在一些亟待解决的问题。如何认识这些问题对我国物流产业的健康发展事关重大。

（1）物流产业发展仍然面临着较大的市场需求约束。受传统计划经济体制的影响，我国相当多的企业仍然保留着"大而全"、"小而全"的经营组织方式，从原材料采购到产品销售过程中的一系列物流活动主要依靠企业内部组织的自我服务完成。据调查，在工业企业中，36% 和 46% 的原材料物流由企业自身和供应方企业承担，而由第三方物流企业承担的仅为 18%。产品销售物流中由企业自理、企业自理与第三方物流企业共同承担比例分别是 24.1% 和 59.8%，而由第三方物流企业承担的仅为 16.1%；在商业企业中，由企业自理和供货方承担的物流活动分别为 76.5% 和 17.6%。与此同时，多数企业内部各种物流设施的保有率都比较高，并成为企业经营资产中的一个重要组成部分。这种以自我服务为主的物流活动模式在很大程度上限制和延迟了工商企业对高效率的专业化、社会化物流服务需求的产生和发展，这也是当前制约中国物流产业快速发展的一个重要瓶颈。

在工商企业优化内部物流管理、提高物流效率的过程中，也存在着企业内部物流活动逐步社会化的发展趋势及其对社会化物流的潜在需求。但由于市场发育和现代企业制度改革的不完善，一方面企业内部运输和仓储等设施、各种物流装备、各类物流从业人员等资源还不能在全社会范围内实现合理的交流和流动；另一方面，企业缺乏提高物流效率、降低成本的内在动力和手段，企业无法将其内部低效率的物流设施、人员和组织实施有效地剥离。这就使得企业不得不继续沿用以往的物流方式，社会化、专业化物流需求仍难以转化为现实。

（2）专业化物流服务的方式还很有限，物流企业的经营管理水平有待提高。尽管我国已出现了一些专业化物流企业，但物流服务水平和效率还比较低，主要表现在以下几个方面。

第一，服务方式和手段比较原始和单一。目前多数从事物流服务的企业只能简单地提供运输（送货）和仓储服务，而在流通加工、物流信息服务、库存管理、物流成本控制等物流增值服务方面，尤其在物流方案设计及全程物流服务等更高层次的物流服务方面还没有全面展开。

第二，物流企业组织规模较小，缺乏必要的竞争实力。目前从事物流服务的企业，包括传统的运输、储运等流通企业和新型的专业化物流企业，规模和实力都还比较小，网络化的经营组织尚未形成。例如，全国从事公路货物运输的经营业户有274万户，平均每个经营业户拥有的运营车辆仅1.43辆；拥有运营车辆超过100辆的企业只有中远、中外运等少数企业。

第三，物流企业经营管理水平较低，物流服务质量有待进一步提高。多数从事物流服务的企业缺乏必要的服务规范和内部管理规程，经营管理粗放，很难提供规范化的物流服务，服务质量较低。

（3）低水平的物流基础设施和装备条件严重影响着物流效率的提高。虽然我国的物流基础设施和装备条件已有较大的发展和改善，但与我国经济及物流产业的发展要求相比，与发达国家相比，仍然有较大的差距。这在相当程度上影响着我国物流效率的提高，不利于物流产业的快速健康发展。其主要表现有以下几个方面。

第一，我国交通运输基础设施总体规模仍然很小，按国土面积和人口数量计算的运输网络密度，我国仅为1 344.48公里/万平方公里和10.43公里/万人，美国为6 869.3公里/万平方公里和253.59公里/万人，德国为14 680.4公里/万平方公里和65.94公里/万人，印度为5 403.9公里/万平方公里和21.6公里/万人，巴西为1 885.8公里/万平方公里和118.4公里/万人，不仅远远落后于欧美等经济发达国家，就是与印度、巴西等发展中国家相比也存在较大差距。

第二，现代化物流集散和储运设施较少，发展水平较低。长期以来，我国在交通枢纽、公共储运设施、各种现代化物流中心等物流集散设施建设方面明显滞后，各种工商企业内部仓储设施也难以构成企业投资发展的重点。目前，交通部的公路主枢纽规划虽已经形成，但是仅有上海、深圳等地的一级主枢纽开始投入建设；航空货运基地尚在规划之中。我国经济系统中能够有效连接不同运输方式的大型综合货运枢纽、服务于区域经济或城市内部的各种物流基地、物流中心还比较缺乏，这严重影响着物流集散乃至运输效率的提高。

第三，各种物流设施及装备的技术水平较低，物流作业效率不高。以货物运输设施和装备为例，铁路的货运重载、高速、自动化管理目前仍处在起步阶段；高速公路和高等级公路还比较少，汽车专用公路仅占公路总里程的1%，等外公路仍高达20%以上；公路货运中各种专用运输车辆的比例仅占全部货运车辆的3%；沿海港口装备水平参差不齐，近年来建设的北仑港、盐田港、秦皇岛港及大连、天津、青岛、上海等港口的集装箱码头的现代化程度比较高，相当于发达国家20世纪80年代的水平，其他大部分港口或港区的装备水平仅相当于发达国家20世纪60—70年代的水平，发达国家已极少采用的件杂散货运输方式在我国港口仍普遍存在；民航货运业还很不发达，全国航空货运飞机仅有14架，以客运飞机搭载货运仍然是主要的航空货运方式。

第四，设施结构不尽合理，不能充分发挥现有物流设施的效率。如在运输设施方面，一是运输设施的区域布局不尽均衡，东部地区交通比较发达，而中西部地区特别是西部地区交通设施比较落后；二是各种运输方式之间尚未形成合理分工关系，市场范围交叉严重，在同类货源上进行盲目竞争，使得各种运输方式不能合理地发挥各自的优势。

第五，物流设施和装备的标准化程度较低。物流设施和装备的标准化是物流产业发展中一个关键问题，标准化程度的高低不仅关系到各种物流功能、要素之间的有效衔接和协调发展，也在很大程度上影响着全社会物流效率的提高。我国物流设施和装备方面的标准化程度较低的主要表现有两个方面：一是各种运输方式之间装备标准不统一，例如海运与铁路集装箱标准的差异，在一定程度上影响着我国海铁联运规模的扩展，我国海铁联运的集装箱运输在集装箱运输总量及铁路运输总量中的比例都比较低，对我国国际航运业务的拓展、港口作业效率的提高及进出口贸易的发展都有一定程度的影响；二是物流器具标准不配套，例如现有托盘标准与各种运输装备、装卸设备标准之间缺乏有效衔接，降低了托盘在整个物流过程中的通用性，也在一定程度上延缓了货物运输、储存、搬运等过程的机械化和自动化水平的提高；三是物流包装标准与物流设施标准之间缺乏有效的衔接，虽然目前我国对商品包装已有初步的国家和行业标准，但在与各种运输装备、装卸设施、仓储设施相衔接的物流单元化包装标准方面还比较欠缺，这对各种运输工具的装载率、装卸设备的荷载率、仓储设施空间利用率方面的影响较大。

第六，信息技术应用水平较低。以信息系统建设滞后为例，一是工商企业内部物流信息管理和技术手段都还比较落后，如条形码技术、全球卫星定位系统（GPS）、物资采购管理（MRP）和企业资源管理（ERP）等物流管理软件在物流领域中的应用水平较低；二是缺乏必要的公共物流信息交流平台，以EDI、互联网等为基础的物流信息系统在我国还没有得到广泛的应用。

（4）物流产业发展面临着较大的制度约束。物流产业的发展不仅仅要有充分的市场需求基础、活跃的市场主体及完善的物流设施，更为重要的是要有适应物流产业发展的制度环境，以保证市场机制能够充分发挥作用并使各种物流活动规范有序地进行，促进物流产业健康有序地发展。

① 条块分割的管理模式对物流产业发展的影响和制约。例如，在运输管理体制上，我国实行的是按照不同运输方式划分的分部门管理体制；同时，从中央到地方也有相应的管理部门和层次。这种条块分割式的管理体制，一方面使得部门之间、地区之间的权力和责任存在交叉和重复，难以有效合作和协调；另一方面使得各部门、各地区各管一块，将全社会的物流过程分割开来，实行一种分段式的管理模式。这种条块分割的体制，不仅无法适应和满足物流产业发展的要求，而且在相当程度上影响和制约物流产业的发展。

首先，影响各种物流服务方式的协调发展。例如，由于各种运输方式的多头管理和相互分割，各种运输方式长期以来呈现分立发展的局面，不同运输方式在运输组织方式、服务规范、技术及装备标准等方面存在较大差距，使得物流企业很难根据市场需要选择合理的运输服务方式，许多企业只能利用单一的运输方式来开展物流服务，而以多式联运为基础的许多现代化物流服务方式还难以开展。

其次，造成物流资源的浪费。在条块分割、多头管理的模式下，各种基础设施的规划和建设缺乏必要的协调：一是导致大量的重复建设和过度竞争，例如公路主干网络与铁路网络的平行发展，各地争相建设港口、机场等现象；二是各种运输方式之间、国家运输系统与地方运输系统之间、不同地区运输系统之间相互衔接的枢纽设施和有关服务设施建设方面缺乏投入，对物流产业发展有重要影响的各种综合性货运枢纽、物流基地、物流中心建设发展十分缓慢。这种"重线路、轻结点"式的发展，既造成了资源的极大浪费，也影响着整个物流系统的协调发展。

第三，存在部门、行业和地方保护现象。各管理部门、各地方政府制定政策法规多从本部门、行业和地方利益出发，致使许多从事物流服务的企业想方设法寻求部门或地方政府的保护，在有保护的情况下开展物流服务活动，从而造成一种不正常的、不公平的竞争格局，不利于形成社会化的物流系统和跨区域、跨行业的物流网络。

② 政企不分现象依然存在，不利于物流产业规范有序发展。政府部门直接或间接参与企业经营活动的现象依然存在，除铁路系统政企合一的体制外，其他行业也存在不同程度的政企不分现象，例如港政管理和码头经营合一，这一方面影响政府公正地行使政府职能，同时也影响企业市场竞争能力的提高，而且不利于港口的建设和发展。

③ 缺乏明确、有效的政策措施。在多头管理、分段管理的体制下，受部门、地方利益牵制，现行政策法规数量虽多，但相互之间有矛盾且难以协调一致。在价格政策方面，以多式联运的价格和收费政策为例，集装箱运输采取的是新线新价、优质优价的价格政策，而件杂散货运输还采用国家定价方式，故集装箱运输价格有时明显高于件杂散货的运价。如20英尺集装箱铁路运价比铁路整车运输价格高70%左右，非常不利于集装箱运输这种先进运输方式的发展，也直接影响了以多式联运为基础的各种物流服务的发展。在税收政策上也存在不利于物流企业发展的因素，如运输企业从事运输服务的营业税为3%，而物流企业、仓

储企业、批发企业在转向物流服务并从事经营性运输服务时，营业税为5%。在投资政策上，政府对基础设施等硬件投入较大，但在物流教育、技术创新、开发与研究、市场宣传等方面投入和资助则明显不足。

（5）物流研究相对落后和物流专业人才短缺是物流产业发展的巨大障碍。相比较而言，我国在物流研究和教育方面还非常落后，从事物流研究的大学和专业研究机构还很少，企业层面的研究和投入更是微乎其微。物流教育水平不高主要表现在缺乏规范的物流人才培育途径。在高等院校中开设物流专业课程的大学仅有10所左右，仅占全国全部高等院校的百分之一；与物流相关的大学本科教育虽有开展，但尚未得到国家教育主管部门的认可，研究生教育刚刚开始起步；物流职业教育则更加贫乏，企业的短期培训仍然是目前物流培训的主要方式。

7.2.4 我国物流产业发展的前景

（1）物流产业的发展将成为21世纪我国经济发展的一个重要的产业部门和新的经济增长点。物流产业发展的历史和国际经验表明，物流产业作为新兴的服务部门，已经进入全面快速发展阶段。相比较而言，中国的物流产业仍然处在起步发展阶段，但在相当一些领域和地区已经表现出快速发展的趋势和潜力。

从物流的细分市场来看，发展迅速的领域主要集中在：一是以三资企业、私营企业等非国有经济为服务对象，"第三方物流"将继续呈现快速发展势头；二是一些优势国有企业在优化内部物流管理的基础上，逐步产生和发展的物流服务需求。上述两部分企业对高效的专业化、社会化物流服务的市场需求将成为支撑中国物流产业发育与发展的主要市场基础。此外，以消费者为对象的物流服务，如商品快运服务、配送服务等也有快速发展，这一方面是我国城乡居民生活水平和生活质量不断提高的一种必然反映，同时也是市场竞争和商业流通方式不断创新的内在要求。

从专业物流企业的发展来看，一是更多的外资物流企业进入中国。随着中国正式加入WTO，我国在公路货运、商品分销、仓储设施等领域的开放，将为从事物流服务的外资企业提供多样化进入中国市场的可能。这些外资物流企业的进入在一定时期内仍将以服务外资企业，特别是跨国公司在中国的生产、销售和采购等方面物流活动为主。外资物流企业的进入给国内物流企业带来了巨大的挑战和竞争压力，但同时也为国内物流企业提供了学习、借鉴其先进物流管理技术、经营经验的可能，对促进中国物流产业的整体发育是十分有益的。二是民营企业、多元化股权结构的新兴物流企业发展迅速。这类企业的经营观念、机制、管理方式能够适应市场快速发展的要求，在合理使用和组织各种物流资源方面优势明显，企业规模和市场份额扩展都十分迅速，是中国未来产业发展进程最为活跃的部分。三是国有经济中的部分传统运输、仓储、批发企业在其原有业务领域的基础上，通过向物流服务领域延伸，成为物流产业中强有力的竞争者，从中也会有一些企业脱颖而出，逐渐成为专业化物流服务企业。

从物流的区域市场发展来看，经济发展迅速和比较活跃的地区，物流产业发展将快于其他地区，特别是沿海开放城市、重要的枢纽城市和中心城市等将成为区域物流市场快速发展的主要基地。

可以认为，进入21世纪后，随着我国经济的快速发展和经济体制改革的不断深化，我国物流产业将出现加速发展的趋势，其在国民经济中的地位将不断提高，成为国民经济中的一个重要组成部分和新经济增长点。

（2）我国物流产业的发展将从整体上改善国民经济的运行效率，直接提高全社会的经济效益。与欧美发达国家相比，我国物流总成本约相当于GDP的16.7%。这说明，目前我国经济运行的物流成本远高于欧美发达国家，物流领域的管理水平和效率还比较低，但同时也说明我国物流成本的节约的空间还非常大。1998年以来，山东等地开始以优化企业物流管理为切入点的推进物流产业发展的试点工作，青岛啤酒、海尔集团、山东东大药业等优势企业通过整合物流资源、完善产品配送服务系统、采用第三方物流服务等，在降低企业物流成本、减少资金占用、降低原材料和产品库存水平及促进传统储运企业向物流企业转变等方面取得了非常显著的成效。仅青岛啤酒一家，1999年就降低物流费用3 900万元，其中，仓库面积由7万平方米减少到2.96万平方米，库存下降使资金占用下降了3 500万元，仓储费用下降187万元，市内运输周转费用降低了189.6万元。

据世界银行估计，通过发展物流服务业，提高运输效率，加快商品周转与减少资金占用及其利息支出，可以在相当程度上提高全社会的物流效率，降低物流成本。在"十五"期间，如果我国物流成本占GDP的比例降低到15%，每年将为全社会直接节省约2 400亿元的物流成本，并为企业和社会带来极为可观的经济效益。

（3）物流产业发展将促进国民经济各产业部门的健康发展。首先，物流产业发展在促进制造业降低产品成本，提高经济效益的同时，调整传统的"大而全、小而全"的经营组织形式，有助于制造业企业提高核心竞争力。其次，物流产业的发展能够促进新型商业企业和业态形式的发展。随着流通体制改革的深入，传统的批发企业和储运企业已经不能适应目前市场发展的要求，都在寻求新的市场发展空间。第三，物流产业能够促进运输服务方式的创新和传统运输企业的发展。这主要表现在：一是物流服务需要把多种运输方式集成，从而为客户提供最合理的运输线路，最大限度地节约运输时间和成本，这将促进我国新型运输服务方式的发展，特别是多式联运的快速发展；二是物流服务的中心是满足市场需求，这将改变运输企业以运力为中心的经营观念，进而促进运输企业经营方式的改变；三是物流产业作为服务部门，其服务水平必须与现代经济的生产、贸易及消费发展水平相适应，这就要求运输企业大力引入现代化管理手段和技术手段，通过提高管理水平和技术水平，获得新的发展空间。最后，物流产业发展还会带动和促进许多相关领域的发展，如物流设备制造行业、以互联网技术为基础的电子商务领域等。

（4）我国物流产业发展对提高我国的国际竞争能力有极其重要的影响。一方面，发达的物流产业和基础设施有助于改善投资环境，吸引更多的外国企业和国际资本进入中国市场。目前许多跨国公司和国际先进企业在选择新的区域市场和生产基地时，都非常注重当地的物流设施和物流服务水平。另一方面，也是最为重要的方面，在我国加入WTO，经济融入世界经济一体化进程加快的背景下，无论是在国际市场还是在国内市场，我国企业都面临着巨大的、全方位的国际竞争压力。加快我国物流产业的发展已经不仅仅是强化物流领域的竞争能力问题，更重要的是，为所有的中国企业和整个国民经济创造一个高效的物流环境，提供高水平的物流服务，从整体上提高中国企业和中国经济的竞争能力，这对促进我国经济发展有十分重要的现实意义。

7.2.5 促进我国物流产业发展的建议

顺应我国经济发展需要和经济全球化的发展趋势，物流产业将成为我国经济跨世纪发展的重要产业，加快物流产业的发展对于提高我国经济的运行质量和效率，提高企业、地区乃至国家的整体竞争能力，促进国民经济各产业部门的发展，有着十分重要的现实意义。因此，政府有必要制定积极的物流产业发展政策，以有效地引导和促进我国物流产业的发展。

（1）尽快制定我国物流产业发展的方针和总体目标，明确物流产业在我国经济发展中的地位。我国物流产业的发展目前仍处在起步阶段，与发达国家的物流产业发展水平还有相当的差距。针对我国物流产业发展现状和实际存在的问题，结合我国未来经济发展的总体要求，我国物流产业发展应遵循以市场为导向，以企业为主体，以物流服务需求为依托，最大限度的降低全社会物流总成本和提高物流效率，促进和支持我国经济的健康发展的方针。

在此前提下，未来5～10年内，我国物流产业发展的总体目标应当是：通过建立健全适应物流产业发展需要的相关制度规范、发展和完善包括各种基础设施在内的物流系统，建立起基本适应我国经济发展需要的社会化、专业化的物流服务体系。其主要内容包括：培育和发展一批具有市场竞争能力、经营规模合理、技术装备水平较高的优势物流企业；以重要经济区域、中心城市及沿海枢纽港口城市为依托，建立与我国经济发展水平相适应、具备一定国际竞争能力的现代物流设施系统，基本构筑起我国的物流网络系统；与社会主义市场经济制度和物流产业发展相适应的制度规范、法律框架和政策体系。

应尽快明确物流产业在国民经济中的产业地位和其对我国经济发展有全局性重大影响的作用。一方面要在国家"十五"计划及2015年远景规划中体现这一政策导向；另一方面可借鉴日本政府《综合物流政策实施大纲》的形式，发表政府促进物流产业发展的意见或声明，以引起全社会对促进物流产业发展的重视。

（2）加强政府部门的协调，制定规范的物流产业发展政策措施，为物流产业发展营造良好的制度环境。加强政府部门之间的协调，逐步打破条块分割的传统管理格局，制定规范的物流产业发展政策,为物流产业的发展创造良好的制度环境,对促进我国物流产业快速发展是十分必要和迫切的。

一是建立必要的政府部门间协调机制。由于对运输、包装、仓储、配送、货运代理等物流功能和要素的管理涉及经贸委、计委、交通部、铁道部、民航总局、外经贸部、国家内贸局、海关、工商、税务等十几个部门,且目前上述部门在促进物流产业发展方面都十分积极,为避免政出多门和确保政府部门间政策的协调一致,有必要建立起政府部门间的协调机制。可供选择的方案有:一是由政府综合管理部门牵头,负责协调各个相关部门的政策;二是组成由相关政府部门为成员的部门联席会议或部门间的促进物流发展的政策委员会,专门负责研究、制定和协调物流成员发展的相关政策,其具体办事机构可以由政府综合管理部门来承担。

二是物流管理制度和相关政策的调整。首先要对现行政策中影响物流产业发展的相关规章制度进行必要的清理,特别是对妨碍公平竞争、限制市场准入等方面的政策进行清理,为物流产业发展创造相对宽松的政策环境;其次是要研究和制定适应社会主义市场经济体制和现代物流产业发展的物流管理制度和有关政策,以保障我国物流产业在规范管理制度环境中健康发展。

在此基础上,结合政府当前的政策取向,在物流基础设施建设与物流装备更新的融资政策上、在物流基地的土地使用政策上、在物流服务及运输价格政策及工商登记管理政策上,研究制定一些有利于物流产业发展的支持性措施。

(3) 积极引导工商企业优化企业物流管理,为物流产业发展培育坚实的市场需求基础。物流产业的发展必须建立在工商企业物流管理水平不断提高的基础上。当前有必要学习和借鉴山东省经贸委优化企业物流管理的试点经验,政府部门应当加大对现代物流管理的宣传,引导工商企业加强企业内部物流管理,提高企业物流管理水平。在此基础上,引导企业调整经营组织结构,剥离低效的物流部门,逐步实现企业物流活动的社会化,为物流产业发展培育广泛而坚实的市场需求基础。

(4) 大力发展"第三方物流"企业,培育物流产业的市场主体。政府应采取多种形式鼓励专业化、社会化物流服务企业的发展:一是鼓励从事运输服务、仓储服务、货运代理服务和批发配送业务的企业,允许它们根据自身业务优势,围绕市场需求,延伸物流服务范围和领域,逐渐成为部分或全程物流服务的供应者;二是在规范市场准入标准基础上,鼓励多元化投资主体进入物流服务市场;三是对工商登记、税收征管制度等进行必要的调整,鼓励企业实现跨区域经营;四是培育大型物流企业,鼓励一些已经具备一定物流服务业务专长、组织基础和管理水平的大型企业加速向物流领域转变,尽快形成竞争优势,成为我国物流发展的领先者。

(5) 在国家及各地的"十五"规划中,统筹考虑新型物流基础设施的发展要求,避免重复建设和资源浪费。目前,许多地方政府都在制定"十五"规划的过程中,积极地研究和制定地区的物流发展规划,对此中央政府要给予支持和肯定。同时,中央政府也要在

"十五"规划中,特别是在交通专项规划中,对关系物流产业发展的各种物流基础设施进行统筹规划,并注意协调不同地区、城市之间的物流设施发展规划,以避免可能出现的重复建设和资源浪费。在科学规划的基础上,各级政府可有选择地、有针对性地加大对物流设施的资金投入,并制定一些鼓励多元化市场主体投资物流设施的政策,以加快物流设施系统的形成和完善。

(6) 采取积极的措施,促进物流信息系统的发展,加快物流标准化的进程。第一,重视物流信息系统的建设和发展,为物流产业发展提供必要的物流信息平台。政府应首先促进现代信息管理技术,如ERP、MRP等在物流企业和广大工商企业内部物流管理中的应用,全面提高企业的信息管理水平。在此基础上,鼓励和帮助企业实现信息资源的共享和连通,特别是利用互联网技术推进物流信息平台的建设,为物流信息交流的畅通和高效创造条件。第二,加强各种物流标准的建设工作,推进我国物流产业的标准化进程。针对当前物流标准化进程中存在的问题和国际物流标准化的发展方向,政府要加强对物流标准化工作的重视。一方面要在物流用语、计量标准、技术标准、数据传输标准、物流作业和服务标准等方面做好基础工作;另一方面,也是更为重要的方面,要加强标准化工作的协调和组织工作,对国家已经颁布的各种与物流活动相关的国家标准、行业标准进行深入研究,对已经落后于经济技术发展水平的标准应尽快淘汰,并代之以新型标准;对托盘、集装箱、各种物流搬运和装卸设施、物流中心、条形码等通用性较强的物流设施和装备的标准进行全面梳理,并进行适当的修订和完善,以使各种相关的技术标准协调一致,从而提高物流产业中货物和相关信息的流转效率。

(7) 重视现代物流领域的研究和创新工作,加快物流人才的培养,从整体上提高中国物流产业的技术水平和教育水平。从某种意义来说,物流产业是一个技术密集型产业,它不仅吸纳和使用着许多代表当今科技发展水平的现代化技术,其自身也在不断创新和开发许多独特的物流技术。目前我国物流领域的研究工作还相当薄弱,使得我国物流领域中还有许多环节、部门处在极其原始和落后的技术水平上,因此政府应积极支持和引导物流科研工作。一方面要积极支持物流基础理论和技术的研究,另一方面要充分调动企业、大学和科研机构的积极性并促进它们之间的合作,加强应用性物流技术的开发和应用。

多层次、多样化的物流教育是保证物流产业形成合理人才结构、提高物流管理水平的决定性因素。首先,政府应当鼓励和允许各高等院校按照市场对人才的需求开办和设置相关的专业和课程,让有条件的院校开办物流专业或相关专业课程,为物流领域培养高级的经营管理人才。其次,引导企业、行业组织及民办教育机构参与并开展多层次的物流人才培训和教育工作,并借鉴国际经验,在物流产业中推行物流从业人员的资格管理制度,即根据其受教育的程度、物流专业知识和技能特长,确认其所能从事的物流工作。

(8) 充分发挥各物流行业协会的作用,逐步促进物流行业协会的联合和协调发展。目前在国内物流领域影响较大、有一定规模的物流行业协会有10余家,如中国交通运输协会、中国物资流通协会、中国仓储协会等。国家应当充分发挥现有各物流行业协会的作用,促进各物流行业协会所在行业物流管理水平的提高,促进专业化、社会化物流服务的发展,使其成为所在行业与政府部门之间的一个重要桥梁和纽带。虽然目前发达国家的物流协会发展趋向统一，但这是市场选择的结果，是物流产业发展到一定阶段的必然要求。我国物流产业尚在初期阶段，各个物流行业协会都还没有树立起在物流领域中的权威地位，也尚未得到所有物流企业的认可，因此目前没有必要和可能将各种物流行业协会统一起来。政府可以根据我国物流产业发展的进程和企业与市场的需要，逐步引导物流行业协会的联合和统一。

结合上述制度改革和政策措施，政府可考虑借鉴日本的经验，出台一个鼓励物流产业发展的纲领性文件，明确我国物流产业发展的方向和主要的政策措施，以引导和促进我国物流产业的健康发展。

7.3 物流企业的现状与发展趋势

7.3.1 物流企业的种类与行业划分

前面已经提到了物流产业的主要构成领域，按照物流基础产业、物流装备制造产业、物流系统产业、第三方物流产业、货主物流产业五个领域做了大分类。这是全部物流产业的分类，具体的按照物流行业归类的物流企业，是本节要说明的问题。

除去上述分类方法，在经济管理活动中及经济科学研究中还常常使用以下分类：按照物流活动的基础和运作关系，区分为物流基础平台、物流信息平台、物流运作企业三个领域；按照物流活动的主体，分成物流服务业和自营物流两个领域。

一般而言，物流企业主要是针对具体进行实物物流的运作企业而言的。下面的企业分类，就是针对从事实物物流运作的企业而言的。

（1）铁道运输业。在物流领域具体讲是铁道货运业，这一行业包括与铁道运输有关的装卸、储运、小搬运等，在物流概念中是属于运输范畴的活动。铁道运输业从事的业务有整车运输业务、集装箱运输业务、零担货运业务和行李货运业务四类。

（2）汽车货运业。汽车货运业在我国有特殊汽车货运和一般汽车货运两个行业领域。特殊货运是专运长、大、重或危险品、特殊物品的货运业，一般汽车货运业从事长途或区域内货运。汽车货运业在许多领域是附属其他行业之下，而不自成行业或不独立核算。例如为配合仓储进发货的汽车运输，为实现配送的汽车运输，为增加铁道、航空、水运等服务功能的汽车运输等，都各隶属于主体行业。

（3）远洋货运业。从事海上长途运输的船运行业，就是一般所称的海运业。这种行业的业务活动是以船舶为运输中心，还包含港湾装卸和运输、保管等，这种运输往往是国际物流的一个领域。远洋运输业从事的业务内容有船舶运输、船舶租赁和租让、运输代办等。

（4）沿海船运业。主要从事近海、沿海的海运。

（5）内河船运业。在内河水道从事船舶货运的行业。海运、沿海船运及内河船运三种运输形态使用的船舶吨位、技术性能、管理方式都有所区别，因而各自形成独立的行业。

（6）航空货运业。又可分为航空货运业和航空货运代理业，前者直接接收货运委托，后者是中间人行业，受货主委托，代办航空货运。航空货运业的主要业务有国际航空货运、国内航空货运、快运、包机运输等。

（7）集装箱联运业。专门办理集装箱"一票到底"联运的集装箱运输办理业，可以受货主委托完成各种运输方式的联合运输，并组织集装箱"门到门"运输、集装箱回运等业务。

（8）仓库业。以出租仓库货位或全部仓库为主体的行业，包括代存、代储、自营自储等。

（9）储运业。以中转货物为主的仓储业。这是以储存为主体的兼有多种职能的行业，包含若干小行业也包括某些和储存联系密切的运输业，所以称做储运业。我国储运业有五大行业，即军队储运业、物资储运业、粮食储运业、商业储运业及乡镇储运业。

（10）托运业。以代办各种小量、零担运输和代包装为主体的行业。

（11）货代业。以代办大规模、大批量货物承运代理、通关、报关、运输为主体的行业。

（12）起重装卸业。以大件、笨重货物装卸、安装及搬运为主体的行业。

（13）快递业。以承接并组织快运且承担送货到门快运服务为主体的行业。

（14）拆船业。以拆船加工为主体的"再生物流"行业。

（15）拆车业。以拆解汽车为主体的行业。

（16）集装箱租赁业。专门从事集装箱出租的行业。

（17）托盘联营业。组织托盘出租、交换等业务的行业。

（18）配送业。以配送为主体的各类行业，这个行业要从事大量商流活动，是商流、物流一体化的行业。

（19）第三方物流业。以接受委托进行物流全程或物流某些环节，或供应链物流服务的行业。第三方物流业是现代物流领域的新兴行业。

（20）物流软件业。

7.3.2　我国物流企业的现状

1. 案例介绍

1）海尔集团

海尔发展经历了名牌战略阶段（1984—1992）、多元化发展阶段（1992—1998）和网络化阶段（1998—2000），家电产品信息化关键是企业的信息化，是企业对于新的技术的理解和充分实施。物流的推进和组成向第三方物流靠拢。

海尔物流的推进计划包括：

物流重组：建立机构，整合整个物流资源，降低物流成本；

供应链管理：实施供应链一体化管理，提高物流的竞争力；

物流产业化：物流将成为海尔在信息化经济时代的增长点。

海尔对物流的要求包括：

（1）物流容器标准化、单元化；

（2）搬运计划化；

（3）供应商供货标准化；

（4）实施ERP，实现网络化；

（5）建设现代化的全自动立体库。

海尔立体库是海尔的重点库区，是最先进的立体库，分为出入库平台系统、堆货机系统、货架系统。海尔立体库采用单元货格式形式，库高15米，面积10 000平方米，总投资3 000万元，采用巷道式堆垛机和自动寻址系统，利用各种运送机、叉车、自动搬运小车、升降机及其他机械使高货架区和作业区连成一体，构成立体仓库物流系统。

2）上海菱华物流中心

上海菱华物流中心是由日本三菱公司投资兴建的，专门为索尼公司上海索广电子有限公司索广、索尼品牌的DVD、电视、摄像机等产品做中国地区的物资配送。上海菱华物流中心分为上海菱华仓储服务有限公司、上海浦菱储运有限公司，其中上海浦菱储运有限公司负责索广产品在长江、珠江三角洲地区的配送业务。上海菱华仓储服务有限公司占地约30亩，建筑面积1万平方米；库房为混凝土二层建筑，层高6米，采用中央滚动式货梯，库区全部采用条码识别系统，机械化作业，采取先进先出原则；库区与上货区、下货区彻底隔离，库房内严禁进入。

3）北京太平洋物流有限公司

北京太平洋物流有限公司是在华北地区实施配送的代理公司。索尼公司的要求非常严格，包装箱在运输过程中不能有任何倒角，箱体印刷不能磨损，不准有汗迹或划痕。索尼产品出库时实施铅封，不准拼装，货物套封袋，边缘用泡沫添塞。运输结算按中国交通部的规定运费收取。

4）上海华联配送中心

上海华联配送中心是由上海华联股份公司投资兴建的。作为华联连锁超市在长江三角洲地区的配送中心，其主要业务为集货、加工、分货、拣选、配货，并组织对连锁超市的送货、补货。补货数量、时间由各连锁超市根据每日的销售报告分析得出，再由配送中心统一配送。

上海华联配送中心拥有30辆不同规格的电动牵引车、叉车、高位三向叉车并采用条码识别系统，应用于中心的入库、出库、盘点、配货。末端采用与连锁 POS 系统相连的电子配货系统，可以及时了解连锁店的需求，并根据需求向配送中心发布作业指令。上海华联配送中心占地约 2 公顷，库房为一体式建筑，分上货区、配货区，面积 2 万平方米，全部采用横梁式高位货架，货架间距 2.5 米。

在自己家门前购物早已成为上海人的习惯，上海人大部分拥有超市购物卡。准时定点的配送保证了商品的种类齐全，而先进的管理技术使华联获得了明显的竞争优势。华联采取实时结算方式，使价格降低到极限，订单式采购使供应商便于安排其生产、运作，这对于食品类商品起到了重要作用。

5）上海精星仓储设备工程有限公司

上海精星仓储设备工程有限公司地处上海莘庄工业区，专门从事自动化立体仓库、组合货架、堆垛机及其他物流周边设备的设计、制造、安装和调试。公司占地面积 3 公顷，厂房面积 20 000 平方米。公司拥有瑞士金马喷涂线、德国技术型材轧机线和各类通用机床。

其主要工程项目有：浙江医药股份有限公司自动化仓库、北京环球物流有限公司栋梁式货架、上海大众汽车有限公司自滑式货架、东方集装箱有限公司通廊式货架等。

通过初步的接触，上海精星仓储设备有限公司做出了华瑞配送中心横梁式货架设计方案，并表示出在西北地区开展业务的浓厚兴趣。

6）上海源流科技有限公司

上海源流科技有限公司是一家为工业工程领域进行物流诊断及进行企业物流系统方案设计、规划、决策的专业化公司。它为上海大众、上海日立、上海通用、青岛海尔、青岛海信、广东美的、青岛澳柯玛等企业实施了物流诊断、设计、咨询、规划及第三方配送中心的实施管理。该公司主要是一家物流咨询公司，与德国 SYSCON 物流系统咨询公司有着良好的合作关系。

7）上海大众发展（集团）股份有限公司

上海大众发展（集团）股份有限公司的下属公司有大众物流有限公司、大众便捷货运有限公司、大众国际货运代理有限公司、大众集装箱货运有限公司、大众快递公司、大众电子商务股份有限公司。大众物流有限公司年总收入约 7 亿元，包括货运、客运、巴士、出租，其中有 1 000 辆 0.6～0.9 吨的货运车辆，每年纯利润约 450 万元。已成为国家交通部零担货运试点单位之一。

大众物流有限公司为大众股份的全资子公司之一，主要业务包括货物运输、仓储理货、货运代理，下设有搬场、储运、货代、配载中心库几个分公司。大众便捷货运有限公司的主要业务为华东地区及上海市内货运配送，拥有各类运输车辆 1 000 余辆，配备有最先进的 GPS 卫星定位系统，在行业中处于领先地位。

公司从事企事业单位、超市、宾馆和居民的中小件货物运输及电子商务公司的物流配送，兼营市内速递、货运代理、仓储包装等相关业务。现在已经能够为 BTOC 型的电子商务公司做配送代理。其主要客户有 8848、亚商在线、联想、昂立、百氏等。这些企业委托大众物流做配送、结算、反馈信息的一条龙物流服务。大众物流近期主要致力于提供交通及其延伸服务和构建以物流配送网络作为发展方向的电子商务平台（网址：www.82222.com），对原有的服务项目进行延展。可提供出租、搬场、租车、接机、旅游、货运等服务，并计划在长江三角洲区域实施 GPS 卫星定位系统规划。

2. 现状总结

（1）我国物流企业分布不均衡，大部分先进的物流企业分布在沿海一带。

（2）沿海地区的物流业在对于 5S 优质服务（无缺货、无损伤和丢失现象、迅速及时、规模适当、合理控制库存量）方面趋向于靠拢物流所要达到的目标。

（3）企业之间的联系及业务往来趋向于专业化，电子化。

（4）物流企业间的互补与合作广泛，并通过长期合作建立了良好的信誉。例如，集中于上海宝山区和张江工业区的中创集装箱有限公司、华安集装箱有限公司、华东集装箱有限公司、江湾储运公司、上海虹鑫物流有限公司、上海大众物流等公司之间的信息与业务往来建立了很好的合作典范。

（5）对于新技术的实践已充分显现出效益，如 GPS 系统和 IT 技术的应用，已使物流企业的核心发生变化。作为物流企业，加强信息技术方面的投资或与物流信息企业联合，完善企业信息系统建设，加强物流组织过程中的信息处理功能，为物流活动的开展提供网络化、强有力的信息支持，借助信息技术，利用电子商务技术整合企业现行的业务流程，通过并购、代理等方式走规模经营、网络化的道路，迅速扩大企业的规模，才有可能在以后的竞争中不被淘汰。通过这种方式，可以使网络融入企业的管理与生产，给企业带来大的变化：一是服务加值；二是增强了与客户的联系；三是市场扩大；四是给顾客带来许多方便；五是建立起适应网络发展的新型管理机制；六是员工素质大幅度提高；七是减少库存；八是减少人力，实现人力与物力资源的最佳配置；九是减少配件供给时间；十是降低采购费用。这样就建立起一种"效率式交易"的管理与生产模式。

7.3.3　发达国家物流企业的现状与发展趋势

1. 案例介绍

1）德国 BASP 公司

德国 BASP 公司成立于 1865 年，是世界上最大的化工企业之一。德国 BASP 公司目前世界各地有 300 多个分公司（工厂），22 个产品生产部门；在亚洲 16 个国家地区设有 30 多家分公司、12 个生产厂。其总部设在物流产业较为发达的新加坡。

其物流管理的主要特点为：

（1）分公司一般不设物流等辅助部门，分公司的生产和销售由总公司负责，而区域性的物流服务由地区总部下设的物流部门统一负责，即通过计算机联网将各分公司的物流业务统一起来运营；

（2）在物流服务运作上，采用了目前世界上流行的第三方物流服务，既省去了投资，又便于集中精力抓生产和销售；

（3）通过统一物流来统一各分公司的生产、销售流程，从而提高了公司整体管理水平。

2）美国橡胶公司

该公司生产工业橡胶、轮胎等制品，在美国各地有很多生产工厂，并建有46个仓库。由于经营范围和形式不断发展，公司不但自己生产多种轮胎，而且有很多橡胶制品是从国外进口的，如意大利生产的轮胎。该公司建造的许多仓库的库容量已超过自身的需要；同时，该公司也发现这些物流设施还能为企业创造更多的利润，以取得良好的效益。于是，该公司把这一部分人和物划出来，成立了一个物流子公司，并与之签订合同，要求该子公司为轮胎生产保留一半的仓位，而另一半可自行向外开放，经营谋利。所以，这个物流子公司从橡胶公司买下了仓库，即保留了原有的最大主顾，又能为社会提供服务。

3）杜邦公司

杜邦公司是世界上最大的化工公司。几年前杜邦公司将它在北美的物流业务全部交给了APL公司（东方海皇的一个分支机构，第三方物流公司），APL分支为杜邦400个运输点及上千个零售店及客户管理原料、成品的运输及销售，APL为杜邦每年处理的合同有25～30个。

4）卓越公司

它是由一个企业兼并许多小的配送中心而形成的一个物流集团公司，提供多种完好的物流服务。该公司的所有人是一位英国人，他买下了美国公路运输的一部分企业，投身于物流运输业。到1985年，他建立了七八家大型物流企业，形成一个很大的集团。开始的时候该公司只搞区域性服务，而现已形成全国性的集团，业务扩展到整个北美（包括加拿大、墨西哥）。

5）美国干货储藏公司

该公司成立于1960年，开始只是一家普通的仓储企业，从1969年起将各地的仓库改造为运输与配送公司，并于1981年签订了第一份配送合同，从此公司的配送中心及配送业务发展到全美国，公司名称也由原来的干货储藏公司变更为干货物流公司。该公司的服务区域很大，所以它能在全美各地开设物流业务，提供服务。目前它拥有35家配送中心，100万平方米的仓库，可将300多家工厂生产的商品配送给美国各地7 000家零售企业。

6）德国大众汽车公司

德国大众汽车公司的零库存实施方法——JIT。德国大众汽车公司将所需采购的零配件按使用的频率分为高、中、低三个部分，依次为80%、15%、5%；按所含价值量高低分为高、中、低三个部分，依次为80%、15%、5%；使用频率高和价值含量高重合部分为需即时供应的零配件，目前为20%。实际操作的基础条件首先是供方和需方的计算机联网，其二是将质量控制转变为质量生产，供方要绝对保证其所提供的配件的质量。具体操作如下：某种需即时供应的配件在前12个月，供方通过联网的计算机得到需方的需求量，这个需求量的准确性较差，假设在650件至350件之间，误差上下各30%；前3个月供方又从计算机得到较准确的需求量，大致在550件至450件之间，上下相差各10%；在前一个月供方得到更近似的需求量，在510件至490件之间，相差上下各1%；到前一个星期获得精确的需求量为550件。这批配件在供货的头两天开始生产，成品直接运到大众汽车公司的生产线上。借助计算机的信息网络及质量生产，供应商不仅为他的用户即时供应所需配件，而且他的供应商也得到相应的信息，向他即时供应所需原材料，即时供应潜力很大。据德国有关方面统计和分析，通过有效的即时供应，目前能使德国生产企业库存下降4%，运输成本降低15%。

2. 发达国家物流企业的变化

科技进步，尤其是IT技术的发展及相关产业的合并和联盟，促进了物流业的快速发展。连接生产与消费的供应链在空间距离上正在变得越来越长，但时间却大大缩短了，使得市场的需求有利于那些拥有丰富的资源和专长并且能够提供多样化服务的大型经营商，从而使传统的零散、分割的经营方式被打破，取而代之的是新兴的不同运输方式之间的组合，如当今正涌现出一些能提供各种运输方式和具有跟踪与仓储能力的大型公司，并且这种公司将极有可能在物流行业中占主导地位。

尽管目前网上订单在整个业务中的比重还很小，甚至是微不足道的，但未来电子商务将成为最主要的经营模式。因特网给物流公司和其客户提供了最廉价、最便捷的跟踪交流模式。

物流技术的飞速发展为物流供应商提供了发展机遇，他们提高效率以降低成本和提高合同条款质量以增加客户需求。技术进步、工业和服务业合并、进入壁垒升高三大因素推动着国际物流进入快速发展时期。可以预计，它还将给物流业带来一系列的变化。

（1）历史回报率低。一方面因为技术的广泛应用，另一方面消费者比较价格的能力增强，迫使相关地区的物流供应商不得不降低利润率来满足市场需求。价格大战使得物流公司普遍出现了价格大幅度降低的严峻局面。

（2）调整产业结构。整个产业结构的矛盾在20世纪90年代末达到顶峰，导致在一段时期内出现产业重组与经营结构调整。那些价格过高的经营者备受打击，不得不下调价格，并购与重组成为市场的主流。因此，21世纪的物流业在结构上比以往更加合理，而且将资金投向技术的应用发展上，从而为降低成本打下基础。

（3）电子商务。从理论上说，互联网的革命将对物流业产生巨大的影响，电子商务将对物流产生巨大作用。具体来看，供应链信息系统取代以往昂贵的库存系统是大势所趋，为了与新进入者竞争，物流供应商会在他们的品牌中加入电子商务一项，利用电子商务来提高竞争力。

（4）打破分割。新技术发展和产业合并逐步打破了传统的物流分割经营模式。配送中心会越来越多，配送里程也会加长。这种发展趋势将导致传统经营模式的突破，要求空运和公路、铁路运输进一步加强协调。如果"门到门"服务成为供应链中的主要环节，势必给绝大部分物流供应商带来严峻的挑战，那么对欧洲邮政行业来说，则具有先天的竞争优势。

（5）增加获利机会。技术革新给物流产业提供了两个发展机遇，即创造更有效率的供应链和增加与消费者协商合作的机会。2000年很多大型物流公司在股票市场表现良好，一些小型公司的股票也从行业并购中获益。2000年年底德国邮政上市，将改写欧洲物流行业的历史，为市场创造更多的投资机会。

3. 物流业结构

从结构上看，发达地区物流市场主要分为三个部分：第三方物流、空运和海运货代、卡车货运网络（包括拼车与整车运输）。随着国际贸易的快速增长及企业为了专注于其核心业务而将其他业务外包，市场对第三方物流服务的需求与日俱增，物流因此成为发展最快的行业之一。

首先，物流增长因地而异。第三方物流在欧洲、亚洲与美国都有发展，但速度各不相同。英国发展速度在5%～10%之间；欧洲大陆的发展速度在10%～20%之间；美国的发展速度接近20%；亚洲的市场最不成熟，增长速度千差万别。规模大的经营者增长速度快，与小规模经营者相比，他们能够赢得更多的外购合同数量和有利的价格。另外，外购越来越多地为人所接受，大型公司将更多的业务外包给他们已有的物流服务提供商。

其次，物流增长因行业而不同。以英国为例，由于市场越来越成熟，合同物流占到40%左右，零售物流增长相对缓慢。在工业物流中，外包合同率很低，因此有较大的增长空间，估计在20%以上。

确定欧洲物流市场的"龙头"公司是相当复杂的，因为物流还没有统一而明确的定义，来自于不同背景的从事物流服务的公司千差万别，但都宣称能提供物流服务。此外，确定第三方物流的净收入也不容易，需要反映出为购买运输成本所花费的各种资金。

4. 发展趋势

（1）国际范围的竞争更加激烈。一般而言，物流业务实行外包取决于两个因素：一是通过外包可以真正达到企业降低成本的目的，特别是在市场还没发展成熟的欧洲、亚洲和北美；二是国际贸易的强劲增长态势要求物流服务业跟上发展。然而，物流及配送市场都在不断发生变化，并且其他一些因素也开始发挥作用，如供应链全球化、适时性生产（JUST-IN-TIME）、电子商务等。

以往的物流都是一国或某一地区内的物流公司在本国市场范围内向需求者提供服务，而国际公司主要是通过雇佣分布在不同区域的当地物流公司来完成业务。结果物流市场被零散分割，众多小型的地方物流公司在国内市场展开激烈的竞争。

20世纪80年代，英国首先提出了地区整合观念，因为国际化的大型公司越来越多地愿意寻求可以向周围辐射的单一地区配送中心。这种配送中心具备双重作用：减少仓库建设和人员成本，增加存货透明度和加强物流的流程控制。这种趋势在欧洲特别具有典型性，因为大型国际集团准备建立一个单一的欧洲配送中心（EDC）。在欧洲现有的955个配送中心中，56%集中在荷兰，另有12%分布在比利时。如此分布，是因为比利时、荷兰、卢森堡三国经济联盟位于欧洲的中心地带，通往欧洲各地非常方便。

对物流业来说，地区配送中心的建立有利于它的发展。由于与以往相比，新型的物流能更广泛地覆盖整个地区，地区配送操作一体化也得以实现，所以合同数量会增加。这种趋势无疑将有利于全球性的物流供应商，比如TNT、EXEL、HAYS和TIBBETT&BRITTEN。这些公司支付的费用仅仅相当于小型国内物流公司的费用，但收效却能遍及整个欧洲。

下一步发展将是覆盖全球，因为生产型公司更多的是着眼于海外制造，物流需求也随之变得更为复杂。货物将在国际间穿梭，而且时间限制更加严格。本地化的物流公司不得不打破地区界限，向区域化的物流公司转化，以适应国际供应链发展的需要。供应链的全球化将导致越来越多的跨国公司减少物流供应商的数量，并对业务流程进行整合。

近期出现的第四方物流，是指对一个公司的整个供应链进行经营和集成化管理，是当前所谓的最前沿物流供应商，提供从运输到仓储再到售后服务的全套综合性服务，利用他们的技术将各分离的供应链单元（如果有必要，可以使用不同的提供商）集成起来，如TNT、HAYS和UPS就是很好的例子。

（2）提供范围更广泛的物流服务。谈起物流企业，人们最多想到的是它们提供的仓储、分拨和运送服务。事实上，物流企业所提供的服务内容已远远超过这些，有些服务甚至超乎人们的想像。那么，美国的物流公司到底在做什么呢？

由于不断缩减供应链成本的需要，制造商和零售商们要求那些第三方物流公司做得更多一些。因此，第三方物流公司提供的仓储、分拨设施、维修服务、电子跟踪和其他具有附加值的服务日益增加，而这些工作过去常常是由零售商自己去做的。

例如，位于美国加利福尼亚州的三角网络公司（Triangle Network），向为数众多的零售商和服装公司提供拼箱和分拨服务。

在洛杉矶和长滩港附近，三角网络公司拥有8座10公顷以上的仓库和大量集散分送交叉装箱平台设施。依靠这些设施，该公司可以帮助生产商减少包括修建仓库、配备分拨人员及设施在内的巨额费用。

三角网络公司的仓储中心提供越来越多的具有附加值的服务，如商品包装、条形码粘贴、质量控制检查，甚至还有缝补和压熨衣服。过去，这些工作常都是由制造商来做。

物流服务商正在变为客户服务中心、加工和维修中心、信息处理中心和金融中心。

在零售业领域，物流服务商的仓储中心正将零售商的经营和那些服装及其附属品生产商紧密地结合起来。比如，三角网络公司为来自亚洲、墨西哥和加利福尼亚南部的服装生产商提供收货、加工和包装服务，并将其产品运送到零售商手中。

让制造商和零售商放心地放弃一些工作，尤其是把质量控制工作交给第三方物流商，这并非易事。他们不放心把这项工作交给物流企业的仓储部门。

在为 Esprit 公司的产品提供仓储服务时，三角网络公司根据客户确定的产品检验、维修和报废质量标准来做具体执行工作。对像 Esprit 这样的大客户，三角网络公司只采用客户自己的仓储管理系统软件，虽然三角网络公司也有类似的软件。

对于那些准备将服装直接运送到零售商店柜台上的客户，三角网络公司的仓储中心提供各种各样的服务，包括将衣服挂在衣架上、为每一套服装套上塑料包装、将零售商的标签贴在商品上、纸箱上粘贴条形码、为零售商和制造商开具电子发票等。

在一个仓储中心将上述工作一起来做，可以把产品从原产地运到目的地的时间减少一半，甚至更多。在高技术制造领域，仓储中心可以减少库存量和资金开支。以太阳微系统公司（Sun Microsystems）为例，它需要将产品部件运送到生产设备上，以维持 8～12 小时的生产循环。太阳微系统公司有 3 个分拨中心，但它的目标是将这些设施全部撤掉。美国亚太物流公司经理理查德·埃利斯说，未来的太阳微系统分拨中心就是流动在高速公路上的 18 个车轮。

值得注意的是，仓储中心也降低了运输成本。在三角网络公司设在康普顿的有 52 个出口的交叉装箱平台仓库，50 家不同的供应商提供的服装及其附件饰品被一起装在一辆卡车上运送到零售商手里。这种将多个供应商联合起来的模式也减少了汽车制造业中卡车空间的浪费。本田美国公司将来自 405 家供应商的零部件运到设在俄亥俄州马里斯维尔的制造厂，工作日内每隔一小时就要运送一次，目前已全面采用了交叉装箱平台管理。这种运作方式保证了卡车始终满载，本田美国公司因此而节省的零件供应运输费用一年就达 100 万美元。

（3）并购风潮愈演愈烈。世界上各行业大型企业之间的并购浪潮和网上贸易迅速发展，使国际贸易的货物流动加速向全球化方向前进。为适应这一发展趋势，美国和欧洲的大型物流企业跨越国境，展开连横合纵式的并购，大力拓展国际物流市场，以争取更大的市场份额。

不久前，德国国营邮政出资 11.4 亿美元收购了美国大型的陆上运输企业 AEI，AEI1998 年的销售额达 15 亿美元，是美国国内排列前 10 位的大型物流运输公司。德国邮政公司这一举动的目的是把自己的航空运输网与 AEI 在美国的运输物流网合并统一，增强竞争力，以与美国的 UPS 和联邦快递相抗衡。

美国的 UPS 则并购了总部设在迈阿密的航空货运公司——挑战航空公司。该公司与南美 18 个国家签订了领空自由通航协议，它与这 18 个国家的空运物流量在美国同行中位居第一。UPS 计划将自己在美国的最大物流运输网与挑战航空公司在南美洲的物流网相结合，从而实现南北美洲两个大陆一体化的整体物流网络。

美国联邦快递公司投资 2 亿美元，在法国的戴高乐机场建设小件货物仓储运输设施，目的是将欧洲 38 个城市的空中物流和陆地物流连为一体，发展 38 个城市间的空中和陆地一体化快递服务，使欧洲主要城市间的邮递物流业面貌一新，因为欧洲整个邮政市场将分阶段地逐步实现完全自由化。

据不完全统计，1999 年美国物流运输企业间的并购数已达 23 件，并购总金额达 6.25 亿美元。德国邮政公司在最近两年间并购欧洲地区物流企业达 11 家，现在它已发展成为年销售额达 290 亿美元的欧洲巨型物流企业。UPS 在 1999 年 11 月宣布，它要增资发行新股，收购美国和欧洲的物流企业。

1999 年欧洲物流企业并购呈现出另外一个特点，就是国有企业并购民营企业，例如，英国国营邮政公司并购了德国大型的民营物流企业 PARCE，法国邮政收购了德国的民营敦克豪斯公司。

德国、英国和法国的邮政公司为争夺欧洲物流市场，竞相收购民营大型物流运输企业。在欧洲地区展开联合和并购活动，下一步将会把并购目标和物流市场目标直接指向北美洲等地区。

国际物流市场专家们认为，世界上各行业企业间的国际联合与并购必然带动国际物流业加速向全球化方向发展，而物流业全球化的发展走势又必然推动和促进各国物流企业的联合和并购活动。新组成的物流联合企业、跨国公司将充分发挥互联网的优势，及时准确地掌握全球的物流动态信息，调动自己在世界各地的物流网点，构筑起本公司全球一体化的物流网络，节省时间和费用，将空载率压缩到最低限度，从而战胜竞争对手，为货主提供优质物价服务。

总之，电子商务的迅速发展、各种学科技术的前进都在推动物流产业及物流企业向专业化与社会化、功能与服务的系统化、业务运作的网络化、管理手段与设备的自动化、区域上的全球化、联合与合作的方向大步迈进。

习题

1. 物流产业是如何构成的？
2. 我国物流产业的发展现状如何？有何问题？
3. 思考我国发展物流产业的对策。

第 8 章

物 流 政 策

8.1 发展物流的政策及其目的

8.1.1 公共政策

"政策"一词往往与路线、方针、原则相联系,《辞海》中政策的定义是"国家、政党为实现一定时期的路线和任务而规定的行动准则"。因此,大多数人认为,政策体现了国家的管理行为。事实上,一般的社会团体或各类组织,同样也存在着为实现一定阶段的任务而规定行动准则的活动,只不过是性质、范围和影响力不同而已。

政府为实现一定目的而采取的一系列活动,实际上是"公共政策"。它与政策的差别就体现在"公共"二字上。从理论上讲,凡是为解决社会公共问题的政策,都可以看成是公共政策,但在所有制定公共政策的主体中,最基本、最核心的是政府。因此不少人把公共政策看成是基本由政府为处理社会公共事务而制定出的行动准则。

对公共政策的认识,不同学者间的差别也很大。表 8-1 是有代表性的学者的认识的比较。

表 8-1 学者对公共政策的认识

学者	对公共政策的认识	认识的简略分析
伍德罗·威尔逊	公共政策是由政治家,即具有立法权者制定的,而由行政人员执行的法律和法规。	对政策内容规定得太窄,并受到政治与行政二元论的影响。

续表

学者	对公共政策的认识	认识的简略分析
戴维·伊斯顿	对全社会的价值左右权威的分配。	侧重于公共政策的价值分配功能,但对价值可以有广义的理解。
拉斯韦尔·卡普兰	一种具有目标、价值与策略的大型计划。	强调了政策作为一种以特定目标为取向的行动计划,以及它与一般计划的区别,但内涵过于笼统。
托马斯·戴伊	凡是政府决定做的或者不做的事情就是公共政策。	强调了政策的表现形式,特别提出了"不做"的形式。但没有严格地指出政府要做的事情与决定做的事情之间存在的偏差。
张金马	党和政府用以规范、引导有关机构团体和个人行动的准则或指南,其表现形式有法律规章、行政命令、政府首脑的书面或口头声明和指示以及行动计划与策略等。	比较全面地指出了公共政策的表现方式,而且突出了它是一种行为规范,但定义没有把公共政策的本质反映出来。

美国学者戴维·伊斯顿从政治系统分析理论出发,认为公共政策是政治系统权威性决定的输出,因而得出了表 8-1 中所下的定义。这一定义突出了以下 3 个思想:

(1) 制定公共政策是为了价值分配;
(2) 分配的范围是全社会;
(3) 分配的影响力是权威性的。

但公共政策的功能绝不仅限于分配上。政府分配价值是一个动态过程,分配的基础是政府选择价值和综合价值,而分配的关键是落实价值。在社会公共价值中,由价值选择到价值综合,由价值分配到利益价值,这是一个完整的过程。公共政策的过程取向是与这种价值取向完全一致的。

因此,在对公共政策的本质理解上,应突出以下内容:

(1) 是对全社会的价值分配,而不是其他分配;
(2) 是基于多种价值关系上的有选择的价值分配,而不是盲目的分配;
(3) 是通过综合各种利益矛盾后的价值分配,而不是孤立地就事论事式的分配;
(4) 是要在实践中得到兑现的价值分配,而不是口头或纸上的价值分配。

由此,公共政策的定义如下:公共政策是政府依据特定时期的目标,在对社会公共价值进行选择、综合、分配和落实的过程中所制定的行为准则。

国家发展物流的政策也是一种公共政策,公共政策制定与分析中所运用到的原则、方法手段,同样适用于国家制定发展物流的政策。

8.1.2 政府制定物流政策的目的

要制定发展物流政策，首先要了解公共政策中政府、市场、公共政策的相互关系。

政府的活动在相当大的程度上是由被察觉到的市场缺陷所引起的，而政府的介入，主要又是通过公共政策去弥补市场的缺陷，所以制定和分析一项公共政策，不仅要看到市场的需求，而且要充分认识政府的公共政策是按政府的目标去修正市场失效的，所以公共政策的制定与实施，要从政府与市场的供求关系上找出一个相对满意的平衡点。之所以称之为"相对满意的平衡点"，一个重要原因是政府行为是非理想化的。仅从技术的角度看，政府行为的理想化是在这样的假设之上："一个理想化的政府，它作为经济活动的主持者，它有各种手段可以运用，它可能掌握充分的信息，能够通过分析手段对客观存在的问题和政策实行的后果做出准确的预测和周密的考虑，并能针对各种可能发生的情况——采取适当的对策。这样的政府，实际上是一个'万能'的政府"。政府的力量是有限的，它起不到决定一切的作用，政府的行为必将受到主客观条件的限制，不可能完全理想地实现自己的政策目标。

市场经济中，政府不直接参与任何一个市场经济主体的活动，而主要扮演着建立市场规则的作用，这些规则的表现形式就是公共政策。因此，政府不仅需要懂规则，而且更需要公正，需要有责任心。

责任心是指政府应利用行政权力为市场经济的运行、发展创造种种必要条件，提供多方位的服务。同时，政府还要依法对市场主体的活动进行管理和监督。这里，政府的管理集中反映在调节上，主要的表现形式之一是协调，包括不同的生产部门的协调、社会经济关系的协调、眼前利益与长远利益间的协调、总量平衡与结构平衡的协调等。

一般地说，政府行为与市场的运行机制并非完全吻合，这是因为政府同微观经济主体的目标并非始终保持一致。政府实施对市场的干预行为，是力图从社会利益出发，寻求满意化的结果，多数情况下这与微观经济主体的动机——实现个体利益最大化的目标相矛盾，有时是尖锐冲突的。这时企业或个人会对政府的政策采取不配合或抵制的态度，影响了政策的效力。若政府坚持强制实行，就要抑制他们的积极性，降低了社会资源配置效率。再者，市场本身的运行机制是依靠经济的自然力量，而政府用政策去干预市场，主要依靠的是人为的力量，二者在市场运行中可能基本相符，也可能发生尖锐的矛盾，这样公共政策的威力必然受到影响。公共政策是政府意志的体现，其目标正是政府要为之努力实现的目的。由此可见，公共政策对政府的作用会有两种可能：正效应是实现了政府行为的目的，负效应则是破坏了政府目的实现。这种效应不可能是绝对的，即只有正效应，而无任何负效应。人们关心或追求的只不过是二者以谁为主。

同理，政策对市场的作用也是如此。若公共政策弥补了市场的缺陷，解决了市场分配不公的问题，则它对市场产生了正效应。相反，公共政策实施后，非但没有解决市场运行中的矛盾，却加剧了市场主体之间及他们与政府间的矛盾，使市场秩序更加混乱，从而产生了负效应。因此我们认为，公共政策对政府与市场的影响也是双重的，这种二重性特征正是我们前面提出的"相对满意平衡点"的理由。

判断政府政策的成功或失败，或者说是"满意"和"不满意"，与市场结果一样，同样有两个较为宽泛的标准：效率与公平。效率是公平的基础，公平是效率的保证，由于政府的作用主要由公共政策去实现，政府政策更多地与那些谁收益以及谁付代价的公平问题相关，或者更直接地说，公共政策的重点是放在解决公平而不是效率上，因此最能发挥重要作用的是在"公平"上。

由此来看，政府制定发展物流的政策，也是要通过公共政策，弥补市场自发发展物流的缺陷，即政府制定发展物流的政策是按照政府发展经济的目标去修正市场失效。在制定物流政策的过程中，政府应利用行政权力为物流市场的运行、发展创造种种必要的条件，提供多方位的服务；同时，也要依法对物流市场的活动进行管理和监督，即通过调剂和协调全社会物流活动中的社会经济关系、协调国家经济发展中涉及的物流活动与其他经济活动的关系、协调国家经济发展总量与结构中的物流总量和结构，特别是通过协调物流活动中涉及的不同部门的关系，达到通过发展物流促进国家经济发展、提高国家经济的竞争力的目的。

当然，在弥补市场自发发展物流缺陷的过程中，判定政府发展物流的政策优劣的标准仍然是效率与公正，尤其是公正。为此政府应该做到以公平竞争的原则、公平的市场环境、公平的分配机制发展物流。

制定公正的物流政策要考虑到如下因素。

（1）物流政策的利益的表达形式。实现社会公正的实质是利益的划分，这就要求物流政策的制定者与执行者认清什么是发展物流的社会利益。一般认为，利益有多种表达形式：依表现形式可以是实物、地位、心理激励；依时间可以是眼前利益和长远利益等。

（2）涉及的利益主体。物流政策涉及的利益主体主要有地方政府，国家各部委尤其是与口岸、港口、运输、商务、生产、存储相关的部委，企业尤其是与物流发展相关的企业等。在制定物流政策时，应该多方面考虑各利益主体的要求，做到公正。

（3）价值标准的配套。物流政策涉及不同的利益主体，由于他们所处的具体情境不同，所持的价值观不同，对不同形式的利益的要求也不同。每个利益主体出于自己的认知，将不同形式的利益进行排序，分出优势利益、次有利益、一般利益等。也正是由于这一原因，利益才有协调的可能。物流政策的制定要加以多方的考虑。因此，确定物流政策的价值标准的时候，首先要弄清各不同利益主体的利益要求，然后加以系统地分析，制定成套的物流价值标准。价值标准的配套是横纵交织的配套，它不仅要有横向的领域划分，还要有层次的差别。

8.1.3 发展物流的政策体系

与公共政策相同，国家发展物流的政策具有下述的基本特征，这些基本特征构成国家制定发展物流政策体系的依据。

作为对物流公共价值分配的政策，国家发展物流的政策是要调整社会成员之间的物流利益关系，实现政府的目标，它具有如下明显的共同特征。

（1）整体性。物流政策要解决的问题是复杂的。尽管某一物流政策是针对特定问题提出的，但这些问题总是与其他问题网结为一整体，相互关联，相互影响。孤立地解决某一问题，往往是不成功的。即使暂时解决，也会牵连其他问题或产生新问题。比如鼓励在江河上大力修建水库的政策，就会引起生态的改变。之所以会产生这种结果，是因为单项政策功能的有限性与规模庞大、结构复杂的社会问题之间的矛盾造成的。政府不可能通过某一项或几项物流政策对全社会实行有效的物流宏观管理。人们经常讲，政策要配套是指由数量众多、类型不一的政策组成政策体系，强化政策的整体功能。

整体性不仅表现在物流政策的内容与形式上，而且还表现在物流政策的执行过程中。一个理想的物流政策过程，基本包括了政策的制定、执行、评价和调整等多个环节，不同的环节之间相互联系，共同对政策的质量发生作用，服从"非加和性原理"。作为物流政策体系的整体功能，以及政策过程诸环节的整体作用，除取决于自身的联系之外，还与物流政策环境密切相关。环境的变化必然会引起政策过程诸环节的变化，同时也将导致政策及政策体系的变化。为保证物流政策机制的运行，需要注意政策内容、政策过程与环境之间的整体作用。

（2）超前性。尽管物流政策是针对现实问题提出的，但它们是对未来发展的一种安排与指南，必须具有预见特征。物流政策包含了政策目标，即解决物流政策问题所要达到的目的、结果和状态。政策目标愈先进，政策的超前性愈强。

除目标外，相关的物流政策内容也能揭示事物未来的发展方向，同样应具有超前性。物流政策的超前性不仅是保证政策稳定的必要条件，而且是合理分配社会利益的有力保证。那些处于最佳超前度的政策必将对社会产生强大的吸引力和推动力。物流政策的超前性不是脱离实际的空想，而是建立在科学预测与对客观事物发展规律充分认识基础上的必然结果。

（3）层次性。物流政策作为政府行为的产出项，根据不同层次的政策主体，具有不同规格。按照权力主体来划分，基本可划分为中央物流政策和地方物流政策。从内容上看，物流政策体系中的各项政策也有不同的层次关系，可划分为总体物流政策、基本物流政策、具体物流政策等。尽管不同的物流政策之间是相互联系的，但这种关系并非"平行"的关系，而有主次之分。从物流政策体系的纵向分析，高层次政策对低层次政策起支配作用，但高层次的物流政策内容都是概括性强的原则性规定，难以直接规范人们的行为。只有把高层次的物流政策加以具体化，并逐层分解，才能转化为低一层次的可操作性的一系列物流政策。特别地，按照系统论的能级原则，不同层次的系统要素具有不同的能级。中央政府的宏观物流政策是从整个国家的全局考虑而制定的，各地方政府若不依照本地区的实际情况，具体分析客观对象，制定出适合本地区的物流政策，而是机械照搬中央物流政策，就难免犯错误。即使处于同一层次上各地方政府的物流政策，也会因物流政策问题提出的背景等因素不同，在物流政策内容上有差别，同样不能机械地生搬硬套。

（4）合法性。政府行为是一种特殊的"法人行为"，体现政府行为的政策本身就具有一定法律性质。它的规范作用与社会上一般所讲的道德规范不同，既要依靠社会舆论来维持，更要通过国家的强制力量来监督执行。对于一个法制化的国家来说，物流政策的合法性是极其重要的政治要求，因为它首先在内容上不能与宪法、法律相抵触，其次在程序上要严格守法。这充分体现了对法律的尊重，有利于民主政治的培育与发展。在一定条件下，政策与法律之间可以相互转化。

（5）复合性。除了基本特征以外，国家发展物流的政策也有由于物流产业的特点而引起的一些独有的特征。这就是物流产业的复合性特征。

从现代物流发展的特点和趋势分析，物流管理活动及物流管理技术的应用已渗透到经济活动的各个领域和环节，涉及从工业、商业到运输、仓储、信息服务等各个产业经济领域。因此，物流要作为一个产业，与过去传统上具有相对独立发展界面的产业具有明显的不同。物流管理存在于各类企业的各个经济活动环节，物流很难独立地存在，因而将其定义为复合产业比较符合其产业特征。

所谓复合产业，是指既具有局部的独立产业形态，又在整体上具有以共同使用的技术为媒介的多个产业交叉和融合的特殊产业形态。物流既具有从提供服务的经营角度的独立产业特点，又具有从产销企业内部经营管理角度的非独立产业形态，还具有因物流技术的使用而通过产销企业物流服务外部化的供应链管理的一体化趋势所体现的经济利益共享现象。因此，物流发展需要在产业层面上进行推进，但物流产业实质上是一种渗透到几乎所有经济活动和企业经营领域的交叉与融合的产业形态，从产生经济利益和经济效益的角度，具有明显的复合性特征。

物流作为复合产业，国家制定物流发展政策时，应在物流的不同领域中充分考虑其发展中与相关领域的协调和配合，而不是单纯地以自我为中心考虑发展政策，从而达到共同提高物流效率与效益的目的。

因此，我国的发展物流政策的体系也应注意体系的整体性、超前性、层次性、合法性、复合性。从整体性看，发展现代物流的政策体现在物流政策是一个体系，是涉及物流发展中的各个方面的市场缺陷和公平性的体系，政策的配套和政策与国家其他的经济、法律政策的协调是必须考虑的。从超前性看，发展现代物流的政策体现在物流政策的导向性上应考虑符合我国未来一定时期的经济发展要求，具体政策的内容也应具有前瞻性，特别是要考虑新经济和市场经济等条件。从合法性看，发展现代物流的政策体现在政策本身的合法性和政策制定过程的合法性上。这三个特点是从整体上，对发展现代物流政策提出的要求。而层次性和复合性则是要通过具体的发展现代物流的政策所体现出来。具体地来看，由于物流对国家和地区的经济发展具有重要作用，因此物流业本身在发展中应该由政府进行必要的调节，在政策上应制定市场的准入政策、对物流市场的管理政策、有关物流基础设施的建设政策及物流技术发展与应用政策。同时，由于物流的发展涉及经济、技术、管理的方方面面，还涉及许多现存的产业和部门的复合性产业，其政策体系也要涉及物流相关产业的管理政策、发展区域物流政策等方面。具体的发展物流的政策体系如图 8-1 所示。

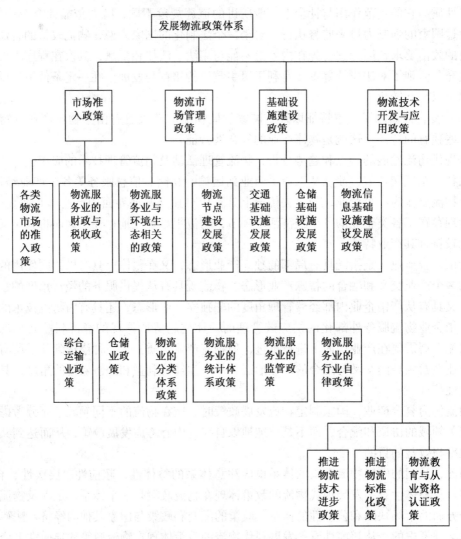

图 8-1　发展物流的政策体系

8.2 制定发展物流政策的方法

8.2.1 物流政策分析中涉及的要素

在制定物流政策过程中,必须解决物流政策问题、政策目标、政策方案、政策资源、政策评价标准、政策效果、政策环境等基本要素。

1. 物流政策问题

美国学者安德森认为,问题的性质决定了相关政策形成的性质。因此,物流政策能否顺利完好地提出,在一定程度上取决于人们对物流问题能否取得共识。我国的物流问题主要是过去我们将一个复合性的、系统性很强的物流割裂为部分的独立运作的物流。因此,发展物流的政策的整体性、协调性形势非常重要的。

2. 物流政策目标

制定政策的中心任务是要解决问题。在明确了政策问题之后,确定政策的目标是解决问题的前提。所谓政策目标,是指政策所希望取得的结果或完成的任务。围绕物流政策问题,设定政策目标的方法有两种:一是把总目标分解成更低层次的子目标,二是通过量化给目标定出必须实现的数量界限。物流政策的目标确定一般采用第一种方法。这样可以保证政策的整体性,使物流的整体目标与局部目标、长远目标与近期目标、单一目标与多目标相结合,共同防止和减少政策上的失误。

3. 物流政策方案

为了实现发展物流的目标,可以采用多种手段和措施,它们统称为被选方案。由于优与劣是在对比中发现的,所以需要对可行的方案进行对比分析。为了正确地进行被选方案的拟订、设计和选择,应重视政策方案的科学预测。

4. 物流政策资源

在政策制定与实际执行中,都会消耗各种资源。因此,在制定发展物流的政策时,应充分考虑物流政策所耗费的资源。这些资源有些可以通过货币形式表现,而更多的只能是非货币形式的表现,如物流节点与网络的生态影响、物流工具的环境影响等。

5. 物流政策评价标准

制定的政策必须是符合社会经济发展需要的。因此，对政策就有了评价的问题，这就是政策的评价标准。物流政策的评价标准有法律评价、社会评价、经济评价、技术评价及实质评价等多个方面的评价。其中，实质评价是指物流政策是否解决了各项评价之间的冲突。

6. 物流政策效果

物流政策的效果是指达到目的，是所取得的成果。衡量政策效果的尺度往往用效益和有效性表示。效益一般有三个方面：社会效益、经济效益与生态效益。

7. 物流政策环境

物流政策系统不仅包括政策的内容等多种要素，而且还包括外在环境因素。这些制约和影响物流政策的制定与实施结构的外在因素统称为环境因素。其中，经济环境是影响物流政策的最基本因素。

8.2.2 制定发展物流政策的原则

1. 系统性原则

物流政策的整体性特点要求物流政策本身就是一个系统。同时，这个系统不是孤立存在的，必然与其他政策和经济系统发生联系。因此，在制定物流政策时，应坚持系统性原则，正确处理内部与外部、整体与局部的关系，并从动态、发展的角度解决问题。

2. 预测性原则

物流政策是对解决未来行为所做的一种设想，是在事件发生之前的一种预先分析与选择，因此具有明显的预测性。因此，在政策制定过程中，首先要估计未来会出现的种种情况，对可能发生的事件加以认真地考虑，以适应未来的多种变化。

3. 协调性原则

物流政策主要协调的是利益。物流政策应从社会整体利益出发，从整体上协调物流业与国家的关系、物流业同其他产业的关系、物流业内部不同类型企业的关系、物流业与物流服务消费者的关系。

8.2.3 制定发展物流政策的方法

制定物流政策就是要回答五类基本问题——事实分析：是什么？在什么时间与地点？程度是什么？事实的产生可能会改变问题所要达到价值；价值分析：因为什么？为了谁？应优先考虑什么？价值是问题能否解决的主要检验标准；规范分析：应该是什么？应该怎样做？物流政策执行的结果是要达到所谋求的价值与利益；可行性分析：是否行得通？公众是否允许这样做？需要确定客观现实中的能力与可能；利益分析：利益如何分配？利益究竟分给谁？这是物流政策分析的归宿。

1．事实分析

事实，简单地说就是客观存在的现实。事实分析就是要对社会的事物、事件、关系及其相互作用进行描述、观察、计数、度量与推理。在物流政策分析中，提供给物流政策分析的事实最重要的是要尊重客观实际，排除一切主观干扰。

在物流政策分析中的事实，多是指对客观存在的事物、事件与过程的描述与判断，可分为定性与定量两种描述。描述性事实研究不仅表现在过程上，也表现在物流政策的内容上，是全面回答"是什么"、"期望什么"、"应该什么"的描述。

2．价值分析

物流政策中的价值分析主要是决定某项物流政策的价值，提供的信息是评价性的。政府所做的物流管理是社会性的，基本目标是提高国家的经济竞争力，这一目标决定了价值研究在物流政策分析中的突出地位。政府所制定的物流政策的价值取向为社会的不同群体的物流实践活动提出行动导向。离开了导向，就失去了政策存在的意义。

物流政策所提供的价值标准，不可能对全社会每一个成员都产生相等的意义。从政府的管理角度看，物流政策不仅要把每个成员的积极性、创造性、主动性发挥出来，而且要把他们集中到实现政府所追求的物流管理目标上。因此，物流政策的价值标准会不断帮助人们进行物流价值的选择。例如，政府的环境保护政策是引导甚至约束人们在物流运作过程中必须选择保护环境与生态平衡方面的行为，而不能采取与之相反的行为。这意味着政府帮助社会成员去认识、改造物流行为，先认识、改造什么物流行为，以及如何改造物流行为，等等。这些不仅取决于物流活动本身，也取决于政府在综合考虑各类物流及社会资源及其他条件后，所选择的具有一定价值的目标。因此，物流目标明确的行为正是在物流价值取向的基础上产生的。社会成员服从物流政策，执行物流政策，就是服从于特定的物流价值意识与价值取向。物流政策尤其要考虑社会上绝大多数人及他们的物流需求这样一个基本的事实。

物流政策分析中开展对物流价值的分析，这对于发挥物流政策的导向、选择功能，正确评价物流政策效果，都是绝对不可少的。价值分析不仅能帮助人们树立正确的价值观，端正制定物流政策的思想，有效地解决物流政策中的价值冲突，而且还有助于物流政策制定全过程的调节，使物流政策能被其对象所认同。

3. 规范分析

规范一般是指规则、标准或尺度。社会规范或行为规范是指人们为实现其理想，根据特定的观念制订的，供一个社会群体诸成员共同遵守的行为规则和标准，它限定人们在一定环境中应该如何行动。人们的行为是多种多样的，规范研究的形式也是多种多样的，如科学规范、道德规范、审美规范、宗教规范、法律规范等。很显然，这些规范形式及内容均在政策的制定与政策内容中从不同方面表现出来。比如，法律是一个用来实现某些价值的规范体系，它用一种强制性命令对逆向行为进行制裁，从而达到有效地限定人们行为的目的。政策虽不是法律，但与法律一样，具有很强的规范性。与一般的道德规范不同，政策更多的是通过国家的强制力量来监督执行的。

人们创造规范，是为了借助规范的力量，确定与调整人们的共同活动及其相互关系的原则。所以，规范是维护社会基本秩序的重要机制。在社会共同生活中，绝不可以缺少规范的力量，因为社会是由无数人群组成的，每个人都有自己的目标和利益，人们之间会经常表现出需求与利益上的冲突。物流政策规范作为一种社会力量，除了推动人们去做那些一致愿意做的事情外，还诱导人们去做他们不一定都乐意去做的事，或阻止人们做正在乐意做的某些事情。物流政策不仅要规范个体与群体的物流行为，而且要不断地解决人们物流行为中所产生的矛盾与冲突，达到对社会物流事务实行有效控制之目的。正因为这样，公共政策分析中离不开规范分析。

规范分析同样离不开价值。不少学者认为，在价值概念中，占主导地位的是主体的需要、动机、意图和愿望；在规范概念中，突出的因素是主体的义务、责任和强制性的认同。规范要有效，必须以相关的价值为基础。价值观念的变化必然带来社会规范的变化。在社会生活中，人们对事物的判断存在着彼此联系的四种形式，即事实判断、价值判断、规范判断和命令判断。这种关系在政策分析中处处都表现出来。

4. 可行性分析

可行性分析是对规范研究中所提出的方案进行考证，论述在客观现实的基础上是否具备了条件与能力，因为规范分析中提出的"应该是什么"仍是理性上的东西。在物流政策分析中，可行性分析的重要的方面表现在政治、技术及经济的可行性上。

政府的物流政策作为指导社会成员行为准则的政策，必须反映和代表那些具有共同经济地位的人们的共同要求和愿望。离开了这些，物流政策就失去了它应有的政治意义。政治上的可行性还表现在政治支持度上。常有这种情况，一项好的政策，在多数人对它还不理解，尚没有认识到它的重要性时，这项政策在实践中并不一定可行。在我国经济转轨时期，不少政策的出台时机是充分考虑到人们群众对它们的认同程度的。如运输价格，实际上是采取逐步放开的政策，而没有一步到位，否则就会引起经济秩序的极大混乱。在我国，强调政策的实施结果，首先要有利于政治稳定，这是政治可行性考虑的出发点。

经济上可行性的基本目的是全面研究物流政策实施的经济效益。在制定物流政策与实施物流政策中，都需要消耗资源，即消耗人力、物力与财力等各种资源。不少较为理想化的物流政策，正是由于资源的限制，才无法实施。考虑经济效益，既要重视投入项，更要重视产出项。物流政策本身不会直接表现出一定的经济利益，而是通过实施后间接地反映出来。

技术上的可行性主要表现在实现目标的科技手段上。一般地说，技术上的可行性取决于科学技术水平，但经济上的投入越大，越有利于科学技术水平的提高。经济、技术上可行性越大，越会影响由决策者主张或坚持的政治上的可行性。应该这样讲，这些可行性研究是相互联系、相互影响的。成功的物流政策往往要全面地考虑到各方面的可行性，并选出一个最佳结合点。

5．利益分析

满足人民群众的利益，保护人民群众的利益，发展人民群众的利益，是物流政策的最基本要求，否则会失去物流政策存在的必要性。组成社会整体的各类成员有着不同的需求，而这种需求还随着社会进步和科学技术的发展不断改变着。

从不同的主体需求出发，利益可分为物质利益和精神利益。除此之外，还可以分为个人利益、集体利益、社会利益与国家利益，以及其他形式的利益。它们之间相互作用，既发生着横向联系，也发生着纵向联系，纵横交错形成了复杂的利益关系。尽管人的需求是人的本性，但个人条件的限制使得每一个主体不得不与一定社会发生联系，只有在这个范围内才谈得上对自然的关系与生产活动。这种基于需求而与生产活动方式的联系，其焦点是人们在社会生活中的利益，因此利益关系是生产活动与社会关系中的基本内容。在利益关系中，起到最基本作用的是利益矛盾。其中最突出的矛盾有 3 类：（1）利益的利他性与利己性矛盾；（2）整体利益与局部利益矛盾；（3）眼前利益与长远利益的矛盾。处理好这些矛盾，使得这些利益之间实现有机结合，不仅是物流政策的原则，而且也是物流政策所希望获得的结果。物流政策是政府调整利益格局，解决利益矛盾的强有力工具。

物流政策分析最本质的方面是利益分析，这是由物流政策的基本性质所决定的。利益分析与事实、价值、规范和可行性分析的关系既有联系又有区别。

尽管利益分析中也要研究利益是如何分配的，分配给谁，谁获利益多，谁获利益少等，从形式上看似乎是"事实分析"的一部分，但事实分析的内容往往主要包括现象分析，仅有这种分析经常不能准确地把握本质，从而造成政策研究中的失误。比如我国物流管理中的各种矛盾与问题，从本质上看是物质和利益分配问题。如果从所见到的浅层次事实出发，不深入研究，制定的物流政策往往是"治标而不治本"的政策。特别在一些假象掩盖事实真相时，就事论事地出台各种物流政策必然造成物流政策的严重失效。

物流价值产生在物流实践基础之上，反映了主客体关系之中的人及其物流需求，表现为人从满足物流需求的角度对客体进行的评价。满足人的物流需求越大，其物流价值也越大。但物流价值的大小来自何处？是来自满足人的物流需求的客体，即前面所说的利益。正是由于不同物流利益的存在，才产生不同的物流评判价值。作为联系主客体关系的物流价值，尽管反映了人们物流需求效用的大小，但毕竟不是满足人们物流需求的具体资源。有物流利益存在，才有物流价值存在。物流价值之所以有个人、集体与社会价值，是因为有个人、集体与社会利益。尽管我们评价某种活动时，可以用个人、社会多重价值去衡量，进行合理的评价，但不要忘记产生这些价值的是与之相关的利益。

对于理性化程度极高的物流政策，它是按某种价值为导向的系统化规范，具有强制性，否则某些群体或个体就会产生倒退性的失范行为。这种失范的表现集中于两个方面：只讲物质利益的追求，拜金主义严重，不讲高尚的精神利益；只讲个人利益，不顾集体与国家利益。物流政策的规范分析，按其本质要求，是要在不同的物流利益关系与物流利益矛盾中，寻找出平衡物流利益关系，解决物流利益矛盾的量与质的规定，以约束和指导多元物流利益主体的行为。

社会中每一个成员都有自己的物流需求，但社会能否满足这些需求一直是社会发展中的矛盾。与之相关就产生了人们期望获得的理想物流利益和实际物流利益的差距。经常出现这样的情况，政府在对某项物流政策规划时，很想给某一社会群体带来实际物流利益，但由于社会的总资源有限，政府无力做这件事；或者给这一群体增加了实际物流利益，会连锁到其他群体，产生了负面效应，因而政策迟迟不能出台，或者根本就不能出台。由此可见，可行性分析的基本前提也需要利益分析。

8.3 我国的物流政策

8.3.1 我国发展物流的政策导向

根据前两节论述的政府制定发展物流这一公共政策的目的及发展物流政策的制定方法，结合我国政府发展经济的目的与方法，考虑到物流产业是一个复合型的产业，我国发展物流有自身的经济发展的需要，也有参与国际经济的需要。我国目前的物流业的发展正处于蓬勃兴起之势，但是还存在部门间、地区间及物流的不同功能间的协调性、系统性不足等因素。我国发展物流的政策导向应该是：通过政策导向大力提高物流业的产业化水平，明确物流业的发展目标与重点,使物流业这个复合产业涉及的各个行业、地区、部门、环节能够协调发展,运用市场调节手段及政府的宏观经济调节方法,积极引导和扶持符合现代物流发展要求的新兴的现代物流产业的发展。

1. 物流业的产业化水平的提高

物流是复合产业,作为产业,就应当考虑其产业化发展问题,就必须在政策制定中,从构成复合产业的各个经济门类、各种企业形态等多个层面上考虑促进和提高物流的产业化发展水平。

物流业的产业化是指物流业规模不断扩大、效率不断提高、效益不断发掘,对国民经济的影响不断加强,物流业向高级、纵深发展的过程。处于发展初期的我国物流产业,自发性发展的特点较为突出,也存在着积极性驱使下的盲目发展问题,因此需要政府管理部门在明确物流产业的地位的前提下,按照物流产业的复合性特征,通过确定适宜的产业发展政策,推进和扶持其发展,尽快提高我国的物流产业化水平。

提高物流的产业化发展水平就是要以市场机制的建立和市场对物流资源的配置为导向,以物流企业和企业物流技术的广泛应用为基础,以物流园区(基地)、物流中心、配送中心及物流中介服务组织为纽带,以现代化的综合运输体系为支持,通过将仓储、装卸搬运、包装、运输、流通加工、信息、配送、通关等物流活动环节联结为一个完整的物流服务产业系统,通过工业、商业企业自身物流管理系统的建立或物流运作一体化的供应链的建立,运用现代物流思想,实现物流过程的合理化、最优化、效益化的物流经济运行过程。

2. 物流业发展目标和重点

鉴于发展现代物流业是我国经济发展进程中的长期战略,考虑到物流业的跨部门和多环节及服务业态和服务种类的多样性特点,考虑到我国现代物流业尚处于发展的起步阶段,以及为了发挥现代物流在国民经济及企业经营管理中提高效益、降低成本、改善服务等方面的作用,需要在较短的时间内解决加快现代物流业发展的一些较为关键的问题,必须尽快明确我国物流业发展的总体战略目标及近期发展的重点。

我国物流业发展的总体目标是:建立现代物流服务体系,构建高效的主干及区域物流网络,建立企业物流技术应用体系,完善国际、国内多式联运系统。

我国物流业发展的总体发展战略是:创造适宜的企业发展环境,促进物流系统的合理布局和有序建设,加快物流发展的规划和政策的制定。

我国物流业发展的发展重点是:加强中心城市物流基础设施和管理系统的建设,提高物流企业整体经营水平,加强物流信息的标准化建设,加强政策研究和对现行相关政策进行调整。

3. 正确的政策观念

现代物流业在发展政策上的多层次、多环节和系统性特征正在为各级管理部门所认识，但是在物流业发展政策上的简单化倾向也在一定范围内存在。为顺利推进我国现代物流业的发展，减少政策决策上的失误和提高政策的作用力度，各级政府部门应树立正确的现代物流业发展政策观念。这些观念包含有正确的产业政策观念、正确的开放与保护政策理念、正确的基础设施建设观念和正确的行业管理政策观念。

4. 对现代物流业发展的引导和扶持

在新的政策观念的指导下，各级政府部门将根据"有所为和有所不为"的原则，通过制定适宜的发展政策，充分发挥政府在推动物流业发展中的积极作用。根据现代物流业的特点，引导和扶持现代物流业的发展，例如：在物流业发展的总体政策框架下，给予物流业较其他第三产业更为优惠的土地、贷款、税收及相关扶持政策；对不适应发展需要的资产的退出和落后设施的技术改造，给予较为明确的资金、税收、社会保障等政策界定和支持；对一些特殊地区、项目，如区域经济中心城市、国际航运中心、物流基地等，给予更大的发展自由度，可以考虑准予专项的地区（域）范围的物流保税等立法，以确保这些重要地区、项目的国际竞争能力的培育和发展潜能的挖掘；制定科学的综合运输发展政策和物流各功能环节的协调发展政策；积极发展新的物流组织形式和提高物流效率。

总之，从现代物流业的产业特征出发，为加快我国物流业的发展，国家及地方政府必须首先确立正确的政策导向，以便为发挥政府部门在物流发展中的作用创造条件和奠定基础。

8.3.2 我国的国家物流政策及相关政策法规

应该说，我国对国家物流政策的制定工作还在探讨阶段，也就是并未制定专门的国家物流政策。但由于物流作为一个复合产业，其中涵盖的各个产业在我国已有了一定的发展，国家相继制定了其中一些产业的政策，同时，国家对物流发展的重视程度日益提高。因此，我国的国家物流政策在现阶段还只是一些物流业涉及的专门的产业政策和我国政府对物流产业的推动政策。

1. 我国政府及相关部门对物流产业的推动政策

20世纪末开始，物流作为一个产业的发展问题逐步引起我国政府的重视，有关方面开始对物流业发展中政府的作用进行研究与探讨。从政府主管领导专门就物流发展的讲话到进行专项研究，对政府在发展物流中间的作用研究逐步深入。

(1)"十五"规划中,"物流"被列为要大力发展的新型服务业之一。2001年我国制定了未来5年物流配送发展的初步规划,以推动物流业的快速发展。该"规划"包括扶植和规范发展一批第三方物流企业,争取"十五"期末社会化配送企业的比重达五成以上;培育若干条贯通全国并且使之开展国际配送业务的联运干线,构建全国性的商品物流配送绿色通道;在全国各大中城市主要商品生产、集散地和交通枢纽,建设若干有合理规模、运作规范的现代化商品物流中心和专业化配送中心,构建全国性的物流配送网络;培育若干国家物流骨干基地,有条件的可争取发展成为亚洲的重要物流中心;确定一批物流配送示范项目,在全国各大区的中心城市,选择符合现代商品物流配送基础条件的企业,建立符合现代商品物流配送,具有全国性经营网络的专业化骨干物流配送企业。

(2)2001年国家经贸委汇同铁道部、交通部、信息产业部、外经贸部和民航总局联合在上海召开了"全国现代物流工作座谈会"。大会印发《关于加快我国现代物流发展的若干意见》,肯定了现代物流业近年来的快速发展,并正成为国民经济发展的新的增长点;阐述了物流方面的政策,介绍了地方政府和企业的典型经验;发布了《我国物流发展现状及对策研究报告》,并讨论了今后现代物流工作的思路。

六部委联合印发的《关于加快我国现代物流发展的若干意见》是我国政府部门颁布的第一个关于现代物流发展的指导性文件。

《关于加快我国现代物流发展的若干意见》首先指出"加快我国现代物流发展,对于优化资源配置,调整经济结构,改善投资环境,增强综合国力和企业竞争能力,提高经济运行质量与效益,实现可持续发展战略,推进我国经济体制与经济增长方式的根本性转变,具有非常重要而深远的意义。"

《关于加快我国现代物流发展的若干意见》同时指出发展现代物流的指导思想:"以加快发展为主题,以结构调整为主线,坚持以市场为导向,以企业为主体,以信息技术为支撑,以降低物流成本和提高综合服务质量为中心,大力提高全社会对现代物流理念的认识,切实增强我国企业及其产品在国内外市场的竞争能力"。《关于加快我国现代物流发展的若干意见》指出发展现代物流的总体目标应当是"积极采用先进的物流管理技术和装备,加快建立全国、区域、城镇、企业等多种层次的,符合市场经济规律、与国际通行规则接轨的,物畅其流、快捷准时、经济合理、用户满意的社会化、专业化现代物流服务网络体系"。

《关于加快我国现代物流发展的若干意见》要求"积极培育现代物流服务市场",具体表现在:工商企业要转变传统观念,树立现代物流意识;积极发展第三方物流,推进我国工商领域由企业物流向社会专业物流的转变;鼓励物流企业之间加强联合,支持工商企业与物流企业、物流企业与运输、仓储、货代、联运、集装箱运输等企业结成合作联盟,以提高我国物流企业的市场竞争能力。

《关于加快我国现代物流发展的若干意见》要求"努力营造现代物流发展的宏观环境",具体表现在:"政府部门在现代物流发展中要从政策法规方面提供保障,为物流企业的经营和发展提供宽松的宏观环境",以推进物流发展的市场化进程,为各类企业参与市场公平竞争创造良好的外部条件;"各地政府部门要抓紧研究制定促进现代物流发展的政策措施,加快引入竞争机制,简化相关程序和手续",这说明由于我国现代物流发展才刚刚起步,所以政策的导向应立足于加快发展;"必须打破地区封锁和行业垄断经营行为,加强对不正当行政干预和不规范经营行为的制约",以创造公平、公正、公开的市场环境;"政府有关部门要转变职能,强化服务意识,积极帮助解决物流企业在跨地区经营中遇到的工商登记、办理证照、统一纳税、城市配送交通管制、进出口货物查验通关等方面的实际困难",逐步建立起与国际接轨的物流服务及管理体系。

《关于加快我国现代物流发展的若干意见》要求"继续加强物流基础设施的规划与建设",主要表现在:"继续加强物流基础设施的规划与建设,尽快形成配套的综合运输网络、完善的仓储配送设施、先进的信息网络平台等","特别要加强对中心城市、交通枢纽、物资集散和口岸地区大型物流基础设施的统筹规划",这将为现代物流发展提供重要的物质基础条件;"物流基础设施的建设要充分发挥市场机制的作用","鼓励国内不同所有制投资者和外商投资企业参与物流基地(物流中心)的建设","政府部门对公益性物流基础设施的建设,应在土地、资金、税收等方面提供优惠政策"。

《关于加快我国现代物流发展的若干意见》要求"广泛采用信息技术,加快科技创新和标准化建设",具体表现在:物流企业要积极利用 EDI、互联网等技术,通过网络平台和信息技术将企业经营网点连接起来,实现资源共享、信息共用,对物流各环节进行有效控制与全程管理;借鉴国际上比较成熟的物流技术和服务标准,加快对我国物流服务相应技术标准的研究制定工作。

《关于加快我国现代物流发展的若干意见》要求加快对外开放步伐,学习借鉴国外先进经验。只有认真学习发达国家在物流理论研究和市场实践方面的先进经验,并开拓创新,才是加快我国现代物流发展的有效途径。

《关于加快我国现代物流发展的若干意见》要求加强人才培养,促进产学研结合。人才的培养将采取长期培养与短期培训、学校培养与在职培训等多种形式。物流企业要与研究咨询机构、大专院校进行资本与技术的融合,发挥各自的特长和优势,形成利益共同体,实现物流产学研的紧密结合和相互促进。

《关于加快我国现代物流发展的若干意见》要求:继续深入研究探索,不断适应现代物流发展需要,具体体现在:国家经贸委将会同有关部门,组织专门力量,深入调查研究,借鉴国外经验,抓紧研究制定具体政策及措施。

(3) 以六部委的《关于加快我国现代物流发展的若干意见》为开端,国家经贸委先后发布了《现代物流工作重点企业联系制度》及《关于做好2001年商品流通工作的若干意见》,交通部也发布了《关于促进运输企业发展综合物流服务的若干意见》,以推动我国现代物流的发展。

如今,随着政府主管部门日益深刻地认识到现代物流对我国经济发展的作用,全国人大及政协、国务院及各相关部门正在大力推动现代物流业在我国的发展。这不仅体现在全国人大和政协把代表们关于大力发展物流业的提案及时转交有关部门办理，以引起有关部门对物流业的重视；也体现在国务院及相关部门各自或联合行动，为推动现代物流业在我国的发展而发布的各种经济管理类文件上。例如：国家计委和经贸委首次把流通与现代物流技改项目列入国债资金扶持项目；财政部已经着手研究支持物流业发展的财税政策；铁道部、交通部、对外经济贸易合作部、国家民航总局和信息产业部等与物流业相关的部门把发展现代物流列入重要议事日程，并先后发布了各部门的推动物流业发展的政策。

2. 物流业及相关行业的法规

由于经济方面的法律法规与经济社会的发展程度密切相关，我国的物流业还处于正在发展的初期，专门的法律法规还未能建立，指导物流业发展的法律法规仅限于相关行业的法规。

但我国政府已经在制定物流业的法规方面进行了基础的工作，体现在2001年4月17日，国家质量技术监督局发布了中华人民共和国国家标准《物流术语》（标准编号为GB/T18354—2001，2001年8月1日开始实施）。这是我国物流业的第一个综合性国家标准，旨在规范我国当前物流业发展中的基本概念，以适应物流业的迅速发展和与国际接轨的需要。全国人大颁布的与物流相关行业的法律有：铁路法，1991年5月1日实施；民用航空法，1996年3月1日实施；海上交通安全法，1984年1月1日实施；合同法，1999年10月1日实施；公路法，1999年10月31日修正并实施。国务院颁布的有关物流业的法规较多，主要涵盖航空、公路、铁道交通的各个方面。当然，负责各类交通管理的主要部委也发布并实施了许多旨在提高安全性、便利性、通畅性的管理制度。

尽管如此，从物流产业的角度看，我国还缺少协调一致的管理物流业的法律法规，尤其是在物流服务业的市场准入、物流市场管理、物流市场体系建设、物流节点的建设和运行管理、物流技术的推广及应用等方面还缺少相关的法律法规或相应的政策。这影响了我国物流业平稳、迅速地发展，是今后我国物流政策研究中应解决的问题。

8.3.3 我国地方政府发展物流的政策

近几年来，我国部分省市政府已经认识到物流对于推动经济发展、改善投资环境、提高地区经济和工商企业在国内外市场竞争能力的重要性。深圳市把物流业的发展作为三大支柱产业之一，是最早制定物流规划的城市。北京、上海、天津、深圳、山东等省市，为了使地区经济持续高速发展，都从战略高度出发把发展现代物流作为经济腾飞的重要措施和支撑点之一，并出台了一系列相关的政策、规划和报告。

1. 北京市

随着首都经济的快速发展，特别是中国成功申办奥运及加入WTO后，国际、国内两个市场逐步实现接轨，北京已成为中国大规模的货物集散地之一，成为中国以进口为主的国际采购中心。随着国际间、区域间和城市内部的物流活动的日趋增多，北京迫切需要完善高效的物流配送网络体系。在北京举行的第五届京港经济合作研讨会上，北京市发展计划委员会有关领导透露，北京将规划建设3个综合性物流基地、4个物流中心和若干专业化的配送中心。

北京市已将"现代物流"作为现代服务业"十五"发展的重点。在"十五"期间的商业发展规划中，北京市已明确提出要综合考虑交通用地等条件，在公路一环（五环）以外、京石快速路附近、京津塘、京沈高速公路附近及靠近京沪或京九铁路附近地区，规划三四个大型的物流配送园区。目前，这一规划已处于实施阶段，标志着北京向现代物流业迈出实质性的步伐。

2. 上海市

近几年，上海市为了充分发挥经济中心、贸易中心、金融中心和航运中心的作用，对上海市物流系统的建设给予了极大的重视。在《上海市国民经济和社会发展第十个五年计划纲要的报告》中，把现代物流同生物医药、新材料、环境保护列为上海市四大新兴产业，并由市计委牵头会同各业务局共同制定了上海市现代物流发展规划。上海交通管理局有关领导在"全国发展现代物流工作座谈会"上指出，近10年来，物流业对上海经济增长的贡献日显重要，年平均增幅达22.3%，目前仍保持良好的增长态势。上海市政府确定的"政府引导，企业运作，完善法规，规范市场，配套环境"的发展原则，近期将依托现有的航空航运、商贸流通条件，充分发挥海、陆、空运输和口岸等综合优势，努力构筑"三大平台"，即以现代综合交通体系为主的物流运输平台、以邮电通信及网络技术为主的物流信息平台和以引导、协调、规范、扶持为主的物流政策平台。同时，有关政府部门已着手培育现代物流业市场主体，投资建设一批现代物流基地，重点扶持第三方物流企业的发展，从而使上海形成包括交通运输、配送服务、加工代理、仓储管理、信息网络、营销策略等多环节组成的物流大循环系统，成为全球现代物流中的重要枢纽之一。

3. 天津市

天津市作为华北和环渤海地区重要的经济中心，把发展物流作为调整经济结构、促进经济高速发展的重要措施，加大力度建设天津的物流环境，努力把天津市建设成为现代化港口城市和国际性物流中心城市。为了推动天津市现代物流的发展，天津市成立了《天津市现代物流发展纲要》课题领导小组；由主管副市长亲自挂帅，并担任课题领导小组组长，天津市各有关部门为课题领导小组成员。课题领导小组经过近一年的研究，完成了《天津市现代物流发展纲要》的编制工作，确定了天津市现代物流在城市发展中的定位、近期及中长期目标及发展的政策措施。此项研究为天津市政府的决策提供了重要的依据。

4. 深圳市

深圳市把现代物流与高新技术和金融并重，作为跨世纪经济发展目标的三大支柱产业之一。为了充分发挥自身的区位优势，尽快把深圳建成国际物流中心城市，深圳市委托美国盖兰德公司做了《深圳现代物流发展策略及交通运输相关政策研究》的咨询报告，还委托同济大学编制了《深圳"十五"及2015年现代物流发展规划》，把发展现代物流放到了重要位置。

5. 山东省

近几年来，山东省政府十分重视物流的发展。由省经委牵头，各市选择一批大型工商企业进行试点，总结经验，逐步推广。具体做法是：从启动工商企业的物流需求入手，把优化企业物流管理作为优化产业结构和经济高效运行的战略措施，重组企业物流系统，改变传统的物流运作模式，创造物流服务产业化的社会基础条件；同时培育物流企业，提供物流服务，逐步满足工商企业对物流服务的需求。这些举措已取得了明显收益，并涌现出了一批企业物流管理先进典型，如青岛海尔、山东东大、青岛啤酒、山东鲁抗等。

除此之外，广州、武汉、沈阳等市对本地区的物流发展也都进行了研究和部署，取得了一定的成绩。一些省市为了改善投资环境，还加强了物流基础设施、物流中心和物流园区的建设，如深圳平湖物流基地、上海西北综合物流基地等。北京、广州、青岛等城市也在规划和建设物流中心和物流园区。天津市还组织了"城市现代物流配送体系方案"的设计，不但确保了天津市畅通工程的成果，还增加了就业，起到了很好的效果。另外，一些省市政府还在税收、信贷等方面对物流的发展也给予了扶持。

8.4 国外的物流政策

由于物流在国民经济中突出的作用，特别是在经济全球化和区域经济一体化的情况下，虽然经济发展水平不同的国家管理物流的方法不尽相同，但各国政府都非常重视本国的物流管理，都在创造有利于物流业发展的环境，提倡用现代物流管理方法从事物流管理，并采取一系列措施支持现代物流的发展。

8.4.1 物流管理的体制

在市场经济体制国家,物流的管理体制类同于一般市场管理,已形成了一套比较完善的通过政府行政管理、司法机构规范企业行为、行业组织协调管理、企业自主发展的管理体制。但随着每个国家的具体经济和政治情况的不同,政府及行业组织的作用略有不同。

美国不存在一个专门的联邦机构或部门来管理物流。在运输方面,美国运输部统辖国家公路交通安全管理局、联邦航空局、联邦公路管理局、联邦铁路管理局、联邦运送管理局、海运管理局、海岸警备队等政府机构,各个机构依运输方式的不同各负其责,主要针对"运输安全"进行管理;在司法方面,联邦法院则根据法律管理与物流服务相关的合同,其健全的法律制度为物流的管理奠定了坚实的基础;美国民间性的物流行业组织,在美国的物流管理体制中也占一席之地,如美国物流管理协会(CLM)就是这样一个典型的民间机构,其主要任务是:通过发展、创新和传播物流知识来对物流行业服务,而举行年会、研讨会则是其传播和创新物流理论的主要途径。总之,西方发达的市场经济国家倾向于通过法律和市场对物流企业实施管理并推动物流行业自主向前发展。

大多数欧洲国家也不存在专门的政府机构管理物流,但政府尤其是地方政府在交通、大型物流中心等物流基础设施的建设中起到了很大的作用。在欧洲一体化的进程中,随着贸易壁垒的消除或减弱,欧洲大陆内的物流量增加,欧洲各国为了强化自身的竞争优势,纷纷重视以港口、中心城市为依托的交通及物流园区等基础设施的建设,其中以荷兰、德国、比利时最为突出。

20世纪60年代末期,英国组建了物流管理中心,开始以工业企业高级顾问委员的形式出现,协助企业制订物流人才的培训计划,组织各类物流专业性的会议。到了70年代,正式组建了全英国管理协会。该协会会员多半是从事出口业务、物资流通、运输的管理人员。协会以提高物流管理的专业化程度为己任,并为运输、装卸等部门管理者和其他对物流有兴趣的人员提供一个相互交流的中心场所。

因此,英国一再灌输综合性的物流理念,并致力于发展综合物流体制,以全面规划物资的流通业务。这一模式强调为用户提供综合性的服务。物流企业不仅向用户提供和联系铁路、公路、水、空运等交通运转工具,而且向用户出租仓库并提供其他的配套服务。在这一思想下建立的综合物流中心向社会提供以下几类业务:建立送物中心、办理海关手续、提供保税和非保税仓库、货物担保、医疗服务、消防设备、道路和建筑物的维护、铁路专用线、邮政电传系统、代办税收、就业登记及具有住宿、购物等多种功能的服务中心等。

英国多功能综合物流中心的建立对整个欧洲影响很大,也形成了英国综合性的物流体制。此外,计算机技术在英国的物流体系中也起到了举足轻重的作用。计算机辅助仓库设计、仓库业务的计算机处理为英国现代物流揭开了新的一页。

在世界物流体系中,东欧物流亦是重要的分支。由分散到集合,由统一到放权,东欧物流可谓异彩纷呈。比如前南斯拉夫，从20世纪50年代开始，该国便着手对物流体制进行了改革。其基本特点是：在现行国家物资管理体制中废除国家对物流领域的行政干预，放弃由国家集中计划、统一调配物资的管理模式，取消国家物资管理计划，劳动组织所需物资主要由市场解决；国家仅对物资供应实行宏观协调，主要靠以自治协议和社会契约为基础的社会计划来进行管理；运转较为灵活，微观效果较好。

一般而言，在亚洲各个国家和地区的物流管理体制中，政府参与物流管理的程度比较深，并扮演着重要的角色。有代表性的亚洲国家和地区有日本、新加坡和我国的香港地区。

日本的物流管理体制与美国稍有不同，带有亚洲的特色。日本通过多年的努力，由政府和民间共同建立健全了一套物流管理体制，它包括物流主管部门、货主企业、物流企业和交通运输部门。日本主要有通产省、运输省主管物流工作，制定各项物流政策和法令。具体的物流业务有私人企业经营，如各物流子公司、流通中心、物流中心、运输社等。这些企业一般都是自主经营、独立核算、自负盈亏。日本政府的运输省成立于1949年，目前的主要职能由直接的行政管理和指挥转为交通运输综合政策的设计和组织，其职能不仅覆盖了运输省所辖范围内主要运输方式的政策设计、计划制订及城市与区域运输的规划与协调，而且还包括了现代物流"供应链"概念所及的仓储与配送等市场准入方面的管理工作。由此可见，日本的运输省的行政范围几乎统揽了物流业所覆盖的主要行业，物流业大部分业务环节的活动已在其调控之中。日本的物流系统协会（JILS），是经通产省和运输省认可，由政府、企业界和学术界三方共同组成的专门从事物流发展研究的全国性行会机构。虽然JILS也是一个非赢利性组织，但它并不如同美国的物流管理协会，仅是由对物流管理感兴趣的个人组成的学术团体，该组织除了具有学术研究功能外，还在政府引导和授权下参与物流管理工作，并由此成为政府物流管理工作的有力助手。一方面，它可对政府和有关组织创立的物流系统进行调查，配合拟订有关日本物流业系统标准的最初草案，并对物流设备的生产和配送活动进行数据统计；另一方面，它可对政府和工业组织提出开发物流系统的建议，以及向政府提出制定有利于现代物流发展的政策建议，并通过这类建议的形式参与国家对物流的管理。

新加坡政府的物流管理体制代表了小面积国家的特点。因其国土面积较小，统筹规划相对容易，所以该国物流由新加坡国家贸易发展局统一管理。

综上所述，国外政府十分重视管理物流，采用分别由政府各相关部门、司法、民间行业组织分别管理的方法，通过对服务质量的监控、安全操作的监督、环境管理及法律法规的规范，达到物流管理的目的。虽然目前各国政府几乎均没有统一的管理物流业的部门，但一般由某一部门负责协调，并以为形成良好的物流供应链创造条件为主要目标。

8.4.2 物流管理的法规

前面所涉及的各国政府也均未制定集中管理物流的专门法规。由于物流存在于所有有关物质资料的生产及消费之中，因此任何国家的经济活动都离不开物流活动。各国的物流管理法规都使用所制定的物流各环节各自的法规，如合同类法规、运输类法规，等等。

在美国，所有的货物承运人必须遵守关于操作人员和运输工具安全的法律。如果要运输危险货物或有害货物，那么联邦法规安全规则中关于包装和运输标志的要求必须得到遵守。这从一个侧面反映出，美国物流服务提供者目前要依照其服务内容的不同，在不同营运范畴内分别遵守不同的法律条款。具体而言，在美国，从事铁路、公路、航空及内河运输必须遵守汇编在《美国法典》中的 Title 49 的运输法和联邦法规汇编中的 Title 49 法案，而从事海上运输则必须遵守《美国法典》中 Title 46 的航运法和联邦法规汇编中的 Title 46 法案。从美国物流业发展的实际状况看，沿袭以往的各种法律从各个不同的业务环节来管制物流服务是十分有效的。这是因为物流服务的本身主要是一些传统运输方式的经营者将其业务范围向前后两端延伸而已，国家相应的原有法律对其整体约束并未发生本质的变化，所以仍可通过"分块包干"的法制方式，对物流业进行管理。

在日本，情况也大体相同。1990 年，日本颁布了《物流法》，《运输法》虽然未被废除，但实际上已经被《物流法》所取代。《物流法》的颁布对日本物流业的发展起到了极大的推动和保障作用。1998 年 4 月，日本内阁会议决定由政府颁布一个至 2001 年的《物流业发展对策大纲》，大纲提出：在国际化竞争时代到来的时候，为了提高产品制造业的竞争力，日本的综合物流业必须积极改革，加快发展，以便更好地为产品制造业服务。大纲颁布后，政府调整了与物流业相关联的预算计划，并要求相关省、厅制定实施对策。从此，物流业的效率化问题作为一个研究课题被提上了政府的议事日程。全日本卡车运输协会还要求物流业在近期完成 ISO 国际认证，并在环保运输、加强协作等方面做出努力。

日本政府在 2001 年 7 月经由内阁会议决定制定了《新综合物流施政大纲》，以延续1997 年所制定的《综合物流施政大纲》的计划进度，并以日本国土交通省与经济产业省为中心归纳意见讨论后，制定新的综合物流施政大纲。

1997 年日本政府所制定的《综合物流施政大纲》的目标是：（1）在亚太地区提供高便利性且最有魅力的服务；（2）减少阻碍产业在其建立地点的物流成本因素；（3）应对能源问题、环境问题及交通安全等问题；（4）应对信息通信技术的飞跃发展。

日本在 2001 年 7 月 6 日发布了《新综合物流施政大纲》，其目标是在 21 世纪形成符合日本经济社会的新的物流系统，并预计在 2005 年达成以下目标：（1）构建具有国际竞争力水准的物流市场；（2）构建减轻环境负荷的和对循环型社会做出贡献的物流系统。

为达成上述目标，明定以下 3 个大方向，并设定具体的数值目标。

（1）为实践具有国际竞争力的社会而构建高度且全体有效的物流系统。

① 构建高度且全体有效的物流系统。

A）为促进共同化与信息化（3PL）等民间研究，推动法规限制改革与行政手续的简单化、效率化及技术开发。

B）促进标准托盘的一贯化运输（从发货地到目的地无需交换而使用相同托盘的一贯运

送方式），发展单位化装载。其目标是到2005年使可能托盘化运输的货物的托盘化程度约达90%（现在为77%），标准托盘化比率提高到欧美水平。（现在日本约40%，欧美约50%~60%。）

C）在地区物流方面，在卡车、海运、铁路等的竞争与合作下，使用者可以自由选择运输方式，构建适合各自角色分担的交通系统，推动合作事业。其目标是在21世纪初期，配合复合一贯化运送，国内贸易货柜场使用陆上交通，以能在半日以内往返的地区人口基础比率计算，从现在的80%提高到未来的90%；其次，从汽车专用道路等交流道（IC）在10分钟以内可到达的港口与机场的比率，大约达到90%。（现在日本机场比率是46%、港口是32%，欧美约为90%。）

D）在都市内物流方面，依照环状道路整备、交换、改良和扩大交通容量，以期能分散与调整需求，推动交通需求管理（TMD）措施。其目标是在21世纪初，将三大都市圈内人口集中地区的朝夕平均行走速度改善到25公里/小时，此外卡车装载效率提高到50%。（现在的行走速度是21公里/小时，卡车装载效率是45%。）

② 强化国际物流据点的机能。

A）重点整备国际港口等国际物流据点与该处的海上通过网络、干线道路网络。其目标是到2005年，进出口货柜的陆上运送费用与1997年《综合物流施政大纲》所制定的设施配置基准相比减少30%。

B）促进港口24小时开放化及进出口、港埠手续的电子化与单一窗口化，大幅度地改善国际港埠物流的效率。其目标是到2005年，从船舶入港开始到货物搬出货柜场的必要时间缩短到2天，现在所需时间则为3~4天。

（2）为应对社会问题而构建物流系统。

① 应对地球变暖问题。

A）为达成《京都议定书》的CO_2排出削减目标，加强排放管制措施。

B）应对卡车等运输工具燃料费用的提高及车辆大型化、共同化等问题，促进运输的效率化并活用铁路和国内海运。其目标是到2010年，长距离杂货运输方面的模块化比率（铁路与国内海运占全部运输工具之比率）从现在的43%提高到50%以上。

② 应对大气污染等问题。

A）强化瓦斯排放限制，开发和普及低公害车辆，扩充环状道路的交通容量，按交通需求管理（TMD）措施使都市内交通顺畅。

B）促进在环状道路周边等地方设置物流据点。

C）探讨在都市内通过卡车将交通需求转换为船舶与铁路运输的对策。

③ 实践循环型社会，构建静脉型物流系统。

A）利用铁路与海运，探讨建设对循环性社会有贡献的物流系统。

B）整备区域型废弃物再生设施等。

④ 应对事故防止等物流安全问题。

A) 限制公路运输最高速度（90 km/h）。
B) 探讨拥挤海域的新通航方式等。
C) 强化事故防止对策与适时修正安全基准。
（3）为支持国民生活而构建物流系统。
（1）在物流事业限制放宽后，确保安定的物流服务与消费者保护。（2）规划街道的物流顺畅性，例如都市内建筑物等货物配置装卸设施。（3）构建安定的物流系统，提高既有基础建设的稳定性等，确保紧急时的代替手段与通路。

仅就物流环节之一的水运而言，日本就有《海上运输法》、《船舶法》、《船舶安全法》、《船员法》等法律对其活动做出规范。不过，这些法律会随着形势的变化和发展，相应地得到补充与更新。由此可见，现在的日本亦未制定针对物流的专门法规，物流各环节仍适用各自原有的法规。

由此可见，各国有关物流的法律主要涉及作业安全、环境保护、经济合同等方面。

8.4.3 物流管理的政策

市场经济国家的政府在物流管理上推行的是"自由"政策，鼓励企业在物流服务市场中公开竞争，但这又是以完善的法律规章制度体系为前提的。政府对市场管理方式不是采用行政命令，而是利用有关的法规。政府的促进作用主要体现在政策上对物流业限制的放松，采取引导和扶持的方式进行物流基础设施建设，以及创造宽松的物流经营环境等方面。

（1）通过减少国家对运输业的控制，促进物流业的自由发展。20世纪80年代初，当时的美国州际贸易委员会（Interstate Commerce Commission）即现在的表面运输委员会（Surface Transportation Board）决定结束联邦经济法规对货物运输物流化的控制。这些都在很大程度上促进了物流的发展。实际上，美国也的确是这么做的。从20世纪80年代起，美国国会陆续通过了《汽车承运人规章制度改革和现代化法案》、《斯泰格斯铁路法》。这些法规的出台形成了一种运输改革的环境。接着在20世纪90年代美国又相继通过了《协议费率法》、《机场航空改善法》和《卡车运输行业规章制度改革法案》。特别应提到的是，为了适应当前世界航运大势，美国国会又修改了《1984年航运法》，推出了《1998年航运改革法》。这些法律上的改革都在某种程度上减少了国家对运输业的控制和约束，推动运输业更接近于自由市场体系，从而为充分发挥物流业的整体效应和实现供应链的一体化提供了广阔的发展空间。

日本政府为了推动物流业的发展，也在政策与立法方面采取了不少动作。如为了在经济领域中鼓励竞争，日本政府于1998年3月31日颁布了放松管制的新三年计划，并于1999年1月向下届国会递交了倡导自由竞争的立法提案。又如在放松对港口运输业的行政管理方面，日本政府在《1997年12月行政改革最终意见书》中做出了如下调整：（1）现行的营业许可证制度将由"认可制度"代替,这一变革将使许可证制度的考虑重心从现行的供需平衡转为审核申请人从事业务的合格能力,(2) 现行的收费认可制度将由"收费通知制度"代替,因为收费通知制度只要求港口运输经营人向运输省呈送计划实施的费率本备案,这在手续上是一个重大的简化。日本海运主管部门根据这个精神草拟了有关条文,以修正现行的港口运输营业法。由此可以看出,日本也正在通过减少国家对运输业的控制性立法,来促进物流的整体效应与自由发展。

(2) 政府明确制定发展物流的纲领性文件,从总体上引导本国物流业的发展。由政府明确制定发展物流的政策性文件和从总体上引导本国物流业发展的政策措施。以日本为例,早在1965年,日本政府就在《中期五年经济计划》中强调要实现物流的现代化。1977年日本运输省流通对策部公布了对推进企业物流管理有着深远影响的《物流成本算定统一基准》。1997年日本政府又制定了一个具有重要影响力的《综合物流施策大纲》。该大纲是根据1996年日本政府决定的《经济结构的变革和创造规划》而制定,规划中明确指出"物流改革在经济构造中是最为重要的课题之一,到2000年为止既要达到物流成本的效率化,又要实现不亚于国际水准的物流服务,为此各相关机关要联合起来共同推进物流政策和措施的制定"。所以,《综合物流施策大纲》已成为日本物流向现代化、纵深化发展的指针,对于日本物流管理具有重要意义。

从日本的做法可以看出,在亚洲国家和地区中,政府介入物流业的程度较深。这与美国政府不直接介入物流的政策取向有所不同。

(3) 加强交通运输基础设施建设,鼓励不同运输方式集约组合的多式联运。交通运输基础设施建设是构筑物流基干环节的硬环境,各国政府主管部门都将加强交通运输基础设施建设作为推动物流发展的重要政策之一,而多式联运作为各种不同运输方式的集约组合和交通运输基础设施的优化运用,更是受到各国政府的重视。

以美国为例,美国国家运输部一直强调把建立智能化的国家多式联运运输系统作为其所面临的主要任务。在1991年美国《多式联运法》(ISTEA-1991: Intermodel Surface Transportation Efficiency Act)中就明确指出,"发展国家多式联运运输系统是美国的政策。这个运输系统应能够提供可增强美国经济竞争力的基础,并且又能够高效利用能源运输旅客和货物。这个系统是由各种具体交通运输方式统一、交叉之后组成,也包括未来的交通运输方式"。1994年美国国家多式联运委员会在向戈尔副总统及众、参两院递交的一份关于美国多式联运的报告中,再次强调发展高效的多式联运运输是联邦运输政策的目标。在《美国运输部1997—2002年战略计划》(The 1997—2002 Strategic Plan of U.S.A. DOT)中又提出:"运输部所面对的最大挑战是建立这样一个运输系统,这个运输系统应该能够做到:(1) 在地域上能够国际到达;(2) 在形式上能够多式联运;(3) 在特色上应该是智能化的;(4) 在服务范围上应该是广大的。"美国运输部部长 Rodney E. Slater 在2000年7月呈交2000—2005年运输部战略计划时将1997—2002年战略计划中提出的要建立的运输系统的4个特征进一步具体化、系统化,从而提出21世纪美国要建立的运输系统的特征:(1) 国际到达——连接我们到达全球的每一个新的市场和新的目的地；（2）多式联运——使我们能够从各种运输方式的集成运作中受益；（3）智能化——让我们运用技术的力量，来提高运输系统的能力与效益；（4）服务范围广泛——服务于每一个人，不让每一个顾客落下。

德国等欧洲国家都十分重视交通基础设施的建设。培育和建设货运中心是德国加强现代物流建设的一项重要举措。货运中心，又称货物分拨中心或货物配载中心，是德国大力倡导和扶持发展的集约化运输组织形式。它依托一定的经济区域，以可供选择的多种运输方式、快捷的运输网络、周到的运输服务把传统的分散经营的众多运输企业及运输服务企业吸引到一起，各方货物经过中心进行分拨、配载，选择适宜的运输工具迅速地输送到目的地。

日本政府对交通基础设施建设也相当重视，仅从其港口建设政策就可见一斑。日本政府对港口的投资比例一般占港口总投资的50%～100%。日本公用港口的建设与改造由政府年度预算提供基金，即每年在中央财政收入中设"港口建设专项基金"。对出现亏损的港口还由政府给予补贴。仅在1996年，日本运输省"港口建设专项基金"拨款就达3 638亿日元。

（4）成立物流行会组织，推动物流健康发展。目前世界各国已成立的物流行会组织相当多，如英国的物流协会（Institute of Logistics，IL）、美国的物流管理协会（Council of Logistics Management，CLM）、中国香港地区的物流服务发展委员会、新加坡的物流促进组织、日本的物流系统协会（Japan Institute of Logistics Systems，JILS）等。其中特别值得一提的是美国的物流管理协会和日本的物流系统协会。美国的物流管理协会更注重学术方面的研究；而日本的物流系统协会除了学术功能之外，更强调做好政府管理物流的助手。

（5）从整体上规划、组建物流园区，采取优惠政策，鼓励配送中心发展，提高物流经营的规模效益。所谓物流园区，是指政府从城市整体利益出发，为解决城市功能紊乱，缓解城市交通拥挤，减轻环境压力而在郊区或城乡边缘带主要交通干道附近专辟用地建成的专门区域。它通常是一个大型配送中心或多个配送中心的积聚地。它一般以仓储、运输、加工等用地为主，同时还包括一定的与之配套的信息、咨询、维修、综合服务等设施用地。物流园区的产生原因决定了它们大多分布在城市中心区边缘或市区边缘，且交通条件好、用地充足的地方。如德国在全国范围内布置货运中心时就主要考虑了以下三方面因素：一是至少有两种以上的运输方式，特别是铁路和公路连接；二是选择交通枢纽中心地带，使物流园区网络与运输枢纽网络相结合；三是经济合理性，其中包括运输方式的选择与使用、环境保护与生态平衡及物流园区经营者利益的实现等。政府往往通过逐步配套完善各项基础设施、服务设施和提供优惠政策吸引大型物流配送中心在此积聚，使其获得规模效益，在降低物流成本的同时减轻大型配送中心在市中心分布可能产生的种种不利影响。

各国政府为了推进物流园区的发展，都从本国的实际情况与允许条件出发，制定了相应的政策。

在欧洲，德国的物流园区建设主要表现在货运中心的建设上。为了提高货物运输的经济性和合理性，发展综合交通运输体系，其建设遵循"联邦政府统筹规划——州政府扶持建设——企业自主经营"的发展模式。具体来说，联邦政府统筹规划指联邦政府在统筹考虑交通干线、主枢纽规划建设的基础上，通过广泛调查生产力布局、物流现状，根据各种运输方式衔接的可能，在全国范围内规划物流园区的空间布局、用地规模与未来发展。为引导各州按统一规划建设物流园区，德国交通主管部门还对按规划建设的物流园区给予资助，而对未按规划建设的不予资助。州政府扶持建设指州政府提供建设所需要的土地及公路、铁路、通信等交通设施，把物流园区场地出租给物流企业，与企业按股份形成共同出资，并由企业自己选举产生咨询管理委员会。该委员会代表企业与政府沟通，也与其他物流园区加强联系，但是不具有行政职能。同时，该委员会还负责新建的综合服务中心、维修保养厂、加油站、清洗站等公共服务设施，并为成员企业提供信息、咨询、维修等服务。企业自主经营指入驻园区的物流企业自主经营、照章纳税，依据自身经营需要建设相应的库房、堆场、车间，配备相关的机械设备和辅助设备。

除了德国，在美欧其他完全市场经济化的国家中，英国、荷兰、比利时等国也都有自己的物流园区。其中，荷兰有14个物流园区，平均占地44.8公顷；比利时的Cargovil物流园区占地75公顷；相比之下，在1988年建立的英国第一个占地只有1公顷的物流园区就显得小了一些。一般来说，国外物流园区平均占地多数在70公顷以上。

日本是建设物流园区最早的国家。自1965年至今，已经建成20多个平均每个占地74公顷的物流园区。其中建设日本东京都物流园区时的主要措施有：一是政府确定市政规划在城市的边缘地带、内环线外或城市之间的干道附近，规划有利于未来检讨设施配套建设的地块作为物流园区基地；二是将基地内的地块分别以生地的价格出售给不同的物流行业协会，这些协会再以股份的形式在其内部招募资金，用来购买土地和建设物流设施，若资金不足政府可提供长期低息贷款；三是政府对已确定的物流园区积极加快交通设施的配套建设，在促进物流企业发展的同时，促进物流园区的地价升值，从而使投资者得到回报。

除日本以外，韩国在富谷和梁山也分别建立了物流园区，各占地33公顷。

各国政府在鼓励配送中心发展方面采取的优惠政策和措施主要有：（1）从资金上给予支持；如比利时政府在卢森堡为一配送中心提供了约17.5%～25%的投资；法国政府要求地方各级政府资助配送中心的建设，并对物流基础设施建设提供一定资助；（2）实行减免税收政策，如法国的一些地方政府采取了开始的5年免税和20个雇员每人2万法郎补贴的方式鼓励发展配送中心；比利时政府也通过减免税收鼓励国外企业投资建设配送中心。

总之，从各国的物流管理体制、管理法规和管理政策看，目前各国政府都非常重视物流管理问题，重视物流基础设施的建设。各国政府或对物流发展做出规划并提出实施原则，或制定必要的政策，但都十分重视物流相关法规的建设，都是通过市场手段引导、协调物流业的发展。同时，各国都相应地建立了一些物流行业组织，促进、辅助物流业的顺利发展。

同时，我们也看到，物流业的发展不仅取决于经济发展水平，而且也与科技发展水平息息相关。随着经济、技术的进步，物流也在不断地向前发展，物流的概念、范围、功能、流程、体系都可能发生剧烈的变化，但物流提供服务的功能不会变化，物流是经济、管理和技术的综合也不会变化。因此，国家对物流业的管理就必然会存在，只是管理的方式、手段等将随着物流的发展而产生一定的变化。

习题

1. 发展物流政策的目的是什么?
2. 物流政策体系的特征是什么?
3. 如何制订物流政策?
4. 通过查找资料,分析我国的物流政策。

参 考 文 献

1. 汝宜红. 物流学. 北京：中国铁道出版社，2003.
2. 何明珂. 物流系统论. 北京：中国审计出版社，2001.
3. 王之泰. 现代物流学. 北京：中国物资出版社，1995.
4. 李振. 物流学. 北京：中国铁道出版社，1996.
5. 吴清一. 物流基础. 北京：清华大学出版社，2000.
6. 汝宜红，田源，徐杰. 配送中心规划. 北京：北方交通大学出版社，2002.
7. 李春田. 标准化概论. 北京：中国人民大学出版社，1988.
8. 徐杰，鞠颂东. 对物流学学科体系的思考. 北方交通大学学报（社会科学版），2003（12）：31～34.
9. 郑凯，韩克强，陈朝玲，汝宜红. 北京地区物流发展的基础条件研究. Logistics，2003（5）：52～56.
10. 徐杰，田源，汝宜红. 北京市连锁配送中心的现状及发展规划. Logistics，2002（2）：12～16.
11. 徐杰，汝宜红. 企业集团物资部门融入现代物流的对策. 中国物资流通，2002（4）：42～43.
12. 田源，汝宜红，徐杰. 入世后我国物流的投资方向. 中国物流与采购，2002（7）：28～29.
13. 刘华. 促进我国物流产业发展的对策. 中国物资流通，2002（1）：18～20.
14. 田源，徐杰，汝宜红. 中国物流业发展现状与展望. 船舶物资与市场，2001（2）：20～23.
15. 邓志高. 我国交通运输业发展现状分析. 国务院发展研究中心调查研究报告，1999（144）.
16. 丁俊发. 中国物流年鉴（2003）. 北京：中国社会出版社，2003.
17. 厉以宁. 非均衡的中国经济. 北京：经济日报出版社，1991.
18. 徐寿波. 关于物流科学理论的几个问题. 北方交通大学学报（社会科学版），2002（1）：1～4.
19. 徐寿波. 关于物流的科学分类问题. 北方交通大学学报（社会科学版），2002（2）：21～24.